TSJECHISCH

WOORDENSCHAT

THEMATISCHE WOORDENLIJST

NEDERLANDS
TSJECHISCH

De meest bruikbare woorden
Om uw woordenschat uit te breiden en
uw taalvaardigheid aan te scherpen

9000 woorden

Thematische woordenschat Nederlands-Tsjechisch - 9000 woorden

Door Andrey Taranov

Woordenlijsten van T&P Books zijn bedoeld om u woorden van een vreemde taal te helpen leren, onthouden, en bestudering. Dit woordenboek is ingedeeld in thema's en behandelt alle belangrijk terreinen van het dagelijkse leven, bedrijven, wetenschap, cultuur, etc.

Het proces van het leren van woorden met behulp van de op thema's gebaseerde aanpak van T&P Books biedt u de volgende voordelen:

- Correct gegroepeerde informatie is bepalend voor succes bij opeenvolgende stadia van het leren van woorden
- De beschikbaarheid van woorden die van dezelfde stam zijn maakt het mogelijk om woordgroepen te onthouden (in plaats van losse woorden)
- Kleine groepen van woorden faciliteren het proces van het aanmaken van associatieve verbindingen, die nodig zijn bij het consolideren van de woordenschat
- Het niveau van talenkennis kan worden ingeschat door het aantal geleerde woorden

T&P Books Publishing
www.tpbooks.com

ISBN: 978-1-78492-294-8

Dit boek is ook beschikbaar in e-boek formaat.
Gelieve www.tpbooks.com te bezoeken of de belangrijkste online boekwinkels.

TSJECHISCHE WOORDENSCHAT
nieuwe woorden leren

T&P Books woordenlijsten zijn bedoeld om u te helpen vreemde woorden te leren, te onthouden, en te bestuderen. De woordenschat bevat meer dan 9000 veel gebruikte woorden die thematisch geordend zijn.

* De woordenlijst bevat de meest gebruikte woorden
* Aanbevolen als aanvulling bij welke taalcursus dan ook
* Voldoet aan de behoeften van de beginnende en gevorderde student in vreemde talen
* Geschikt voor dagelijks gebruik, bestudering en zelftestactiviteiten
* Maakt het mogelijk om uw woordenschat te evalueren

Bijzondere kenmerken van de woordenschat

* De woorden zijn gerangschikt naar hun betekenis, niet volgens alfabet
* De woorden worden weergegeven in drie kolommen om bestudering en zelftesten te vergemakkelijken
* Woorden in groepen worden verdeeld in kleine blokken om het leerproces te vergemakkelijken
* De woordenschat biedt een handige en eenvoudige beschrijving van elk buitenlands woord

De woordenschat bevat 256 onderwerpen zoals:

Basisconcepten, getallen, kleuren, maanden, seizoenen, meeteenheden, kleding en accessoires, eten & voeding, restaurant, familieleden, verwanten, karakter, gevoelens, emoties, ziekten, stad, dorp, bezienswaardigheden, winkelen, geld, huis, thuis, kantoor, werken op kantoor, import & export, marketing, werk zoeken, sport, onderwijs, computer, internet, gereedschap, natuur, landen, nationaliteiten en meer ...

INHOUDSOPGAVE

Uitspraakgids 11
Afkortingen 12

BASISBEGRIPPEN 14
Basisbegrippen Deel 1 14

1. Voornaamwoorden 14
2. Begroetingen. Begroetingen. Afscheid 14
3. Hoe aan te spreken 15
4. Kardinale getallen. Deel 1 15
5. Kardinale getallen. Deel 2 16
6. Ordinale getallen 17
7. Getallen. Breuken 17
8. Getallen. Eenvoudige berekeningen 17
9. Getallen. Diversen 17
10. De belangrijkste werkwoorden. Deel 1 18
11. De belangrijkste werkwoorden. Deel 2 19
12. De belangrijkste werkwoorden. Deel 3 20
13. De belangrijkste werkwoorden. Deel 4 21
14. Kleuren 22
15. Vragen 22
16. Voorzetsels 23
17. Functiewoorden. Bijwoorden. Deel 1 23
18. Functiewoorden. Bijwoorden. Deel 2 25

Basisbegrippen Deel 2 27

19. Dagen van de week 27
20. Uren. Dag en nacht 27
21. Maanden. Seizoenen 28
22. Tijd. Diversen 30
23. Tegenovergestelden 31
24. Lijnen en vormen 32
25. Meeteenheden 33
26. Containers 34
27. Materialen 35
28. Metalen 36

MENS 37
Mens. Het lichaam 37

29. Mensen. Basisbegrippen 37
30. Menselijke anatomie 37

31. Hoofd   38
32. Menselijk lichaam   39

Kleding en accessoires   40

33. Bovenkleding. Jassen   40
34. Heren & dames kleding   40
35. Kleding. Ondergoed   41
36. Hoofddeksels   41
37. Schoeisel   41
38. Textiel. Weefsel   42
39. Persoonlijke accessoires   42
40. Kleding. Diversen   43
41. Persoonlijke verzorging. Schoonheidsmiddelen   43
42. Juwelen   44
43. Horloges. Klokken   45

Voedsel. Voeding   46

44. Voedsel   46
45. Drankjes   47
46. Groenten   48
47. Vruchten. Noten   49
48. Brood. Snoep   50
49. Bereide gerechten   50
50. Kruiden   51
51. Maaltijden   52
52. Tafelschikking   52
53. Restaurant   53

Familie, verwanten en vrienden   54

54. Persoonlijke informatie. Formulieren   54
55. Familieleden. Verwanten   54
56. Vrienden. Collega's   55
57. Man. Vrouw   56
58. Leeftijd   56
59. Kinderen   57
60. Gehuwde paren. Gezinsleven   57

Karakter. Gevoelens. Emoties   59

61. Gevoelens. Emoties   59
62. Karakter. Persoonlijkheid   60
63. Slaap. Dromen   61
64. Humor. Gelach. Blijdschap   62
65. Discussie, conversatie. Deel 1   62
66. Discussie, conversatie. Deel 2   63
67. Discussie, conversatie. Deel 3   65
68. Overeenstemming. Weigering   65
69. Succes. Veel geluk. Mislukking   66
70. Ruzies. Negatieve emoties   67

Geneeskunde 69

71.	Ziekten	69
72.	Symptomen. Behandelingen. Deel 1	70
73.	Symptomen. Behandelingen. Deel 2	71
74.	Symptomen. Behandelingen. Deel 3	72
75.	Artsen	73
76.	Geneeskunde. Medicijnen. Accessoires	73
77.	Roken. Tabaksproducten	74

HET MENSELIJKE LEEFGEBIED 75
Stad 75

78.	Stad. Het leven in de stad	75
79.	Stedelijke instellingen	76
80.	Borden	77
81.	Stedelijk vervoer	78
82.	Bezienswaardigheden	79
83.	Winkelen	80
84.	Geld	81
85.	Post. Postkantoor	82

Woning. Huis. Thuis 83

86.	Huis. Woning	83
87.	Huis. Ingang. Lift	84
88.	Huis. Elektriciteit	84
89.	Huis. Deuren. Sloten	84
90.	Huis op het platteland	85
91.	Villa. Herenhuis	85
92.	Kasteel. Paleis	86
93.	Appartement	86
94.	Appartement. Schoonmaken	87
95.	Meubels. Interieur	87
96.	Beddengoed	88
97.	Keuken	88
98.	Badkamer	89
99.	Huishoudelijke apparaten	90
100.	Reparaties. Renovatie	90
101.	Loodgieterswerk	91
102.	Brand. Vuurzee	91

MENSELIJKE ACTIVITEITEN 93
Baan. Business. Deel 1 93

103.	Kantoor. Op kantoor werken	93
104.	Bedrijfsprocessen. Deel 1	94
105.	Bedrijfsprocessen. Deel 2	95
106.	Productie. Werken	96
107.	Contract. Overeenstemming	97
108.	Import & Export	98

109. Financiën 98
110. Marketing 99
111. Reclame 99
112. Bankieren 100
113. Telefoon. Telefoongesprek 101
114. Mobiele telefoon 101
115. Schrijfbehoeften 102
116. Verschillende soorten documenten 102
117. Soorten bedrijven 103

Baan. Business. Deel 2 106

118. Show. Tentoonstelling 106
119. Massamedia 107
120. Landbouw 108
121. Gebouw. Bouwproces 109
122. Wetenschap. Onderzoek. Wetenschappers 110

Beroepen en ambachten 111

123. Zoeken naar werk. Ontslag 111
124. Zakenmensen 111
125. Dienstverlenende beroepen 112
126. Militaire beroepen en rangen 113
127. Ambtenaren. Priesters 114
128. Agrarische beroepen 114
129. Kunst beroepen 115
130. Verschillende beroepen 115
131. Beroepen. Sociale status 117

Sport 118

132. Soorten sporten. Sporters 118
133. Soorten sporten. Diversen 119
134. Fitnessruimte 119
135 Hockey 120
136. Voetbal 120
137. Alpine skiën 122
138. Tennis. Golf 122
139. Schaken 123
140. Boksen 123
141. Sporten. Diversen 124

Onderwijs 126

142. School 126
143. Hogeschool. Universiteit 127
144. Wetenschappen. Disciplines 128
145. Schrift. Spelling 128
146. Vreemde talen 129

147. Sprookjesfiguren 130
148. Dierenriem 131

Kunst 132

149. Theater 132
150. Bioscoop 133
151. Schilderij 134
152. Literatuur & Poëzie 135
153. Circus 135
154. Muziek. Popmuziek 136

Rusten. Entertainment. Reizen 138

155. Trip. Reizen 138
156. Hotel 138
157. Boeken. Lezen 139
158. Jacht. Vissen 141
159. Spellen. Biljart 141
160. Spellen. Speelkaarten 142
161. Casino. Roulette 142
162. Rusten. Spellen. Diversen 143
163. Fotografie 143
164. Strand. Zwemmen 144

TECHNISCHE APPARATUUR. VERVOER 146
Technische apparatuur 146

165. Computer 146
166. Internet. E-mail 147
167. Elektriciteit 148
168. Gereedschappen 148

Vervoer 151

169. Vliegtuig 151
170. Trein 152
171. Schip 153
172. Vliegveld 154
173. Fiets. Motorfiets 155

Auto's 156

174. Soorten auto's 156
175. Auto's. Carrosserie 156
176. Auto's. Passagiersruimte 157
177. Auto's. Motor 158
178. Auto's. Botsing. Reparatie 159
179. Auto's. Weg 160
180. Verkeersborden 161

MENSEN. GEBEURTENISSEN IN HET LEVEN 162
Gebeurtenissen in het leven 162

181. Vakanties. Evenement 162
182. Begrafenissen. Begrafenis 163
183. Oorlog. Soldaten 163
184. Oorlog. Militaire acties. Deel 1 164
185. Oorlog. Militaire acties. Deel 2 166
186. Wapens 167
187. Oude mensen 169
188. Middeleeuwen 169
189. Leider. Baas. Autoriteiten 171
190. Weg. Weg. Routebeschrijving 172
191. De wet overtreden. Criminelen. Deel 1 173
192. De wet overtreden. Criminelen. Deel 2 174
193. Politie. Wet. Deel 1 175
194. Politie. Wet. Deel 2 176

NATUUR 178
De Aarde. Deel 1 178

195. De kosmische ruimte 178
196. De Aarde 179
197. Windrichtingen 180
198. Zee. Oceaan 180
199. Namen van zeeën en oceanen 181
200. Bergen 182
201. Bergen namen 183
202. Rivieren 183
203. Namen van rivieren 184
204. Bos 184
205. Natuurlijke hulpbronnen 185

De Aarde. Deel 2 187

206. Weer 187
207. Zwaar weer. Natuurrampen 188
208. Geluiden. Geluiden 188
209. Winter 189

Fauna 191

210. Zoogdieren. Roofdieren 191
211. Wilde dieren 191
212. Huisdieren 192
213. Honden. Hondenrassen 193
214. Dierengeluiden 194
215. Jonge dieren 194
216. Vogels 195
217. Vogels. Zingen en geluiden 196
218. Vis. Zeedieren 196
219. Amfibieën. Reptielen 197

220. Insecten 198
221. Dieren. Lichaamsdelen 198
222. Acties van de dieren 199
223. Dieren. Leefomgevingen 199
224. Dierverzorging 200
225. Dieren. Diversen 201
226. Paarden 201

Flora 203

227. Bomen 203
228. Heesters 203
229. Champignons 204
230. Vruchten. Bessen 204
231. Bloemen. Planten 205
232. Granen, graankorrels 206
233. Groenten. Groene groenten 207

REGIONALE AARDRIJKSKUNDE 208
Landen. Nationaliteiten 208

234. West-Europa 208
235. Centraal- en Oost-Europa 210
236. Voormalige USSR landen 211
237. Azië 212
238. Noord-Amerika 214
239. Midden- en Zuid-Amerika 214
240. Afrika 215
241. Australië. Oceanië 216
242. Steden 216
243. Politiek. Overheid. Deel 1 217
244. Politiek. Overheid. Deel 2 219
245. Landen. Diversen 220
246. Grote religieuze groepen. Bekentenissen 220
247. Religies. Priesters 222
248. Geloof. Christendom. Islam 222

DIVERSEN 225

249. Diverse nuttige woorden 225
250. Beperkende bijwoorden. Bijvoeglijke naamwoorden. Deel 1 226
251. Beperkende bijwoorden. Bijvoeglijke naamwoorden. Deel 2 228

DE 500 BELANGRIJKSTE WERKWOORDEN 231

252. Werkwoorden A-C 231
253. Werkwoorden D-K 233
254. Werkwoorden L-R 235
255. Verbs 3-V 238
256. Verbs V-Z 240

UITSPRAAKGIDS

T&P fonetisch alfabet	Tsjechisch voorbeeld	Nederlands voorbeeld
[a]	lavina [lavɪna]	acht
[aː]	banán [banaːn]	aan, maart
[e]	beseda [bɛsɛda]	delen, spreken
[ɛː]	chléb [xlɛːp]	zwemmen, existeren
[ɪ]	Bible [bɪblɛ]	iemand, die
[iː]	chudý [xudiː]	team, portier
[o]	epocha [ɛpoxa]	overeenkomst
[oː]	diagnóza [dɪagnoːza]	rood, knoop
[u]	dokument [dokumɛnt]	hoed, doe
[uː]	chůva [xuːva]	fuut, uur
[b]	babička [babɪtʃka]	hebben
[ts]	celnice [tsɛlnɪtsɛ]	niets, plaats
[tʃ]	vlčák [vltʃaːk]	Tsjechië, cello
[x]	archeologie [arxɛologɪe]	licht, school
[d]	delfín [dɛlfiːn]	Dank u, honderd
[dʲ]	Holanďan [holandʲan]	paadje, haarspeldje
[f]	atmosféra [atmosfɛːra]	feestdag, informeren
[g]	galaxie [galaksɪe]	goal, tango
[h]	knihovna [knɪhovna]	het, herhalen
[j]	jídlo [jiːdlo]	New York, januari
[k]	zaplakat [zaplakat]	kennen, kleur
[l]	chlapec [xlapɛts]	delen, luchter
[m]	modelář [modɛlaːrʃ]	morgen, etmaal
[n]	imunita [ɪmunɪta]	nemen, zonder
[nʲ]	báseň [baːsɛnʲ]	cognac, nieuw
[ŋk]	vstupenka [vstupɛŋka]	slank, herdenken
[p]	poločas [polotʃas]	parallel, koper
[r]	senátor [sɛnaːtor]	roepen, breken
[rʒ], [rʃ]	bouřka [bourʃka]	garage, journalist, Engels - pleasure
[s]	svoboda [svoboda]	spreken, kosten
[ʃ]	šiška [ʃɪʃka]	shampoo, machine
[t]	turista [turɪsta]	tomaat, taart
[tʲ]	poušť [pouʃtʲ]	kaartje, turkoois
[v]	veverka [vɛvɛrka]	beloven, schrijven
[z]	zapomínat [zapomiːnat]	zeven, zesde
[ʒ]	ložisko [loʒɪsko]	journalist, rouge

AFKORTINGEN
gebruikt in de woordenschat

Nederlandse afkortingen

abn	-	als bijvoeglijk naamwoord
bijv.	-	bijvoorbeeld
bn	-	bijvoeglijk naamwoord
bw	-	bijwoord
enk.	-	enkelvoud
enz.	-	enzovoort
form.	-	formele taal
inform.	-	informele taal
mann.	-	mannelijk
mil.	-	militair
mv.	-	meervoud
on.ww.	-	onovergankelijk werkwoord
ontelb.	-	ontelbaar
ov.	-	over
ov.ww.	-	overgankelijk werkwoord
telb.	-	telbaar
vn	-	voornaamwoord
vrouw.	-	vrouwelijk
vw	-	voegwoord
vz	-	voorzetsel
wisk.	-	wiskunde
ww	-	werkwoord

Nederlandse artikelen

de	-	gemeenschappelijk geslacht
de/het	-	gemeenschappelijk geslacht, onzijdig
het	-	onzijdig

Tsjechische afkortingen

ž	-	vrouwelijk zelfstandig naamwoord
ž mn	-	vrouwelijk meervoud
m	-	mannelijk zelfstandig naamwoord
m mn	-	mannelijk meervoud
m, ž	-	mannelijk, vrouwelijk

mn	-	meervoud
s	-	onzijdig
s mn	-	onzijdig meervoud

BASISBEGRIPPEN

Basisbegrippen Deel 1

1. Voornaamwoorden

ik	já	[ja:]
jij, je	ty	[tɪ]
hij	on	[on]
zij, ze	ona	[ona]
wij, we	my	[mɪ]
jullie	vy	[vɪ]
zij, ze (levenloos)	ony	[onɪ]
zij, ze (levend)	oni	[onɪ]

2. Begroetingen. Begroetingen. Afscheid

Hallo! Dag!	Dobrý den!	[dobri: dɛn]
Hallo!	Dobrý den!	[dobri: dɛn]
Goedemorgen!	Dobré jitro!	[dobrɛ: jɪtro]
Goedemiddag!	Dobrý den!	[dobri: dɛn]
Goedenavond!	Dobrý večer!	[dobri: vɛtʃɛr]
gedag zeggen (groeten)	zdravit	[zdravɪt]
Hoi!	Ahoj!	[ahoj]
groeten (het)	pozdrav (m)	[pozdraf]
verwelkomen (ww)	zdravit	[zdravɪt]
Hoe gaat het?	Jak se máte?	[jak sɛ ma:tɛ]
Is er nog nieuws?	Co je nového?	[tso jɛ novɛ:ho]
Dag! Tot ziens!	Na shledanou!	[na sxlɛdanou]
Tot snel! Tot ziens!	Brzy na shledanou!	[brzɪ na sxlɛdanou]
Vaarwel!	Sbohem!	[zbohɛm]
afscheid nemen (ww)	loučit se	[loutʃɪt sɛ]
Tot kijk!	Ahoj!	[ahoj]
Dank u!	Děkuji!	[dekujɪ]
Dank u wel!	Děkuji mnohokrát!	[dekujɪ mnohokra:t]
Graag gedaan	Prosím	[prosi:m]
Geen dank!	Nemoci se dočkat	[nɛmotsɪ sɛ dotʃkat]
Geen moeite.	Není zač	[nɛni: zatʃ]
Excuseer me, … (inform.)	Promiň!	[promɪnʲ]
Excuseer me, … (form.)	Promiňte!	[promɪnʲtɛ]
excuseren (verontschuldigen)	omlouvat	[omlouvat]

zich verontschuldigen	omlouvat se	[omlouvat sɛ]
Mijn excuses.	Má soustrast	[ma: soustrast]
Het spijt me!	Promiňte!	[promɪnʲtɛ]
vergeven (ww)	omlouvat	[omlouvat]
alsjeblieft	prosím	[prosi:m]

Vergeet het niet!	Nezapomeňte!	[nɛzapomɛnʲtɛ]
Natuurlijk!	Jistě!	[jɪste]
Natuurlijk niet!	Rozhodně ne!	[rozhodne nɛ]
Akkoord!	Souhlasím!	[souhlasi:m]
Zo is het genoeg!	Dost!	[dost]

3. Hoe aan te spreken

meneer	Pane	[panɛ]
mevrouw	Paní	[pani:]
juffrouw	Slečno	[slɛtʃno]
jongeman	Mladý muži	[mladi: muʒɪ]
jongen	Chlapče	[xlaptʃɛ]
meisje	Děvče	[devtʃɛ]

4. Kardinale getallen. Deel 1

nul	nula (ž)	[nula]
een	jeden	[jɛdɛn]
twee	dva	[dva]
drie	tři	[trʃɪ]
vier	čtyři	[tʃtɪrʒɪ]

vijf	pět	[pet]
zes	šest	[ʃɛst]
zeven	sedm	[sɛdm]
acht	osm	[osm]
negen	devět	[dɛvet]

tien	deset	[dɛsɛt]
elf	jedenáct	[jɛdɛna:tst]
twaalf	dvanáct	[dvana:tst]
dertien	třináct	[trʃɪna:tst]
veertien	čtrnáct	[tʃtrna:tst]

vijftien	patnáct	[patna:tst]
zestien	šestnáct	[ʃɛstna:tst]
zeventien	sedmnáct	[sɛdmna:tst]
achttien	osmnáct	[osmna:tst]
negentien	devatenáct	[dɛvatɛna:tst]

twintig	dvacet	[dvatsɛt]
eenentwintig	dvacet jeden	[dvatsɛt jɛdɛn]
tweeëntwintig	dvacet dva	[dvatsɛt dva]
drieëntwintig	dvacet tři	[dvatsɛt trʃɪ]
dertig	třicet	[trʃɪtsɛt]

eenendertig	třicet jeden	[trʃɪtsɛt jɛdɛn]
tweeëndertig	třicet dva	[trʃɪtsɛt dva]
drieëndertig	třicet tři	[trʃɪtsɛt trʃɪ]
veertig	čtyřicet	[tʃtɪrʒɪtsɛt]
eenenveertig	čtyřicet jeden	[tʃtɪrʒɪtsɛt jɛdɛn]
tweeënveertig	čtyřicet dva	[tʃtɪrʒɪtsɛt dva]
drieënveertig	čtyřicet tři	[tʃtɪrʒɪtsɛt trʃɪ]
vijftig	padesát	[padesa:t]
eenenvijftig	padesát jeden	[padesa:t jɛdɛn]
tweeënvijftig	padesát dva	[padesa:t dva]
drieënvijftig	padesát tři	[padesa:t trʃɪ]
zestig	šedesát	[ʃɛdɛsa:t]
eenenzestig	šedesát jeden	[ʃɛdɛsa:t jɛdɛn]
tweeënzestig	šedesát dva	[ʃɛdɛsa:t dva]
drieënzestig	šedesát tři	[ʃɛdɛsa:t trʃɪ]
zeventig	sedmdesát	[sɛdmdɛsa:t
eenenzeventig	sedmdesát jeden	[sɛdmdɛsa:t jɛdɛn]
tweeënzeventig	sedmdesát dva	[sɛdmdɛsa:t dva]
drieënzeventig	sedmdesát tři	[sɛdmdɛsa:t trʃɪ]
tachtig	osmdesát	[osmdɛsa:t
eenentachtig	osmdesát jeden	[osmdɛsa:t jɛdɛn]
tweeëntachtig	osmdesát dva	[osmdɛsa:t dva]
drieëntachtig	osmdesát tři	[osmdɛsa:t trʃɪ]
negentig	devadesát	[dɛvadɛsa:t
eenennegentig	devadesát jeden	[dɛvadɛsa:t jɛdɛn]
tweeënnegentig	devadesát dva	[dɛvadɛsa:t dva]
drieënnegentig	devadesát tři	[dɛvadɛsa:t trʃɪ]

5. Kardinale getallen. Deel 2

honderd	sto	[sto]
tweehonderd	dvě stě	[dve ste]
driehonderd	tři sta	[trʃɪ sta]
vierhonderd	čtyři sta	[tʃtɪrʒɪ sta]
vijfhonderd	pět set	[pet sɛt]
zeshonderd	šest set	[ʃɛst sɛt]
zevenhonderd	sedm set	[sɛdm sɛt]
achthonderd	osm set	[osm sɛt]
negenhonderd	devět set	[dɛvet sɛt]
duizend	tisíc (m)	[tɪsi:ts]
tweeduizend	dva tisíce	[dva tɪsi.lsɛ]
drieduizend	tři tisíce	[trʃɪ tɪsi:tsɛ]
tienduizend	deset tisíc	[dɛsɛt tɪsi:ts]
honderdduizend	sto tisíc	[sto tɪsi:ts]
miljoen (het)	milión (m)	[mɪlɪo:n]
miljard (het)	miliarda (ž)	[mɪlɪarda]

6. Ordinale getallen

eerste (bn)	první	[prvni:]
tweede (bn)	druhý	[druhi:]
derde (bn)	třetí	[trʃeti:]
vierde (bn)	čtvrtý	[ʧtvrti:]
vijfde (bn)	pátý	[pa:ti:]
zesde (bn)	šestý	[ʃɛsti:]
zevende (bn)	sedmý	[sɛdmi:]
achtste (bn)	osmý	[osmi:]
negende (bn)	devátý	[dɛva:ti:]
tiende (bn)	desátý	[dɛsa:ti:]

7. Getallen. Breuken

breukgetal (het)	zlomek (m)	[zlomɛk]
half	polovina (ž)	[polovɪna]
een derde	třetina (ž)	[trʃetɪna]
kwart	čtvrtina (ž)	[ʧtvrtɪna]
een achtste	osmina (ž)	[osmɪna]
een tiende	desetina (ž)	[dɛsetɪna]
twee derde	dvě třetiny (ž)	[dve trʃetɪnɪ]
driekwart	tři čtvrtiny (ž)	[trʃɪ ʧtvrtɪnɪ]

8. Getallen. Eenvoudige berekeningen

aftrekking (de)	odčítání (s)	[odʧi:ta:ni:]
aftrekken (ww)	odčítat	[odʧi:tat]
deling (de)	dělení (s)	[delɛni:]
delen (ww)	dělit	[delɪt]
optelling (de)	sčítání (s)	[stʃi:ta:ni:]
erbij optellen	sečíst	[sɛtʃi:st]
(bij elkaar voegen)		
optellen (ww)	přidávat	[prʃɪda:vat]
vermenigvuldiging (de)	násobení (s)	[na:sobɛni:]
vermenigvuldigen (ww)	násobit	[na:sobɪt]

9. Getallen. Diversen

cijfer (het)	číslice (ž)	[ʧi:slɪtsɛ]
nummer (het)	číslo (s)	[ʧi:slo]
telwoord (het)	číslovka (ž)	[ʧi:slofka]
minteken (het)	minus (m)	[mi:nus]
plusteken (het)	plus (m)	[plus]
formule (de)	vzorec (m)	[vzorɛts]
berekening (de)	vypočítávání (s)	[vɪpoʧi:ta:va:ni:]

tellen (ww)	počítat	[potʃi:tat]
bijrekenen (ww)	vypočítávat	[vɪpotʃi:ta:vat]
vergelijken (ww)	srovnávat	[srovna:vat]

Hoeveel?	Kolik?	[kolɪk]
som (de), totaal (het)	součet (m)	[soutʃɛt]
uitkomst (de)	výsledek (m)	[vi:slɛdɛk]
rest (de)	zůstatek (m)	[zu:statɛk]

enkele (bijv. ~ minuten)	několik	[nekolɪk]
weinig (bw)	málo	[ma:lo]
restant (het)	zbytek (m)	[zbɪtɛk]
anderhalf	půl druhého	[pu:l druhɛ:ho]
dozijn (het)	tucet (m)	[tutsɛt]

middendoor (bw)	napolovic	[napolovɪts]
even (bw)	stejně	[stɛjne]
helft (de)	polovina (ž)	[polovɪna]
keer (de)	krát	[kra:t]

10. De belangrijkste werkwoorden. Deel 1

aanbevelen (ww)	doporučovat	[doporutʃovat]
aandringen (ww)	trvat	[trvat]
aankomen (per auto, enz.)	přijíždět	[prʃɪji:ʒdet]
aanraken (ww)	dotýkat se	[doti:kat sɛ]
adviseren (ww)	radit	[radɪt]

afdalen (on.ww.)	jít dolů	[ji:t dolu:]
afslaan (naar rechts ~)	zatáčet	[zata:tʃet]
antwoorden (ww)	odpovídat	[otpovi:dat]
bang zijn (ww)	bát se	[ba:t sɛ]
bedreigen	vyhrožovat	[vɪhroʒovat]
(bijv. met een pistool)		

bedriegen (ww)	podvádět	[podva:det]
beëindigen (ww)	končit	[kontʃɪt]
beginnen (ww)	začínat	[zatʃi:nat]
begrijpen (ww)	rozumět	[rozumnet]
beheren (managen)	řídit	[rʒi:dɪt]

beledigen	urážet	[ura:ʒet]
(met scheldwoorden)		
beloven (ww)	slibovat	[slɪbovat]
bereiden (koken)	vařit	[varʒɪt]
bespreken (spreken over)	projednávat	[projɛdna:vat]

bestellen (eten ~)	objednávat	[objɛdna:vat]
bestraffen (een stout kind ~)	trestat	[trɛstat]
betalen (ww)	platit	[platɪt]
betekenen (beduiden)	znamenat	[znamɛnat]
betreuren (ww)	litovat	[lɪtovat]
bevallen (prettig vinden)	líbit se	[li:bɪt sɛ]
bevelen (mil.)	rozkazovat	[roskazovat]

bevrijden (stad, enz.)	osvobozovat	[osvobozovat]
bewaren (ww)	zachovávat	[zaxova:vat]
bezitten (ww)	vlastnit	[vlastnɪt]

bidden (praten met God)	modlit se	[modlɪt sɛ]
binnengaan (een kamer ~)	vcházet	[vxa:zet]
breken (ww)	lámat	[la:mat]
controleren (ww)	kontrolovat	[kontrolovat]
creëren (ww)	vytvořit	[vɪtvorʒɪt]

deelnemen (ww)	zúčastnit se	[zu:tʃastnɪt sɛ]
denken (ww)	myslit	[mɪslɪt]
doden (ww)	zabíjet	[zabi:jɛt]
doen (ww)	dělat	[delat]
dorst hebben (ww)	mít žízeň	[mi:t ʒi:zɛnʲ]

11. De belangrijkste werkwoorden. Deel 2

een hint geven	narážet	[nara:ʒet]
eisen (met klem vragen)	žádat	[ʒa:dat]
existeren (bestaan)	existovat	[ɛgzɪstovat]
gaan (te voet)	jít	[ji:t]

gaan zitten (ww)	sednout si	[sɛdnout sɪ]
gaan zwemmen	koupat se	[koupat sɛ]
geven (ww)	dávat	[da:vat]
glimlachen (ww)	usmívat se	[usmi:vat sɛ]
goed raden (ww)	rozluštit	[rozluʃtɪt]

| grappen maken (ww) | žertovat | [ʒertovat] |
| graven (ww) | rýt | [ri:t] |

hebben (ww)	mít	[mi:t]
helpen (ww)	pomáhat	[poma:hat]
herhalen (opnieuw zeggen)	opakovat	[opakovat]
honger hebben (ww)	mít hlad	[mi:t hlat]

lopen (ww)	doufat	[doufat]
horen (waarnemen met het oor)	slyšet	[slɪʃɛt]
huilen (wenen)	plakat	[plakat]
huren (huis, kamer)	pronajímat si	[pronaji:mat sɪ]
informeren (informatie geven)	informovat	[ɪnformovat]

instemmen (akkoord gaan)	souhlasit	[souhlasɪt]
jagen (ww)	lovit	[lovɪt]
kennen (kennis hebben van iemand)	znát	[zna:t]
kiezen (ww)	vybírat	[vɪbi:rat]
klagen (ww)	stěžovat si	[steʒovat sɪ]

kosten (ww)	stát	[sta:t]
kunnen (ww)	moci	[motsɪ]
lachen (ww)	smát se	[sma:t sɛ]

| laten vallen (ww) | pouštět | [pouʃtet] |
| lezen (ww) | číst | [tʃi:st] |

liefhebben (ww)	milovat	[mɪlovat]
lunchen (ww)	obědvat	[obedvat]
nemen (ww)	brát	[bra:t]
nodig zijn (ww)	být potřebný	[bi:t potrʃɛbni:]

12. De belangrijkste werkwoorden. Deel 3

onderschatten (ww)	podceňovat	[podtsɛniovat]
ondertekenen (ww)	podepisovat	[podɛpɪsovat]
ontbijten (ww)	snídat	[sni:dat]
openen (ww)	otvírat	[otvi:rat]
ophouden (ww)	zastavovat	[zastavovat]
opmerken (zien)	všímat si	[vʃi:mat sɪ]

opscheppen (ww)	vychloubat se	[vɪxloubat sɛ]
opschrijven (ww)	zapisovat si	[zapɪsovat sɪ]
plannen (ww)	plánovat	[pla:novat]
prefereren (verkiezen)	dávat přednost	[da:vat prʃɛdnost]
proberen (trachten)	zkoušet	[skouʃɛt]
redden (ww)	zachraňovat	[zaxraniovat]

rekenen op …	spoléhat na …	[spolɛ:hat na]
rennen (ww)	běžet	[beʒet]
reserveren	rezervovat	[rɛzɛrvovat]
(een hotelkamer ~)		
roepen (om hulp)	volat	[volat]

| schieten (ww) | střílet | [strʃi:lɛt] |
| schreeuwen (ww) | křičet | [krʃɪtʃɛt] |

schrijven (ww)	psát	[psa:t]
souperen (ww)	večeřet	[vɛtʃɛrʒɛt]
spelen (kinderen)	hrát	[hra:t]
spreken (ww)	mluvit	[mluvɪt]

| stelen (ww) | krást | [kra:st] |
| stoppen (pauzeren) | zastavovat se | [zastavovat sɛ] |

studeren (Nederlands ~)	studovat	[studovat]
sturen (zenden)	odesílat	[odɛsi:lat]
tellen (optellen)	počítat	[potʃi:tat]
toebehoren aan …	patřit	[patrʃɪt]

| toestaan (ww) | dovolovat | [dovolovat] |
| tonen (ww) | ukazovat | [ukazovat] |

twijfelen (onzeker zijn)	pochybovat	[poxɪbovat]
uitgaan (ww)	vycházet	[vɪxa:zɛt]
uitnodigen (ww)	zvát	[zva:t]
uitspreken (ww)	vyslovovat	[vɪslovovat]
uitvaren tegen (ww)	nadávat	[nada:vat]

13. De belangrijkste werkwoorden. Deel 4

vallen (ww)	padat	[padat]
vangen (ww)	chytat	[xɪtat]
veranderen (anders maken)	změnit	[zmnenɪt]
verbaasd zijn (ww)	divit se	[dɪvɪt sɛ]
verbergen (ww)	schovávat	[sxova:vat]

verdedigen (je land ~)	bránit	[bra:nɪt]
verenigen (ww)	sjednocovat	[sjɛdnoʦovat]
vergelijken (ww)	porovnávat	[porovna:vat]
vergeten (ww)	zapomínat	[zapomi:nat]
vergeven (ww)	odpouštět	[otpouʃtet]

verklaren (uitleggen)	vysvětlovat	[vɪsvetlovat]
verkopen (per stuk ~)	prodávat	[proda:vat]
vermelden (praten over)	zmiňovat se	[zmɪnʲovat sɛ]
versieren (decoreren)	zdobit	[zdobɪt]
vertalen (ww)	překládat	[prʃɛkla:dat]

vertrouwen (ww)	důvěřovat	[du:verʒovat]
vervolgen (ww)	pokračovat	[pokratʃovat]
verwarren (met elkaar ~)	plést	[plɛ:st]
verzoeken (ww)	prosit	[prosɪt]
verzuimen (school, enz.)	zameškávat	[zameʃka:vat]

vinden (ww)	nacházet	[naxa:zɛt]
vliegen (ww)	letět	[lɛtet]
volgen (ww)	následovat	[na:slɛdovat]
voorstellen (ww)	nabízet	[nabi:zɛt]
voorzien (verwachten)	předvídat	[prʃɛdvi:dat]
vragen (ww)	ptát se	[pta:t sɛ]

waarnemen (ww)	pozorovat	[pozorovat]
waarschuwen (ww)	upozorňovat	[upozornʲovat]
wachten (ww)	čekat	[tʃɛkat]
weerspreken (ww)	namítat	[nami:tat]
weigeren (ww)	odmítat	[odmi:tat]

werken (ww)	pracovat	[praʦovat]
weten (ww)	vědět	[vedɛl]
willen (verlangen)	chtít	[xti:t]

zeggen (ww)	říci	[rʒi:ʦɪ]
zich haasten (ww)	spěchat	[spexat]

zich interesseren voor ...	zajímat se	[zaji:mat sɛ]
zich vergissen (ww)	mýlit se	[mi:lɪt sɛ]

zich verontschuldigen	omlouvat se	[omlouvat sɛ]
zien (ww)	vidět	[vɪdet]

zoeken (ww)	hledat	[hlɛdat]
zwemmen (ww)	plavat	[plavat]
zwijgen (ww)	mlčet	[mltʃɛt]

14. Kleuren

kleur (de)	barva (ž)	[barva]
tint (de)	odstín (m)	[otsti:n]
kleurnuance (de)	tón (m)	[to:n]
regenboog (de)	duha (ž)	[duha]

wit (bn)	bílý	[bi:li:]
zwart (bn)	černý	[ʧɛrni:]
grijs (bn)	šedý	[ʃɛdi:]

groen (bn)	zelený	[zɛlɛni:]
geel (bn)	žlutý	[ʒluti:]
rood (bn)	červený	[ʧɛrvɛni:]

blauw (bn)	modrý	[modri:]
lichtblauw (bn)	bledě modrý	[blɛde modri:]
roze (bn)	růžový	[ru:ʒovi:]
oranje (bn)	oranžový	[oranʒovi:]
violet (bn)	fialový	[fɪalovi:]
bruin (bn)	hnědý	[hnedi:]

goud (bn)	zlatý	[zlati:]
zilverkleurig (bn)	stříbřitý	[strʃi:brʒɪti:]

beige (bn)	béžový	[bɛ:ʒovi:]
roomkleurig (bn)	krémový	[krɛ:movi:]
turkoois (bn)	tyrkysový	[tɪrkɪsovi:]
kersrood (bn)	višňový	[vɪʃɲovi:]
lila (bn)	lila	[lɪla]
karmijnrood (bn)	malinový	[malɪnovi:]

licht (bn)	světlý	[svetli:]
donker (bn)	tmavý	[tmavi:]
fel (bn)	jasný	[jasni:]

kleur-, kleurig (bn)	barevný	[barɛvni:]
kleuren- (abn)	barevný	[barɛvni:]
zwart-wit (bn)	černobílý	[ʧɛrnobi:li:]
eenkleurig (bn)	jednobarevný	[jɛdnobarɛvni:]
veelkleurig (bn)	různobarevný	[ru:znobarɛvni:]

15. Vragen

Wie?	Kdo?	[gdo]
Wat?	Co?	[tso]
Waar?	Kde?	[gdɛ]
Waarheen?	Kam?	[kam]
Waarvandaan?	Odkud?	[otkut]
Wanneer?	Kdy?	[gdɪ]
Waarom?	Proč?	[proʧ]
Waarom?	Proč?	[proʧ]
Waarvoor dan ook?	Na co?	[na tso]

Hoe?	Jak?	[jak]
Wat voor ...?	Jaký?	[jaki:]
Welk?	Který?	[ktɛri:]

Aan wie?	Komu?	[komu]
Over wie?	O kom?	[o kom]
Waarover?	O čem?	[o tʃɛm]
Met wie?	S kým?	[s ki:m]

| Hoeveel? | Kolik? | [kolɪk] |
| Van wie? (mann.) | Čí? | [tʃi:] |

16. Voorzetsels

met (bijv. ~ beleg)	s, se	[s], [sɛ]
zonder (~ accent)	bez	[bɛz]
naar (in de richting van)	do	[do]
over (praten ~)	o	[o]
voor (in tijd)	před	[prʃɛt]
voor (aan de voorkant)	před	[prʃɛt]

onder (lager dan)	pod	[pot]
boven (hoger dan)	nad	[nat]
op (bovenop)	na	[na]
van (uit, afkomstig van)	z	[z]
van (gemaakt van)	z	[z]

| over (bijv. ~ een uur) | za | [za] |
| over (over de bovenkant) | přes | [prʃɛs] |

17. Functiewoorden. Bijwoorden. Deel 1

Waar?	Kde?	[gdɛ]
hier (bw)	zde	[zdɛ]
daar (bw)	tam	[tam]

| ergens (bw) | někde | [nɘgdɛ] |
| nergens (bw) | nikde | [nɪgdɛ] |

| bij ... (in de buurt) | u ... | [u] |
| bij het raam | u okna | [u okna] |

Waarheen?	Kam?	[kam]
hierheen (bw)	sem	[sɛm]
daarheen (bw)	tam	[tam]
hiervandaan (bw)	odsud	[otsut]
daarvandaan (bw)	odtamtud	[odtamtut]

dichtbij (bw)	blízko	[bli:sko]
ver (bw)	daleko	[dalɛko]
in de buurt (van ...)	kolem	[kolɛm]
dichtbij (bw)	poblíž	[pobli:ʒ]

niet ver (bw)	nedaleko	[nɛdalɛko]
linker (bn)	levý	[lɛvi:]
links (bw)	zleva	[zlɛva]
linksaf, naar links (bw)	vlevo	[vlɛvo]
rechter (bn)	pravý	[pravi:]
rechts (bw)	zprava	[sprava]
rechtsaf, naar rechts (bw)	vpravo	[vpravo]
vooraan (bw)	zpředu	[sprʃɛdu]
voorste (bn)	přední	[prʃɛdni:]
vooruit (bw)	vpřed	[vprʃɛt]
achter (bw)	za	[za]
van achteren (bw)	zezadu	[zɛzadu]
achteruit (naar achteren)	zpět	[spet]
midden (het)	střed (m)	[strʃɛt]
in het midden (bw)	uprostřed	[uprostrʃɛt]
opzij (bw)	z boku	[z boku]
overal (bw)	všude	[vʃudɛ]
omheen (bw)	kolem	[kolɛm]
binnenuit (bw)	zevnitř	[zɛvnɪtrʃ]
naar ergens (bw)	někam	[nekam]
rechtdoor (bw)	přímo	[prʃi:mo]
terug (bijv. ~ komen)	zpět	[spet]
ergens vandaan (bw)	odněkud	[odnekut]
ergens vandaan (en dit geld moet ~ komen)	odněkud	[odnekut]
ten eerste (bw)	za prvé	[za prvɛ:]
ten tweede (bw)	za druhé	[za druhɛ:]
ten derde (bw)	za třetí	[za trʃɛti:]
plotseling (bw)	najednou	[najɛdnou]
in het begin (bw)	zpočátku	[spotʃa:tku]
voor de eerste keer (bw)	poprvé	[poprvɛ:]
lang voor ... (bw)	dávno před ...	[da:vno prʃɛt]
opnieuw (bw)	znovu	[znovu]
voor eeuwig (bw)	navždy	[navʒdɪ]
nooit (bw)	nikdy	[nɪgdɪ]
weer (bw)	opět	[opet]
nu (bw)	nyní	[nɪni:]
vaak (bw)	často	[tʃasto]
toen (bw)	tehdy	[tɛhdɪ]
urgent (bw)	neodkladně	[nɛotkladne]
meestal (bw)	obyčejně	[obɪtʃɛjne]
trouwens, ... (tussen haakjes)	mimochodem	[mɪmoxodɛm]
mogelijk (bw)	možná	[moʒna:]
waarschijnlijk (bw)	asi	[asɪ]

misschien (bw)	možná	[moʒna:]
trouwens (bw)	kromě toho ...	[kromne toho]
daarom ...	proto ...	[proto]
in weerwil van ...	nehledě na ...	[nɛhlɛde na]
dankzij ...	díky ...	[di:kɪ]
wat (vn)	co	[ʦo]
dat (vw)	že	[ʒe]
iets (vn)	něco	[neʦo]
iets	něco	[neʦo]
niets (vn)	nic	[nɪʦ]
wie (~ is daar?)	kdo	[gdo]
iemand (een onbekende)	někdo	[negdo]
iemand	někdo	[negdo]
(een bepaald persoon)		
niemand (vn)	nikdo	[nɪgdo]
nergens (bw)	nikam	[nɪkam]
niemands (bn)	ničí	[nɪʧi:]
iemands (bn)	něčí	[neʧi:]
zo (Ik ben ~ blij)	tak	[tak]
ook (evenals)	také	[takɛ:]
alsook (eveneens)	také	[takɛ:]

18. Functiewoorden. Bijwoorden. Deel 2

Waarom?	Proč?	[proʧ]
om een bepaalde reden	z nějakých důvodů	[z nejaki:x du:vodu:]
omdat ...	protože ,,,	[protoʒe]
voor een bepaald doel	z nějakých důvodů	[z nejaki:x du:vodu:]
en (vw)	a	[a]
of (vw)	nebo	[nɛbo]
maar (vw)	ale	[alɛ]
voor (vz)	pro	[pro]
to (~ veel mensen)	příliš	[prʃi:lɪʃ]
alleen (bw)	jenom	[jɛnom]
precies (bw)	přesně	[prʃɛsne]
ongeveer (~ 10 kg)	kolem	[kolɛm]
omstreeks (bw)	přibližně	[prʃɪblɪʒne]
bij benadering (bn)	přibližný	[prʃɪblɪʒni:]
bijna (bw)	skoro	[skoro]
rest (de)	zbytek (m)	[zbɪtɛk]
elk (bn)	každý	[kaʒdi:]
om het even welk	každý	[kaʒdi:]
veel (grote hoeveelheid)	mnoho	[mnoho]
veel mensen	mnozí	[mnozi:]
iedereen (alle personen)	všichni	[vʃɪxnɪ]
in ruil voor ...	výměnou za ,,,	[vi:mnenou za]

25

in ruil (bw)	místo	[mi:sto]
met de hand (bw)	ručně	[rutʃne]
onwaarschijnlijk (bw)	sotva	[sotva]
waarschijnlijk (bw)	asi	[asɪ]
met opzet (bw)	schválně	[sxva:lne]
toevallig (bw)	náhodou	[na:hodou]
zeer (bw)	velmi	[vɛlmɪ]
bijvoorbeeld (bw)	například	[naprʃi:klat]
tussen (~ twee steden)	mezi	[mɛzɪ]
tussen (te midden van)	mezi	[mɛzɪ]
zoveel (bw)	tolik	[tolɪk]
vooral (bw)	zejména	[zɛjmɛ:na]

Basisbegrippen Deel 2

19. Dagen van de week

maandag (de)	pondělí (s)	[pondeli:]
dinsdag (de)	úterý (s)	[u:tɛri:]
woensdag (de)	středa (ž)	[strʃɛda]
donderdag (de)	čtvrtek (m)	[tʃtvrtɛk]
vrijdag (de)	pátek (m)	[pa:tɛk]
zaterdag (de)	sobota (ž)	[sobota]
zondag (de)	neděle (ž)	[nɛdelɛ]
vandaag (bw)	dnes	[dnɛs]
morgen (bw)	zítra	[zi:tra]
overmorgen (bw)	pozítří	[pozi:trʃi:]
gisteren (bw)	včera	[vtʃɛra]
eergisteren (bw)	předevčírem	[prʃɛdɛvtʃi:rɛm]
dag (de)	den (m)	[dɛn]
werkdag (de)	pracovní den (m)	[pratsovni: dɛn]
feestdag (de)	sváteční den (m)	[sva:tɛtʃni: dɛn]
verlofdag (de)	volno (s)	[volno]
weekend (het)	víkend (m)	[vi:kɛnt]
de hele dag (bw)	celý den	[tsɛli: dɛn]
de volgende dag (bw)	příští den	[prʃi:ʃti: dɛn]
twee dagen geleden	před dvěma dny	[prʃɛd dvema dnɪ]
aan de vooravond (bw)	den předtím	[dɛn prʃɛdti:m]
dag-, dagelijks (bn)	denní	[dɛnni:]
elke dag (bw)	denně	[dɛnne]
week (de)	týden (m)	[ti:dɛn]
vorige week (bw)	minulý týden	[mɪnuli: ti:dɛn]
volgende week (bw)	příští týden	[prʃi:ʃti: ti:dɛn]
wekelijks (bn)	týdenní	[ti:dɛnni:]
elke week (bw)	týdné	[ti:dne]
twee keer per week	dvakrát týdně	[dvakra:t ti:dne]
elke dinsdag	každé úterý	[kaʒdɛ: u:tɛri:]

20. Uren. Dag en nacht

morgen (de)	ráno (s)	[ra:no]
's morgens (bw)	ráno	[ra:no]
middag (de)	poledne (s)	[polɛdnɛ]
's middags (bw)	odpoledne	[otpolɛdnɛ]
avond (de)	večer (m)	[vɛtʃɛr]
's avonds (bw)	večer	[vɛtʃɛr]

nacht (de)	noc (ž)	[nots]
's nachts (bw)	v noci	[v notsɪ]
middernacht (de)	půlnoc (ž)	[pu:lnots]

seconde (de)	sekunda (ž)	[sɛkunda]
minuut (de)	minuta (ž)	[mɪnuta]
uur (het)	hodina (ž)	[hodɪna]
halfuur (het)	půlhodina (ž)	[pu:lhodɪna]
kwartier (het)	čtvrthodina (ž)	[tʃtvrthodɪna]
vijftien minuten	patnáct minut	[patna:tst mɪnut]
etmaal (het)	den a noc	[dɛn a nots]

zonsopgang (de)	východ (m) slunce	[vi:xod sluntsɛ]
dageraad (de)	úsvit (m)	[u:svɪt]
vroege morgen (de)	časné ráno (s)	[tʃasnɛ: ra:no]
zonsondergang (de)	západ (m) slunce	[za:pat sluntsɛ]

's morgens vroeg (bw)	brzy ráno	[brzɪ ra:no]
vanmorgen (bw)	dnes ráno	[dnɛs ra:no]
morgenochtend (bw)	zítra ráno	[zi:tra ra:no]
vanmiddag (bw)	dnes odpoledne	[dnɛs otpolɛdnɛ]
's middags (bw)	odpoledne	[otpolɛdnɛ]
morgenmiddag (bw)	zítra odpoledne	[zi:tra otpolɛdnɛ]
vanavond (bw)	dnes večer	[dnɛs vɛtʃɛr]
morgenavond (bw)	zítra večer	[zi:tra vɛtʃɛr]

klokslag drie uur	přesně ve tři hodiny	[prʃesne vɛ trʃɪ hodɪnɪ]
ongeveer vier uur	kolem čtyř hodin	[kolɛm tʃtɪrʒ hodɪn]
tegen twaalf uur	do dvanácti hodin	[do dvana:tstɪ hodɪn]

over twintig minuten	za dvacet minut	[za dvatsɛt mɪnut]
over een uur	za hodinu	[za hodɪnu]
op tijd (bw)	včas	[vtʃas]

kwart voor ...	tři čtvrtě	[trʃɪ tʃtvrte]
binnen een uur	během hodiny	[behɛm hodɪnɪ]
elk kwartier	každých patnáct minut	[kaʒdi:x patna:tst mɪnut]
de klok rond	celodenně	[tsɛlodɛnne]

21. Maanden. Seizoenen

januari (de)	leden (m)	[lɛdɛn]
februari (de)	únor (m)	[u:nor]
maart (de)	březen (m)	[brʒɛzɛn]
april (de)	duben (m)	[dubɛn]
mei (de)	květen (m)	[kvetɛn]
juni (de)	červen (m)	[tʃɛrvɛn]

juli (de)	červenec (m)	[tʃɛrvɛnɛts]
augustus (de)	srpen (m)	[srpɛn]
september (de)	září (s)	[za:rʒi:]
oktober (de)	říjen (m)	[rʒi:jɛn]
november (de)	listopad (m)	[lɪstopat]
december (de)	prosinec (m)	[prosɪnɛts]

lente (de)	jaro (s)	[jaro]
in de lente (bw)	na jaře	[na jarʒɛ]
lente- (abn)	jarní	[jarni:]

zomer (de)	léto (s)	[lɛ:to]
in de zomer (bw)	v létě	[v lɛ:te]
zomer-, zomers (bn)	letní	[lɛtni:]

herfst (de)	podzim (m)	[podzɪm]
in de herfst (bw)	na podzim	[na podzɪm]
herfst- (abn)	podzimní	[podzɪmni:]

winter (de)	zima (ž)	[zɪma]
in de winter (bw)	v zimě	[v zɪmne]
winter- (abn)	zimní	[zɪmni:]

maand (de)	měsíc (m)	[mnesi:ts]
deze maand (bw)	tento měsíc	[tɛnto mnesi:ts]
volgende maand (bw)	příští měsíc	[prʃi:ʃti: mnesi:ts]
vorige maand (bw)	minulý měsíc	[mɪnuli: mnesi:ts]

een maand geleden (bw)	před měsícem	[prʃɛd mnesi:tsɛm]
over een maand (bw)	za měsíc	[za mnesi:ts]
over twee maanden (bw)	za dva měsíce	[za dva mnesi:tsɛ]
de hele maand (bw)	celý měsíc	[tsɛli: mnesi:ts]
een volle maand (bw)	celý měsíc	[tsɛli: mnesi:ts]

maand-, maandelijks (bn)	měsíční	[mnesi:tʃni:]
maandelijks (bw)	každý měsíc	[kaʒdi: mnesi:ts]
elke maand (bw)	měsíčně	[mnesi:tʃne]
twee keer per maand	dvakrát měsíčně	[dvakra:t mnesi:tʃne]

jaar (het)	rok (m)	[rok]
dit jaar (bw)	letos	[lɛtos]
volgend jaar (bw)	příští rok	[prʃi:ʃti: rok]
vorig jaar (bw)	vloni	[vlonɪ]

een jaar geleden (bw)	před rokem	[prʃɛd rokɛm]
over een jaar	za rok	[za rok]
over twee jaar	za dva roky	[za dva rokɪ]
het hele jaar	celý rok	[tsɛli: rok]
een vol jaar	celý rok	[tɔcli: rok]

elk jaar	každý rok	[kaʒdi: rok]
jaar-, jaarlijks (bn)	každoroční	[kaʒdorotʃni:]
jaarlijks (bw)	každoročně	[kaʒdorotʃne]
4 keer per jaar	čtyřikrát za rok	[tʃtɪrʒɪkra:t za rok]

datum (de)	datum (s)	[datum]
datum (de)	datum (s)	[datum]
kalender (de)	kalendář (m)	[kalɛnda:rʃ]

een half jaar	půl roku	[pu:l roku]
zes maanden	půlrok (m)	[pu:lrok]
seizoen (bijv. lente, zomer)	období (s)	[obdobi:]
eeuw (de)	století (s)	[stolɛti:]

22. Tijd. Diversen

tijd (de)	čas (m)	[ʧas]
ogenblik (het)	okamžik (m)	[okamʒɪk]
moment (het)	okamžik (m)	[okamʒɪk]
ogenblikkelijk (bn)	okamžitý	[okamʒɪti:]
tijdsbestek (het)	časový úsek (m)	[ʧasovi: u:sɛk]
leven (het)	život (m)	[ʒɪvot]
eeuwigheid (de)	věčnost (ž)	[veʧnost]
epoche (de), tijdperk (het)	epocha (ž)	[ɛpoxa]
era (de), tijdperk (het)	éra (ž)	[ɛ:ra]
cyclus (de)	cyklus (m)	[tsɪklus]
periode (de)	období (s)	[obdobi:]
termijn (vastgestelde periode)	doba (ž)	[doba]
toekomst (de)	budoucnost (ž)	[budouʦnost]
toekomstig (bn)	příští	[prʃi:ʃti:]
de volgende keer	příště	[prʃi:ʃte]
verleden (het)	minulost (ž)	[mɪnulost]
vorig (bn)	minulý	[mɪnuli:]
de vorige keer	minule	[mɪnulɛ]
later (bw)	později	[pozdejɪ]
na (~ het diner)	po	[po]
tegenwoordig (bw)	nyní	[nɪni:]
nu (bw)	teď	[tɛtʲ]
onmiddellijk (bw)	okamžitě	[okamʒɪte]
snel (bw)	brzo	[brzo]
bij voorbaat (bw)	předem	[prʃɛdɛm]
lang geleden (bw)	dávno	[da:vno]
kort geleden (bw)	nedávno	[nɛda:vno]
noodlot (het)	osud (m)	[osut]
herinneringen (mv.)	paměť (ž)	[pamnetʲ]
archief (het)	archív (m)	[arxi:f]
tijdens … (ten tijde van)	během …	[behɛm]
lang (bw)	dlouho	[dlouho]
niet lang (bw)	nedlouho	[nɛdlouho]
vroeg (bijv. ~ in de ochtend)	brzy	[brzɪ]
laat (bw)	pozdě	[pozde]
voor altijd (bw)	navždy	[navʒdɪ]
beginnen (ww)	začínat	[zaʧi:nat]
uitstellen (ww)	posunout	[posunout]
tegelijkertijd (bw)	současně	[souʧasne]
voortdurend (bw)	stále	[sta:lɛ]
voortdurend	neustálý	[nɛusta:li:]
tijdelijk (bn)	dočasný	[doʧasni:]
soms (bw)	někdy	[negdɪ]
zelden (bw)	málokdy	[ma:logdɪ]
vaak (bw)	často	[ʧasto]

23. Tegenovergestelden

rijk (bn)	bohatý	[bohati:]
arm (bn)	chudý	[xudi:]
ziek (bn)	nemocný	[nɛmotsni:]
gezond (bn)	zdravý	[zdravi:]
groot (bn)	velký	[vɛlki:]
klein (bn)	malý	[mali:]
snel (bw)	rychle	[rɪxlɛ]
langzaam (bw)	pomalu	[pomalu]
snel (bn)	rychlý	[rɪxli:]
langzaam (bn)	pomalý	[pomali:]
vrolijk (bn)	veselý	[vɛsɛli:]
treurig (bn)	smutný	[smutni:]
samen (bw)	spolu	[spolu]
apart (bw)	zvlášť	[zvla:ʃtʲ]
hardop (~ lezen)	nahlas	[nahlas]
stil (~ lezen)	pro sebe	[pro sɛbɛ]
hoog (bn)	vysoký	[vɪsoki:]
laag (bn)	nízký	[ni:ski:]
diep (bn)	hluboký	[hluboki:]
ondiep (bn)	mělký	[mnelki:]
ja	ano	[ano]
nee	ne	[nɛ]
ver (bn)	daleký	[dalɛki:]
dicht (bn)	blízký	[bli:ski:]
ver (bw)	daleko	[dalɛko]
dichtbij (bw)	vedle	[vɛdlɛ]
lang (bn)	dlouhý	[dlouhi:]
kort (bn)	krátký	[kra:tki:]
vriendelijk (goedhartig)	dobrý	[dobri:]
kwaad (bn)	zlý	[zli:]
gehuwd (mann.)	ženatý	[ʒenati:]
ongehuwd (mann.)	svobodný	[svobodni:]
verbieden (ww)	zakázat	[zaka:zat]
toestaan (ww)	dovolit	[dovolɪt]
einde (het)	konec (m)	[konɛts]
begin (het)	začátek (m)	[zatʃa:tɛk]

| linker (bn) | levý | [lɛvi:] |
| rechter (bn) | pravý | [pravi:] |

| eerste (bn) | první | [prvni:] |
| laatste (bn) | poslední | [poslɛdni:] |

| misdaad (de) | zločin (m) | [zloʧɪn] |
| bestraffing (de) | trest (m) | [trɛst] |

| bevelen (ww) | rozkázat | [roska:zat] |
| gehoorzamen (ww) | podřídit se | [podrʒi:dɪt sɛ] |

| recht (bn) | přímý | [prʃi:mi:] |
| krom (bn) | křivý | [krʃɪvi:] |

| paradijs (het) | ráj (m) | [ra:j] |
| hel (de) | peklo (s) | [pɛklo] |

| geboren worden (ww) | narodit se | [narodɪt sɛ] |
| sterven (ww) | umřít | [umrʒi:t] |

| sterk (bn) | silný | [sɪlni:] |
| zwak (bn) | slabý | [slabi:] |

| oud (bn) | starý | [stari:] |
| jong (bn) | mladý | [mladi:] |

| oud (bn) | starý | [stari:] |
| nieuw (bn) | nový | [novi:] |

| hard (bn) | tvrdý | [tvrdi:] |
| zacht (bn) | měkký | [mneki:] |

| warm (bn) | teplý | [tɛpli:] |
| koud (bn) | studený | [studɛni:] |

| dik (bn) | tlustý | [tlusti:] |
| dun (bn) | hubený | [hubɛni:] |

| smal (bn) | úzký | [u:ski:] |
| breed (bn) | široký | [ʃɪroki:] |

| goed (bn) | dobrý | [dobri:] |
| slecht (bn) | špatný | [ʃpatni:] |

| moedig (bn) | chrabrý | [xrabri:] |
| laf (bn) | bázlivý | [ba:zlɪvi:] |

24. Lijnen en vormen

vierkant (het)	čtverec (m)	[ʧtvɛrɛts]
vierkant (bn)	čtvercový	[ʧtvɛrtsovi:]
cirkel (de)	kruh (m)	[krux]
rond (bn)	kulatý	[kulati:]

driehoek (de)	trojúhelník (m)	[troju:hɛlni:k]
driehoekig (bn)	trojúhelníkový	[troju:hɛlni:kovi:]
ovaal (het)	ovál (m)	[ova:l]
ovaal (bn)	oválný	[ova:lni:]

| rechthoek (de) | obdélník (m) | [obdɛ:lni:k] |
| rechthoekig (bn) | obdélníkový | [obdɛ:lni:kovi:] |

piramide (de)	jehlan (m)	[jɛhlan]
ruit (de)	kosočtverec (m)	[kosoʧtvɛrɛʦ]
trapezium (het)	lichoběžník (m)	[lɪxobeʒni:k]
kubus (de)	krychle (ž)	[krɪxlɛ]
prisma (het)	hranol (m)	[hranol]

omtrek (de)	kružnice (ž)	[kruʒnɪʦɛ]
bol, sfeer (de)	sféra (ž)	[sfɛ:ra]
bal (de)	koule (ž)	[koulɛ]

diameter (de)	průměr (m)	[pru:mner]
straal (de)	poloměr (m)	[polomner]
omtrek (~ van een cirkel)	obvod (m)	[obvot]
middelpunt (het)	střed (m)	[strʃɛt]

horizontaal (bn)	vodorovný	[vodorovni:]
verticaal (bn)	svislý	[svɪsli:]
parallel (de)	rovnoběžka (ž)	[rovnobeʃka]
parallel (bn)	paralelní	[paralɛlni:]

lijn (de)	linie (ž)	[lɪnɪe]
streep (de)	čára (ž)	[ʧa:ra]
rechte lijn (de)	přímka (ž)	[prʃi:mka]
kromme (de)	křivka (ž)	[krʃɪfka]
dun (bn)	tenký	[tɛŋki:]
omlijning (de)	obrys (m)	[obrɪs]

snijpunt (het)	průsečík (m)	[pru:sɛʧi:k]
rechte hoek (de)	pravý úhel (m)	[pravi: u:hɛl]
segment (het)	segment (m)	[sɛgmɛnt]
sector (de)	sektor (m)	[sɛktor]
zijde (de)	strana (ž)	[strana]
hoek (de)	úhel (m)	[u:hɛl]

25. Meeteenheden

gewicht (het)	váha (ž)	[va:ha]
lengte (de)	délka (ž)	[dɛ:lka]
breedte (de)	šířka (ž)	[ʃi:rʃka]
hoogte (de)	výška (ž)	[vi:ʃka]
diepte (de)	hloubka (ž)	[hloupka]
volume (het)	objem (m)	[objɛm]
oppervlakte (de)	plocha (ž)	[ploxa]

| gram (het) | gram (m) | [gram] |
| milligram (het) | miligram (m) | [mɪlɪgram] |

kilogram (het)	kilogram (m)	[kɪlogram]
ton (duizend kilo)	tuna (ž)	[tuna]
pond (het)	libra (ž)	[lɪbra]
ons (het)	unce (ž)	[untsɛ]

meter (de)	metr (m)	[mɛtr]
millimeter (de)	milimetr (m)	[mɪlɪmɛtr]
centimeter (de)	centimetr (m)	[tsɛntɪmɛtr]
kilometer (de)	kilometr (m)	[kɪlomɛtr]
mijl (de)	míle (ž)	[mi:lɛ]

duim (de)	coul (m)	[tsoul]
voet (de)	stopa (ž)	[stopa]
yard (de)	yard (m)	[jart]

| vierkante meter (de) | čtvereční metr (m) | [tʃtvɛrɛtʃni: mɛtr] |
| hectare (de) | hektar (m) | [hɛktar] |

liter (de)	litr (m)	[lɪtr]
graad (de)	stupeň (m)	[stupɛnʲ]
volt (de)	volt (m)	[volt]
ampère (de)	ampér (m)	[ampɛ:r]
paardenkracht (de)	koňská síla (ž)	[konʲska: si:la]

hoeveelheid (de)	množství (s)	[mnoʒstvi:]
een beetje ...	trochu ...	[troxu]
helft (de)	polovina (ž)	[polovɪna]
dozijn (het)	tucet (m)	[tutsɛt]
stuk (het)	kus (m)	[kus]

| afmeting (de) | rozměr (m) | [rozmner] |
| schaal (bijv. ~ van 1 op 50) | měřítko (s) | [mnerʒi:tko] |

minimaal (bn)	minimální	[mɪnɪma:lni:]
minste (bn)	nejmenší	[nɛjmɛnʃi:]
medium (bn)	střední	[strʃɛdni:]
maximaal (bn)	maximální	[maksɪma:lni:]
grootste (bn)	největší	[nɛjvetʃi:]

26. Containers

glazen pot (de)	sklenice (ž)	[sklɛnɪtsɛ]
blik (conserven~)	plechovka (ž)	[plɛxofka]
emmer (de)	vědro (s)	[vedro]
ton (bijv. regenton)	sud (m)	[sut]

ronde waterbak (de)	mísa (ž)	[mi:sa]
tank (bijv. watertank-70-ltr)	nádrž (ž)	[na:drʃ]
heupfles (de)	plochá láhev (ž)	[ploxa: la:gɛf]
jerrycan (de)	kanystr (m)	[kanɪstr]
tank (bijv. ketelwagen)	cisterna (ž)	[tsɪstɛrna]

| beker (de) | hrníček (m) | [hrni:tʃɛk] |
| kopje (het) | šálek (m) | [ʃa:lɛk] |

schoteltje (het)	talířek (m)	[tali:rʒɛk]
glas (het)	sklenice (ž)	[sklɛnɪtsɛ]
wijnglas (het)	sklenka (ž)	[sklɛŋka]
pan (de)	hrnec (m)	[hrnɛts]

fles (de)	láhev (ž)	[la:hɛf]
flessenhals (de)	hrdlo (s)	[hrdlo]

karaf (de)	karafa (ž)	[karafa]
kruik (de)	džbán (m)	[dʒba:n]
vat (het)	nádoba (ž)	[na:doba]
pot (de)	hrnec (m)	[hrnɛts]
vaas (de)	váza (ž)	[va:za]

flacon (de)	flakón (m)	[flako:n]
flesje (het)	lahvička (ž)	[lahvɪt͡ʃka]
tube (bijv. ~ tandpasta)	tuba (ž)	[tuba]

zak (bijv. ~ aardappelen)	pytel (m)	[pɪtɛl]
tasje (het)	sáček (m)	[sa:t͡ʃɛk]
pakje (~ sigaretten, enz.)	balíček (m)	[bali:t͡ʃɛk]

doos (de)	krabice (ž)	[krabɪtsɛ]
kist (de)	schránka (ž)	[sxra:ŋka]
mand (de)	koš (m)	[koʃ]

27. Materialen

materiaal (het)	materiál (m)	[matɛrɪa:l]
hout (het)	dřevo (s)	[drʒɛvo]
houten (bn)	dřevěný	[drʒɛveni:]

glas (het)	sklo (s)	[sklo]
glazen (bn)	skleněný	[sklɛneni:]

steen (de)	kámen (m)	[ka:mɛn]
stenen (bn)	kamenný	[kamɛnni:]

plastic (het)	plast (m)	[plast]
plastic (bn)	plastový	[plastovi:]

rubber (het)	guma (ž)	[guma]
rubber-, rubberen (bn)	gumový	[gumovi:]

stof (de)	látka (ž)	[la:tka]
van stof (bn)	z látky	[z la:tkɪ]

papier (het)	papír (m)	[papi:r]
papieren (bn)	papírový	[papi:rovi:]

karton (het)	kartón (m)	[karto:n]
kartonnen (bn)	kartónový	[karto:novi:]
polyethyleen (het)	polyetylén (m)	[poliɛtɪlɛ:n]
cellofaan (het)	celofán (m)	[tsɛlofa:n]

multiplex (het)	dýha (ž)	[di:ha]
porselein (het)	porcelán (m)	[porʦɛla:n]
porseleinen (bn)	porcelánový	[porʦɛla:novi:]
klei (de)	hlína (ž)	[hli:na]
klei-, van klei (bn)	hliněný	[hlɪneni:]
keramiek (de)	keramika (ž)	[kɛramɪka]
keramieken (bn)	keramický	[kɛramɪʦki:]

28. Metalen

metaal (het)	kov (m)	[koʃ]
metalen (bn)	kovový	[kovovi:]
legering (de)	slitina (ž)	[slɪtɪna]

goud (het)	zlato (s)	[zlato]
gouden (bn)	zlatý	[zlati:]
zilver (het)	stříbro (s)	[strʃi:bro]
zilveren (bn)	stříbrný	[strʃi:brni:]

ijzer (het)	železo (s)	[ʒelɛzo]
ijzeren	železný	[ʒelɛzni:]
staal (het)	ocel (ž)	[oʦɛl]
stalen (bn)	ocelový	[oʦɛlovi:]
koper (het)	měď (ž)	[mnetʲ]
koperen (bn)	měděný	[mnedeni:]

aluminium (het)	hliník (m)	[hlɪni:k]
aluminium (bn)	hliníkový	[hlɪni:kovi:]
brons (het)	bronz (m)	[bronz]
bronzen (bn)	bronzový	[bronzovi:]

messing (het)	mosaz (ž)	[mosaz]
nikkel (het)	nikl (m)	[nɪkl]
platina (het)	platina (ž)	[platɪna]
kwik (het)	rtuť (ž)	[rtutʲ]
tin (het)	cín (m)	[ʦi:n]
lood (het)	olovo (s)	[olovo]
zink (het)	zinek (m)	[zɪnɛk]

MENS

Mens. Het lichaam

29. Mensen. Basisbegrippen

mens (de)	člověk (m)	[tʃlovek]
man (de)	muž (m)	[muʃ]
vrouw (de)	žena (ž)	[ʒena]
kind (het)	dítě (s)	[di:te]
meisje (het)	děvče (s)	[devtʃɛ]
jongen (de)	chlapec (m)	[xlapɛts]
tiener, adolescent (de)	výrostek (m)	[vi:rostɛk]
oude man (de)	stařec (m)	[starʒɛts]
oude vrouw (de)	stařena (ž)	[starʒɛna]

30. Menselijke anatomie

organisme (het)	organismus (m)	[organɪzmus]
hart (het)	srdce (s)	[srdtsɛ]
bloed (het)	krev (ž)	[krɛf]
slagader (de)	tepna (ž)	[tɛpna]
ader (de)	žíla (ž)	[ʒi:la]
hersenen (mv.)	mozek (m)	[mozɛk]
zenuw (de)	nerv (m)	[nɛrf]
zenuwen (mv.)	nervy (m mn)	[nɛrvɪ]
wervel (de)	obratel (m)	[obratɛl]
ruggengraat (de)	páteř (ž)	[pa:tɛrʃ]
maag (de)	žaludek (m)	[ʒaludɛk]
darmen (mv.)	střeva (s mn)	[ctrʃcva]
darm (de)	střevo (s)	[strʃɛvo]
lever (de)	játra (s mn)	[ja:tra]
nier (de)	ledvina (ž)	[lɛdvɪna]
been (deel van het skelet)	kost (ž)	[kost]
skelet (het)	kostra (ž)	[kostra]
rib (de)	žebro (s)	[ʒebro]
schedel (de)	lebka (ž)	[lɛpka]
spier (de)	sval (m)	[sval]
biceps (de)	biceps (m)	[bɪtsɛps]
triceps (de)	triceps (m)	[trɪtsɛps]
pees (de)	šlacha (ž)	[ʃlaxa]
gewricht (het)	kloub (m)	[kloup]

longen (mv.)	plíce (ž mn)	[pli:ʦɛ]
geslachtsorganen (mv.)	pohlavní orgány (m mn)	[pohlavni: orga:nɪ]
huid (de)	pleť (ž)	[plɛtʲ]

31. Hoofd

hoofd (het)	hlava (ž)	[hlava]
gezicht (het)	obličej (ž)	[oblɪʧɛj]
neus (de)	nos (m)	[nos]
mond (de)	ústa (s mn)	[u:sta]

oog (het)	oko (s)	[oko]
ogen (mv.)	oči (s mn)	[oʧɪ]
pupil (de)	zornice (ž)	[zornɪʦɛ]
wenkbrauw (de)	obočí (s)	[oboʧi:]
wimper (de)	řasa (ž)	[rʒasa]
ooglid (het)	víčko (s)	[vi:ʧko]

tong (de)	jazyk (m)	[jazɪk]
tand (de)	zub (m)	[zup]
lippen (mv.)	rty (m mn)	[rtɪ]
jukbeenderen (mv.)	lícní kosti (ž mn)	[li:ʦni: kostɪ]
tandvlees (het)	dáseň (ž)	[da:sɛnʲ]
gehemelte (het)	patro (s)	[patro]

neusgaten (mv.)	chřípí (s)	[xrʃi:pi:]
kin (de)	brada (ž)	[brada]
kaak (de)	čelist (ž)	[ʧɛlɪst]
wang (de)	tvář (ž)	[tva:rʃ]

voorhoofd (het)	čelo (s)	[ʧɛlo]
slaap (de)	spánek (s)	[spa:nɛk]
oor (het)	ucho (s)	[uxo]
achterhoofd (het)	týl (m)	[ti:l]
hals (de)	krk (m)	[krk]
keel (de)	hrdlo (s)	[hrdlo]

haren (mv.)	vlasy (m mn)	[vlasɪ]
kapsel (het)	účes (m)	[u:ʧɛs]
haarsnit (de)	střih (m)	[strʃɪx]
pruik (de)	paruka (ž)	[paruka]

snor (de)	vousy (m mn)	[vousɪ]
baard (de)	plnovous (m)	[plnovous]
dragen (een baard, enz.)	nosit	[nosɪt]
vlecht (de)	cop (m)	[ʦop]
bakkebaarden (mv.)	licousy (m mn)	[lɪʦousɪ]

ros (roodachtig, rossig)	zrzavý	[zrzavi:]
grijs (~ haar)	šedivý	[ʃɛdɪvi:]
kaal (bn)	lysý	[lɪsi:]
kale plek (de)	lysina (ž)	[lɪsɪna]
paardenstaart (de)	ocas (m)	[oʦas]
pony (de)	ofina (ž)	[ofɪna]

32. Menselijk lichaam

hand (de)	ruka (ž)	[ruka]
arm (de)	ruka (ž)	[ruka]

vinger (de)	prst (m)	[prst]
duim (de)	palec (m)	[palɛts]
pink (de)	malíček (m)	[maliːtʃɛk]
nagel (de)	nehet (m)	[nɛhɛt]

vuist (de)	pěst (ž)	[pest]
handpalm (de)	dlaň (ž)	[dlanʲ]
pols (de)	zápěstí (s)	[zaːpɛstiː]
voorarm (de)	předloktí (s)	[prʃɛdloktiː]
elleboog (de)	loket (m)	[lokɛt]
schouder (de)	rameno (s)	[ramɛno]

been (rechter ~)	noha (ž)	[noha]
voet (de)	chodidlo (s)	[xodɪdlo]
knie (de)	koleno (s)	[kolɛno]
kuit (de)	lýtko (s)	[liːtko]
heup (de)	stehno (s)	[stɛhno]
hiel (de)	pata (ž)	[pata]

lichaam (het)	tělo (s)	[telo]
buik (de)	břicho (s)	[brʒɪxo]
borst (de)	prsa (s mn)	[prsa]
borst (de)	prs (m)	[prs]
zijde (de)	bok (m)	[bok]
rug (de)	záda (s mn)	[zaːda]
lage rug (de)	kříž (m)	[krʃiːʃ]
taille (de)	pás (m)	[paːs]

navel (de)	pupek (m)	[pupɛk]
billen (mv.)	hýždě (ž mn)	[hiːʒde]
achterwerk (het)	zadek (m)	[zadɛk]

huidvlek (de)	mateřské znaménko (s)	[matɛrʃskɛː znamɛːŋko]
tatoeage (de)	tetování (s)	[tɛtovaːniː]
litteken (het)	jizva (ž)	[jɪzva]

Kleding en accessoires

33. Bovenkleding. Jassen

kleren (mv.)	oblečení (s)	[oblɛtʃɛni:]
bovenkleding (de)	svrchní oděv (m)	[svrxni: odef]
winterkleding (de)	zimní oděv (m)	[zɪmni: odef]
jas (de)	kabát (m)	[kaba:t]
bontjas (de)	kožich (m)	[koʒɪx]
bontjasje (het)	krátký kožich (m)	[kra:tki: koʒɪx]
donzen jas (de)	peřová bunda (ž)	[pɛrʒova: bunda]
jasje (bijv. een leren ~)	bunda (ž)	[bunda]
regenjas (de)	plášť (m)	[pla:ʃtʲ]
waterdicht (bn)	nepromokavý	[nɛpromokavi:]

34. Heren & dames kleding

overhemd (het)	košile (ž)	[koʃɪlɛ]
broek (de)	kalhoty (ž mn)	[kalhotɪ]
jeans (de)	džínsy (m mn)	[dʒi:nsɪ]
colbert (de)	sako (s)	[sako]
kostuum (het)	pánský oblek (m)	[pa:nski: oblɛk]
jurk (de)	šaty (m mn)	[ʃatɪ]
rok (de)	sukně (ž)	[suknɛ]
blouse (de)	blůzka (ž)	[blu:ska]
wollen vest (de)	svetr (m)	[svɛtr]
blazer (kort jasje)	žaket (m)	[ʒakɛt]
T-shirt (het)	tričko (s)	[trɪtʃko]
shorts (mv.)	šortky (ž mn)	[ʃortkɪ]
trainingspak (het)	tepl29áková souprava (ž)	[tɛpla:kova: souprava]
badjas (de)	župan (m)	[ʒupan]
pyjama (de)	pyžamo (s)	[pɪʒamo]
sweater (de)	svetr (m)	[svɛtr]
pullover (de)	pulovr (m)	[pulovr]
gilet (het)	vesta (ž)	[vɛsta]
rokkostuum (het)	frak (m)	[frak]
smoking (de)	smoking (m)	[smokɪŋk]
uniform (het)	uniforma (ž)	[unɪforma]
werkkleding (de)	pracovní oděv (m)	[pratsovni: odef]
overall (de)	kombinéza (ž)	[kombɪnɛ:za]
doktersjas (de)	plášť (m)	[pla:ʃtʲ]

35. Kleding. Ondergoed

ondergoed (het)	spodní prádlo (s)	[spodni: praːdlo]
onderhemd (het)	tílko (s)	[tilko]
sokken (mv.)	ponožky (ž mn)	[ponoʃkɪ]

nachthemd (het)	noční košile (ž)	[notʃni: koʃɪlɛ]
beha (de)	podprsenka (ž)	[potprsɛŋka]
kniekousen (mv.)	podkolenky (ž mn)	[potkolɛŋkɪ]
panty (de)	punčochové kalhoty (ž mn)	[punʧoxovɛ: kalgotɪ]
nylonkousen (mv.)	punčochy (ž mn)	[punʧoxɪ]
badpak (het)	plavky (ž mn)	[plafkɪ]

36. Hoofddeksels

hoed (de)	čepice (ž)	[ʧɛpɪʦɛ]
deukhoed (de)	klobouk (m)	[klobouk]
honkbalpet (de)	kšiltovka (ž)	[kʃɪltofka]
kleppet (de)	čepice (ž)	[ʧɛpɪʦɛ]

baret (de)	baret (m)	[barɛt]
kap (de)	kapuce (ž)	[kapuʦɛ]
panamahoed (de)	panamský klobouk (m)	[panamski: klobouk]
gebreide muts (de)	pletená čepice (ž)	[plɛtɛna: ʧɛpɪʦɛ]

hoofddoek (de)	šátek (m)	[ʃaːtɛk]
dameshoed (de)	klobouček (m)	[kloboutʃɛk]

veiligheidshelm (de)	přilba (ž)	[prʃɪlba]
veldmuts (de)	lodička (ž)	[lodɪʧka]
helm, valhelm (de)	helma (ž)	[hɛlma]

bolhoed (de)	tvrďák (m)	[tvrdʲaːk]
hoge hoed (de)	válec (m)	[vaːlɛʦ]

37. Schoeisel

schoeisel (het)	obuv (ž)	[obuf]
schoenen (mv.)	boty (ž mn)	[botɪ]
vrouwenschoenen (mv.)	střevíce (m mn)	[strʃɛviːʦɛ]
laarzen (mv.)	holínky (ž mn)	[holiːŋkɪ]
pantoffels (mv.)	bačkory (ž mn)	[batʃkorɪ]

sportschoenen (mv.)	tenisky (ž mn)	[tɛnɪskɪ]
sneakers (mv.)	kecky (ž mn)	[kɛʦkɪ]
sandalen (mv.)	sandály (m mn)	[sandaːlɪ]

schoenlapper (de)	obuvník (m)	[obuvniːk]
hiel (de)	podpatek (m)	[potpatɛk]
paar (een ~ schoenen)	pár (m)	[paːr]
veter (de)	tkanička (ž)	[tkanɪʧka]

rijgen (schoenen ~)	šněrovat	[ʃnerovat]
schoenlepel (de)	lžíce (ž) na boty	[ʒiːtsɛ na botɪ]
schoensmeer (de/het)	krém (m) na boty	[krɛːm na botɪ]

38. Textiel. Weefsel

katoen (de/het)	bavlna (ž)	[bavlna]
katoenen (bn)	bavlněný	[bavlneni:]
vlas (het)	len (m)	[lɛn]
vlas-, van vlas (bn)	lněný	[lneni:]

zijde (de)	hedvábí (s)	[hɛdvaːbi:]
zijden (bn)	hedvábný	[hɛdvaːbni:]
wol (de)	vlna (ž)	[vlna]
wollen (bn)	vlněný	[vlneni:]

fluweel (het)	samet (m)	[samɛt]
suède (de)	semiš (m)	[sɛmɪʃ]
ribfluweel (het)	manšestr (m)	[manʃɛstr]

nylon (de/het)	nylon (m)	[nɪlon]
nylon-, van nylon (bn)	nylonový	[nɪlonovi:]
polyester (het)	polyester (m)	[poliɛstɛr]
polyester- (abn)	polyesterový	[poliɛstɛrovi:]

leer (het)	kůže (ž)	[kuːʒe]
leren (van leer gemaak)	z kůže, kožený	[z kuːʒe], [koʒeni:]
bont (het)	kožešina (ž)	[koʒeʃɪna]
bont- (abn)	kožešinový	[koʒeʃɪnovi:]

39. Persoonlijke accessoires

handschoenen (mv.)	rukavice (ž mn)	[rukavɪtsɛ]
wanten (mv.)	palčáky (m mn)	[paltʃaːkɪ]
sjaal (fleece ~)	šála (ž)	[ʃaːla]

bril (de)	brýle (ž mn)	[briːlɛ]
brilmontuur (het)	obroučky (m mn)	[obroutʃkɪ]
paraplu (de)	deštník (m)	[dɛʃtni:k]
wandelstok (de)	hůl (ž)	[hu:l]
haarborstel (de)	kartáč (m) na vlasy	[karta:tʃ na vlasɪ]
waaier (de)	vějíř (m)	[veji:rʃ]

das (de)	kravata (ž)	[kravata]
strikje (het)	motýlek (m)	[moti:lɛk]
bretels (mv.)	šle (ž mn)	[ʃlɛ]
zakdoek (de)	kapesník (m)	[kapesni:k]

kam (de)	hřeben (m)	[hrʒɛbɛnʲ]
haarspeldje (het)	sponka (ž)	[sponka]
schuifspeldje (het)	vlásnička (ž)	[vla:snɪtʃka]
gesp (de)	spona (ž)	[spona]

| broekriem (de) | pás (m) | [pa:s] |
| draagriem (de) | řemen (m) | [rʒɛmɛn] |

handtas (de)	taška (ž)	[taʃka]
damestas (de)	kabelka (ž)	[kabɛlka]
rugzak (de)	batoh (m)	[batox]

40. Kleding. Diversen

mode (de)	móda (ž)	[mo:da]
de mode (bn)	módní	[mo:dni:]
kledingstilist (de)	modelář (m)	[modɛla:rʃ]

kraag (de)	límec (m)	[li:mɛts]
zak (de)	kapsa (ž)	[kapsa]
zak- (abn)	kapesní	[kapɛsni:]
mouw (de)	rukáv (m)	[ruka:f]
lusje (het)	poutko (s)	[poutko]
gulp (de)	poklopec (m)	[poklopɛts]

rits (de)	zip (m)	[zɪp]
sluiting (de)	spona (ž)	[spona]
knoop (de)	knoflík (m)	[knofli:k]
knoopsgat (het)	knoflíková dírka (ž)	[knofli:kova di:rka]
losraken (bijv. knopen)	utrhnout se	[utrhnout sɛ]

naaien (kleren, enz.)	šít	[ʃi:t]
borduren (ww)	vyšívat	[vɪʃi:vat]
borduursel (het)	výšivka (ž)	[vi:ʃɪfka]
naald (de)	jehla (ž)	[jɛhla]
draad (de)	nit (ž)	[nɪt]
naad (de)	šev (m)	[ʃɛf]

vies worden (ww)	ušpinit se	[uʃpɪnɪt sɛ]
vlek (de)	skvrna (ž)	[skvrna]
gekreukt raken (ov. kleren)	pomačkat se	[pomatʃkat sɛ]
scheuren (ov.ww.)	roztrhat	[roztrhat]
mot (de)	mol (m)	[mol]

41. Persoonlijke verzorging. Schoonheidsmiddelen

tandpasta (de)	zubní pasta (ž)	[zubni: pasta]
tandenborstel (de)	kartáček (m) na zuby	[karta:tʃɛk na zubɪ]
tanden poetsen (ww)	čistit si zuby	[tʃɪstɪt sɪ zubɪ]

scheermes (het)	holicí strojek (m)	[holɪtsi: strojɛk]
scheerschuim (het)	krém (m) na holení	[krɛ:m na holɛni:]
zich scheren (ww)	holit se	[holɪt sɛ]

zeep (de)	mýdlo (s)	[mi:dlo]
shampoo (de)	šampon (m)	[ʃampon]
schaar (de)	nůžky (ž mn)	[nu:ʃkɪ]

nagelvijl (de)	pilník (m) na nehty	[pɪlniːk na nɛxtɪ]
nagelknipper (de)	kleštičky (ž mn) na nehty	[klɛʃtɪtʃkɪ na nɛxtɪ]
pincet (het)	pinzeta (ž)	[pɪnzeta]

cosmetica (mv.)	kosmetika (ž)	[kosmɛtɪka]
masker (het)	kosmetická maska (ž)	[kosmɛtɪtska: maska]
manicure (de)	manikúra (ž)	[manɪkuːra]
manicure doen	dělat manikúru	[delat manɪkuːru]
pedicure (de)	pedikúra (ž)	[pɛdɪkuːra]

cosmetica tasje (het)	kosmetická kabelka (ž)	[kosmɛtɪtska: kabɛlka]
poeder (de/het)	pudr (m)	[pudr]
poederdoos (de)	pudřenka (ž)	[pudrʒɛŋka]
rouge (de)	červené líčidlo (s)	[tʃɛrvɛnɛ: liːtʃɪdlo]

parfum (de/het)	voňavka (ž)	[vonʲafka]
eau de toilet (de)	toaletní voda (ž)	[toalɛtni: voda]
lotion (de)	pleťová voda (ž)	[plɛtʲova: voda]
eau de cologne (de)	kolínská voda (ž)	[koliːnska: voda]

oogschaduw (de)	oční stíny (m mn)	[otʃni: sti:nɪ]
oogpotlood (het)	tužka (ž) na oči	[tuʃka na otʃɪ]
mascara (de)	řasenka (ž)	[rʒasɛŋka]

lippenstift (de)	rtěnka (ž)	[rteŋka]
nagellak (de)	lak (m) na nehty	[lak na nɛxtɪ]
haarlak (de)	lak (m) na vlasy	[lak na vlasɪ]
deodorant (de)	deodorant (m)	[dɛodorant]

crème (de)	krém (m)	[krɛːm]
gezichtscrème (de)	pleťový krém (m)	[plɛtʲovi: krɛːm]
handcrème (de)	krém (m) na ruce	[krɛːm na rutsɛ]
antirimpelcrème (de)	krém (m) proti vráskám	[krɛːm protɪ vra:ska:m]
dag- (abn)	denní	[dɛnni:]
nacht- (abn)	noční	[notʃni:]

tampon (de)	tampón (m)	[tampo:n]
toiletpapier (het)	toaletní papír (m)	[toalɛtni: papi:r]
föhn (de)	fén (m)	[fɛːn]

42. Juwelen

sieraden (mv.)	šperk (m)	[ʃpɛrk]
edel (bijv. ~ stenen)	drahý	[drahi:]
keurmerk (het)	punc (m)	[punʦ]

ring (de)	prsten (m)	[prstɛn]
trouwring (de)	snubní prsten (m)	[snubni: prstɛn]
armband (de)	náramek (m)	[na:ramɛk]

oorringen (mv.)	náušnice (ž mn)	[na:uʃnɪtsɛ]
halssnoer (het)	náhrdelník (m)	[na:hrdɛlni:kʲ]
kroon (de)	koruna (ž)	[koruna]
kralen snoer (het)	korály (m mn)	[kora:lɪ]

diamant (de)	diamant (m)	[dɪamant]
smaragd (de)	smaragd (m)	[smarakt]
robijn (de)	rubín (m)	[rubi:n]
saffier (de)	safír (m)	[safi:r]
parel (de)	perly (ž mn)	[pɛrlɪ]
barnsteen (de)	jantar (m)	[jantar]

43. Horloges. Klokken

polshorloge (het)	hodinky (ž mn)	[hodɪŋkɪ]
wijzerplaat (de)	ciferník (m)	[ʦɪfɛrni:k]
wijzer (de)	ručička (ž)	[rutʃɪtʃka]
metalen horlogeband (de)	náramek (m)	[na:ramɛk]
horlogebandje (het)	pásek (m)	[pa:sɛk]

batterij (de)	baterka (ž)	[batɛrka]
leeg zijn (ww)	vybít se	[vɪbi:t sɛ]
batterij vervangen	vyměnit baterku	[vɪmnenɪt batɛrku]
voorlopen (ww)	jít napřed	[ji:t napr̝ɛt]
achterlopen (ww)	opožďovat se	[opoʒdʲovat sɛ]

wandklok (de)	nástěnné hodiny (ž mn)	[na:stennɛ: hodɪnɪ]
zandloper (de)	přesýpací hodiny (ž mn)	[pr̝ɛsi:paʦi: hodɪnɪ]
zonnewijzer (de)	sluneční hodiny (ž mn)	[slunɛtʃni: hodɪnɪ]
wekker (de)	budík (m)	[budi:k]
horlogemaker (de)	hodinář (m)	[hodɪna:r̝]
repareren (ww)	opravovat	[opravovat]

Voedsel. Voeding

44. Voedsel

vlees (het)	maso (s)	[maso]
kip (de)	slepice (ž)	[slɛpɪtsɛ]
kuiken (het)	kuře (s)	[kurʒɛ]
eend (de)	kachna (ž)	[kaxna]
gans (de)	husa (ž)	[husa]
wild (het)	zvěřina (ž)	[zverʒɪna]
kalkoen (de)	krůta (ž)	[kru:ta]
varkensvlees (het)	vepřové (s)	[vɛprʃovɛ:]
kalfsvlees (het)	telecí (s)	[tɛlɛtsi:]
schapenvlees (het)	skopové (s)	[skopovɛ:]
rundvlees (het)	hovězí (s)	[hovezi:]
konijnenvlees (het)	králík (m)	[kra:li:k]
worst (de)	salám (m)	[sala:m]
saucijs (de)	párek (m)	[pa:rɛk]
spek (het)	slanina (ž)	[slanɪna]
ham (de)	šunka (ž)	[ʃuŋka]
gerookte achterham (de)	kýta (ž)	[ki:ta]
paté (de)	paštika (ž)	[paʃtɪka]
lever (de)	játra (s mn)	[ja:tra]
gehakt (het)	mleté maso (s)	[mlɛtɛ: maso]
tong (de)	jazyk (m)	[jazɪk]
ei (het)	vejce (s)	[vɛjtsɛ]
eieren (mv.)	vejce (s mn)	[vɛjtsɛ]
eiwit (het)	bílek (m)	[bi:lɛk]
eigeel (het)	žloutek (m)	[ʒloutɛk]
vis (de)	ryby (ž mn)	[rɪbɪ]
zeevruchten (mv.)	mořské plody (m mn)	[morʃskɛ: plodɪ]
kaviaar (de)	kaviár (m)	[kavɪa:r]
krab (de)	krab (m)	[krap]
garnaal (de)	kreveta (ž)	[krɛvɛta]
oester (de)	ústřice (ž)	[u:strʃɪtsɛ]
langoest (de)	langusta (ž)	[langusta]
octopus (de)	chobotnice (ž)	[xobotnɪtsɛ]
inktvis (de)	sépie (ž)	[sɛ:pɪe]
steur (de)	jeseter (m)	[jɛsɛtɛr]
zalm (de)	losos (m)	[lososl]
heilbot (de)	platýs (m)	[plati:s]
kabeljauw (de)	treska (ž)	[trɛska]
makreel (de)	makrela (ž)	[makrɛla]

| tonijn (de) | tuňák (m) | [tunʲaːk] |
| paling (de) | úhoř (m) | [uːhorʃ] |

forel (de)	pstruh (m)	[pstrux]
sardine (de)	sardinka (ž)	[sardɪŋka]
snoek (de)	štika (ž)	[ʃtɪka]
haring (de)	sleď (ž)	[slɛtʲ]

brood (het)	chléb (m)	[xlɛːp]
kaas (de)	sýr (m)	[siːr]
suiker (de)	cukr (m)	[ʦukr]
zout (het)	sůl (ž)	[suːl]

rijst (de)	rýže (ž)	[riːʒe]
pasta (de)	makaróny (m mn)	[makaroːnɪ]
noedels (mv.)	nudle (ž mn)	[nudlɛ]

boter (de)	máslo (s)	[maːslo]
plantaardige olie (de)	olej (m)	[olɛj]
zonnebloemolie (de)	slunečnicový olej (m)	[slunɛʧnɪʦoviː olɛj]
margarine (de)	margarín (m)	[margariːn]

| olijven (mv.) | olivy (ž) | [olɪvɪ] |
| olijfolie (de) | olivový olej (m) | [olɪvoviː olɛj] |

melk (de)	mléko (s)	[mlɛːko]
gecondenseerde melk (de)	kondenzované mléko (s)	[kondɛnzovanɛː mlɛːko]
yoghurt (de)	jogurt (m)	[jogurt]
zure room (de)	kyselá smetana (ž)	[kɪsɛlaː smɛtana]
room (de)	sladká smetana (ž)	[slatkaː smɛtana]

| mayonaise (de) | majonéza (ž) | [majonɛːza] |
| crème (de) | krém (m) | [krɛːm] |

graan (het)	kroupy (ž mn)	[kroupɪ]
meel (het), bloem (de)	mouka (ž)	[mouka]
conserven (mv.)	konzerva (ž)	[konzɛrva]

maïsvlokken (mv.)	kukuřičné vločky (ž mn)	[kukurʒɪʧnɛː vloʧkɪ]
honing (de)	med (m)	[mɛt]
jam (de)	džem (m)	[ʤem]
kauwgom (de)	žvýkačka (ž)	[ʒviːkaʧka]

45. Drankjes

water (het)	voda (ž)	[voda]
drinkwater (het)	pitná voda (ž)	[pɪtnaː voda]
mineraalwater (het)	minerální voda (ž)	[mɪnɛraːlniː voda]

zonder gas	neperlivý	[nɛpɛrlɪviː]
koolzuurhoudend (bn)	perlivý	[pɛrlɪviː]
bruisend (bn)	perlivý	[pɛrlɪviː]
ijs (het)	led (m)	[lɛt]
met ijs	s ledem	[s lɛdɛm]

alcohol vrij (bn) | nealkoholický | [nɛalkoholɪtski:]
alcohol vrije drank (de) | nealkoholický nápoj (m) | [nɛalkoholɪtski: na:poj]
frisdrank (de) | osvěžující nápoj (m) | [osveʒuji:tsi: na:poj]
limonade (de) | limonáda (ž) | [lɪmona:da]

alcoholische dranken (mv.) | alkoholické nápoje (m mn) | [alkoholɪtskɛ: na:pojɛ]
wijn (de) | víno (s) | [vi:no]
witte wijn (de) | bílé víno (s) | [bi:lɛ: vi:no]
rode wijn (de) | červené víno (s) | [tʃɛrvɛnɛ: vi:no]

likeur (de) | likér (m) | [lɪkɛ:r]
champagne (de) | šampaňské (s) | [ʃampanʲskɛ:]
vermout (de) | vermut (m) | [vɛrmut]

whisky (de) | whisky (ž) | [vɪskɪ]
wodka (de) | vodka (ž) | [votka]
gin (de) | džin (m) | [dʒɪn]
cognac (de) | koňak (m) | [konʲak]
rum (de) | rum (m) | [rum]

koffie (de) | káva (ž) | [ka:va]
zwarte koffie (de) | černá káva (ž) | [tʃerna: ka:va]
koffie (de) met melk | bílá káva (ž) | [bi:la: ka:va]
cappuccino (de) | kapučíno (s) | [kaputʃi:no]
oploskoffie (de) | rozpustná káva (ž) | [rozpustna: ka:va]

melk (de) | mléko (s) | [mlɛ:ko]
cocktail (de) | koktail (m) | [koktajl]
milkshake (de) | mléčný koktail (m) | [mlɛtʃni: koktajl]

sap (het) | šťáva (ž), džus (m) | [ʃtʲa:va], [dʒus]
tomatensap (het) | rajčatová šťáva (ž) | [rajtʃatova: ʃtʲa:va]
sinaasappelsap (het) | pomerančový džus (m) | [pomɛrantʃovi: dʒus]
vers geperst sap (het) | vymačkaná šťáva (ž) | [vɪmatʃkana: ʃtʲa:va]

bier (het) | pivo (s) | [pɪvo]
licht bier (het) | světlé pivo (s) | [svetlɛ: pɪvo]
donker bier (het) | tmavé pivo (s) | [tmavɛ: pɪvo]

thee (de) | čaj (m) | [tʃaj]
zwarte thee (de) | černý čaj (m) | [tʃɛrni: tʃaj]
groene thee (de) | zelený čaj (m) | [zɛlɛni: tʃaj]

46. Groenten

groenten (mv.) | zelenina (ž) | [zɛlɛnɪna]
verse kruiden (mv.) | zelenina (ž) | [zɛlɛnɪna]

tomaat (de) | rajské jablíčko (s) | [rajskɛ: jabli:tʃko]
augurk (de) | okurka (ž) | [okurka]
wortel (de) | mrkev (ž) | [mrkɛf]
aardappel (de) | brambory (ž mn) | [bramborɪ]
ui (de) | cibule (ž) | [tsɪbulɛ]
knoflook (de) | česnek (m) | [tʃesnɛk]

kool (de)	zelí (s)	[zɛli:]
bloemkool (de)	květák (m)	[kveta:k]
spruitkool (de)	růžičková kapusta (ž)	[ru:ʒɪtʃkova: kapusta]
broccoli (de)	brokolice (ž)	[brokolɪtsɛ]

rode biet (de)	červená řepa (ž)	[tʃɛrvena: rʒɛpa]
aubergine (de)	lilek (m)	[lɪlɛk]
courgette (de)	cukina, cuketa (ž)	[tsukɪna], [tsuketa]
pompoen (de)	tykev (ž)	[tɪkɛf]
raap (de)	vodní řepa (ž)	[vodni: rʒɛpa]

peterselie (de)	petržel (ž)	[pɛtrʒel]
dille (de)	kopr (m)	[kopr]
sla (de)	salát (m)	[sala:t]
selderij (de)	celer (m)	[tsɛlɛr]
asperge (de)	chřest (m)	[xrʃɛst]
spinazie (de)	špenát (m)	[ʃpɛna:t]

erwt (de)	hrách (m)	[hra:x]
bonen (mv.)	boby (m mn)	[bobɪ]
maïs (de)	kukuřice (ž)	[kukurʒɪtsɛ]
nierboon (de)	fazole (ž)	[fazolɛ]

peper (de)	pepř (m)	[pɛprʃ]
radijs (de)	ředkvička (ž)	[rʒɛtkvɪtʃka]
artisjok (de)	artyčok (m)	[artɪtʃok]

47. Vruchten. Noten

vrucht (de)	ovoce (s)	[ovotsɛ]
appel (de)	jablko (s)	[jablko]
peer (de)	hruška (ž)	[hruʃka]
citroen (de)	citrón (m)	[tsɪtro:n]
sinaasappel (de)	pomeranč (m)	[pomɛrantʃ]
aardbei (de)	zahradní jahody (ž mn)	[zahradni: jahodɪ]

mandarijn (de)	mandarinka (ž)	[mandarɪŋka]
pruim (de)	švestka (ž)	[ʃvɛstka]
perzik (de)	broskev (ž)	[broskɛf]
abrikoos (de)	meruňka (ž)	[mɛrunika]
framboos (de)	maliny (ž mn)	[malɪnɪ]
ananas (de)	ananas (m)	[ananas]

banaan (de)	banán (m)	[bana:n]
watermeloen (de)	vodní meloun (m)	[vodni: mɛloun]
druif (de)	hroznové víno (s)	[hroznovɛ: vi:no]
zure kers (de)	višně (ž)	[vɪʃne]
zoete kers (de)	třešně (ž)	[trʃɛʃne]
meloen (de)	cukrový meloun (m)	[tsukrovi: mɛloun]

grapefruit (de)	grapefruit (m)	[grɛjpfru:t]
avocado (de)	avokádo (s)	[avoka:do]
papaja (de)	papája (ž)	[papa:ja]
mango (de)	mango (s)	[mango]

granaatappel (de)	granátové jablko (s)	[grana:tovɛ: jablko]
rode bes (de)	červený rybíz (m)	[tʃɛrvɛni: rɪbi:z]
zwarte bes (de)	černý rybíz (m)	[tʃɛrni: rɪbi:z]
kruisbes (de)	angrešt (m)	[angrɛʃt]
blauwe bosbes (de)	borůvky (ž mn)	[boru:fkɪ]
braambes (de)	ostružiny (ž mn)	[ostruʒɪnɪ]

rozijn (de)	hrozinky (ž mn)	[hrozɪŋkɪ]
vijg (de)	fík (m)	[fi:k]
dadel (de)	datle (ž)	[datlɛ]

pinda (de)	burský oříšek (m)	[burski: orʒi:ʃɛk]
amandel (de)	mandle (ž)	[mandlɛ]
walnoot (de)	vlašský ořech (m)	[vlaʃski: orʒɛx]
hazelnoot (de)	lískový ořech (m)	[li:skovi: orʒɛx]
kokosnoot (de)	kokos (m)	[kokos]
pistaches (mv.)	pistácie (ž)	[pɪsta:tsɪe]

48. Brood. Snoep

suikerbakkerij (de)	cukroví (s)	[tsukrovi:]
brood (het)	chléb (m)	[xlɛ:p]
koekje (het)	sušenky (ž mn)	[suʃɛŋkɪ]

chocolade (de)	čokoláda (ž)	[tʃokola:da]
chocolade- (abn)	čokoládový	[tʃokola:dovi:]
snoepje (het)	bonbón (m)	[bonbo:n]
cakeje (het)	zákusek (m)	[za:kusɛk]
taart (bijv. verjaardags~)	dort (m)	[dort]

| pastei (de) | koláč (m) | [kola:tʃ] |
| vulling (de) | nádivka (ž) | [na:dɪfka] |

confituur (de)	zavařenina (ž)	[zavarʒɛnɪna]
marmelade (de)	marmeláda (ž)	[marmɛla:da]
wafel (de)	oplatky (mn)	[oplatkɪ]
ijsje (het)	zmrzlina (ž)	[zmrzlɪna]

49. Bereide gerechten

gerecht (het)	jídlo (s)	[ji:dlo]
keuken (bijv. Franse ~)	kuchyně (ž)	[kuxɪne]
recept (het)	recept (m)	[rɛtsɛpt]
portie (de)	porce (ž)	[portsɛ]

| salade (de) | salát (m) | [sala:t] |
| soep (de) | polévka (ž) | [polɛ:fka] |

bouillon (de)	vývar (m)	[vi:varl]
boterham (de)	obložený chlebíček (m)	[obloʒeni: xlɛbi:tʃɛk]
spiegelei (het)	míchaná vejce (s mn)	[mi:xana: vɛjtsɛ]
hamburger (de)	hamburger (m)	[hamburgɛr]

biefstuk (de)	biftek (m)	[bɪftɛk]
garnering (de)	příloha (ž)	[prʃi:loha]
spaghetti (de)	spagety (m mn)	[spagɛtɪ]
aardappelpuree (de)	bramborová kaše (ž)	[bramborova: kaʃɛ]
pizza (de)	pizza (ž)	[pɪtsa]
pap (de)	kaše (ž)	[kaʃɛ]
omelet (de)	omeleta (ž)	[omɛlɛta]

gekookt (in water)	vařený	[varʒɛni:]
gerookt (bn)	uzený	[uzɛni:]
gebakken (bn)	smažený	[smaʒeni:]
gedroogd (bn)	sušený	[suʃɛni:]
diepvries (bn)	zmražený	[zmraʒeni:]
gemarineerd (bn)	marinovaný	[marɪnovani:]

zoet (bn)	sladký	[slatki:]
gezouten (bn)	slaný	[slani:]
koud (bn)	studený	[studɛni:]
heet (bn)	teplý	[tɛpli:]
bitter (bn)	hořký	[horʃki:]
lekker (bn)	chutný	[xutni:]

koken (in kokend water)	vařit	[varʒɪt]
bereiden (avondmaaltijd ~)	vařit	[varʒɪt]
bakken (ww)	smažit	[smaʒɪt]
opwarmen (ww)	ohřívat	[ohrʒi:vat]

zouten (ww)	solit	[solɪt]
peperen (ww)	pepřit	[pɛprʃɪt]
raspen (ww)	strouhat	[strouhat]
schil (de)	slupka (ž)	[slupka]
schillen (ww)	loupat	[loupat]

50. Kruiden

zout (het)	sůl (ž)	[su:l]
gezouten (bn)	slaný	[slani:]
zouten (ww)	solit	[solɪt]

zwarte peper (de)	černý pepř (m)	[ʧɛrni: pɛprʃ]
rode peper (de)	červená paprika (ž)	[ʧɛrvɛna: paprɪka]
mosterd (de)	hořčice (ž)	[horʃʧɪtsɛ]
mierikswortel (de)	křen (m)	[krʃɛn]

condiment (het)	ochucovadlo (s)	[oxutsovadlo]
specerij, kruiderij (de)	koření (s)	[korʒɛni:]
saus (de)	omáčka (ž)	[oma:ʧka]
azijn (de)	ocet (m)	[otsɛt]

anijs (de)	anýz (m)	[ani:z]
basilicum (de)	bazalka (ž)	[bazalka]
kruidnagel (de)	hřebíček (m)	[hrʒɛbi:ʧɛk]
gember (de)	zázvor (m)	[za:zvor]
koriander (de)	koriandr (m)	[korɪandr]

kaneel (de/het)	skořice (ž)	[skorʒɪtsɛ]
sesamzaad (het)	sezam (m)	[sɛzam]
laurierblad (het)	bobkový list (m)	[bopkovi: lɪst]
paprika (de)	paprika (ž)	[paprɪka]
komijn (de)	kmín (m)	[kmi:n]
saffraan (de)	šafrán (m)	[ʃafra:n]

51. Maaltijden

| eten (het) | jídlo (s) | [ji:dlo] |
| eten (ww) | jíst | [ji:st] |

ontbijt (het)	snídaně (ž)	[sni:dane]
ontbijten (ww)	snídat	[sni:dat]
lunch (de)	oběd (m)	[obet]
lunchen (ww)	obědvat	[obedvat]
avondeten (het)	večeře (ž)	[vɛtʃɛrʒɛ]
souperen (ww)	večeřet	[vɛtʃɛrʒet]

| eetlust (de) | chuť (ž) k jídlu | [xutʲ k ji:dlu] |
| Eet smakelijk! | Dobrou chuť! | [dobrou xutʲ] |

openen (een fles ~)	otvírat	[otvi:rat]
morsen (koffie, enz.)	rozlít	[rozli:t]
zijn gemorst	rozlít se	[rozli:t sɛ]
koken (water kookt bij 100°C)	vřít	[vrʒi:t]
koken (Hoe om water te ~)	vařit	[varʒɪt]
gekookt (~ water)	svařený	[svarʒɛni:]
afkoelen (koeler maken)	ochladit	[oxladɪt]
afkoelen (koeler worden)	ochlazovat se	[oxlazovat sɛ]

| smaak (de) | chuť (ž) | [xutʲ] |
| nasmaak (de) | příchuť (ž) | [prʃi:xutʲ] |

volgen een dieet	držet dietu	[drʒet dɪetu]
dieet (het)	dieta (ž)	[dɪeta]
vitamine (de)	vitamín (m)	[vɪtami:n]
calorie (de)	kalorie (ž)	[kalorɪe]
vegetariër (de)	vegetarián (m)	[vɛgɛtarɪa:n]
vegetarisch (bn)	vegetariánský	[vɛgɛtarɪa:nski:]

vetten (mv.)	tuky (m)	[tukɪ]
eiwitten (mv.)	bílkoviny (ž)	[bi:lkovɪnɪ]
koolhydraten (mv.)	karbohydráty (mn)	[karbohɪdrati:]
snede (de)	plátek (m)	[pla:tɛk]
stuk (bijv. een ~ taart)	kousek (m)	[kousɛk]
kruimel (de)	drobek (m)	[drobɛk]

52. Tafelschikking

| lepel (de) | lžíce (ž) | [lʒi:tsɛ] |
| mes (het) | nůž (m) | [nu:ʃ] |

vork (de)	vidlička (ž)	[vɪdlɪt͡ʃka]
kopje (het)	šálek (m)	[ʃaːlɛk]
bord (het)	talíř (m)	[taliːrʃ]
schoteltje (het)	talířek (m)	[taliːrʒɛk]
servet (het)	ubrousek (m)	[ubrousɛk]
tandenstoker (de)	párátko (s)	[paːraːtko]

53. Restaurant

restaurant (het)	restaurace (ž)	[rɛstauratsɛ]
koffiehuis (het)	kavárna (ž)	[kavaːrna]
bar (de)	bar (m)	[bar]
tearoom (de)	čajovna (ž)	[t͡ʃajovna]

kelner, ober (de)	číšník (m)	[t͡ʃiːʃniːk]
serveerster (de)	číšnice (ž)	[t͡ʃiːʃnɪt͡sɛ]
barman (de)	barman (m)	[barman]

menu (het)	jídelní lístek (m)	[jiːdɛlniː liːstɛk]
wijnkaart (de)	nápojový lístek (m)	[naːpojoviː liːstɛk]
een tafel reserveren	rezervovat stůl	[rɛzɛrvovat stuːl]

gerecht (het)	jídlo (s)	[jiːdlo]
bestellen (eten ~)	objednat si	[objɛdnat sɪ]
een bestelling maken	objednat si	[objɛdnat sɪ]

aperitief (de/het)	aperitiv (m)	[apɛrɪtɪf]
voorgerecht (het)	předkrm (m)	[prʃɛtkrm]
dessert (het)	desert (m)	[dɛsɛrt]

rekening (de)	účet (m)	[uːt͡ʃɛt]
de rekening betalen	zaplatit účet	[zaplatɪt uːt͡ʃɛt]
wisselgeld teruggeven	dát nazpátek	[daːt naspaːtɛk]
fooi (de)	spropitné (s)	[spropɪtnɛː]

Familie, verwanten en vrienden

54. Persoonlijke informatie. Formulieren

naam (de)	jméno (s)	[jmɛ:no]
achternaam (de)	příjmení (s)	[prʃi:jmɛni:]
geboortedatum (de)	datum (s) narození	[datum narozɛni:]
geboorteplaats (de)	místo (s) narození	[mi:sto narozɛni:]
nationaliteit (de)	národnost (ž)	[na:rodnost]
woonplaats (de)	bydliště (s)	[bɪdlɪʃte]
land (het)	země (ž)	[zɛmnɛ]
beroep (het)	povolání (s)	[povola:ni:]
geslacht (ov. het vrouwelijk ~)	pohlaví (s)	[pohlavi:]
lengte (de)	postava (ž)	[postava]
gewicht (het)	váha (ž)	[va:ha]

55. Familieleden. Verwanten

moeder (de)	matka (ž)	[matka]
vader (de)	otec (m)	[otɛts]
zoon (de)	syn (m)	[sɪn]
dochter (de)	dcera (ž)	[dtsɛra]
jongste dochter (de)	nejmladší dcera (ž)	[nɛjmladʃi: dtsɛra]
jongste zoon (de)	nejmladší syn (m)	[nɛjmladʃi: sɪn]
oudste dochter (de)	nejstarší dcera (ž)	[nɛjstarʃi: dtsɛra]
oudste zoon (de)	nejstarší syn (m)	[nɛjstarʃi: sɪn]
broer (de)	bratr (m)	[bratr]
zuster (de)	sestra (ž)	[sɛstra]
neef (zoon van oom, tante)	bratranec (m)	[bratranɛts]
nicht (dochter van oom, tante)	sestřenice (ž)	[sɛstrʃɛnɪtsɛ]
mama (de)	maminka (ž)	[mamɪŋka]
papa (de)	táta (m)	[ta:ta]
ouders (mv.)	rodiče (m mn)	[rodɪtʃɛ]
kind (het)	dítě (s)	[di:te]
kinderen (mv.)	děti (ž mn)	[detɪ]
oma (de)	babička (ž)	[babɪtʃka]
opa (de)	dědeček (m)	[dedɛtʃɛk]
kleinzoon (de)	vnuk (m)	[vnuk]
kleindochter (de)	vnučka (ž)	[vnutʃka]
kleinkinderen (mv.)	vnuci (m mn)	[vnutsɪ]

oom (de)	strýc (m)	[stri:ts]
tante (de)	teta (ž)	[tɛta]
neef (zoon van broer, zus)	synovec (m)	[sɪnovɛts]
nicht (dochter van broer, zus)	neteř (ž)	[nɛtɛrʃ]

schoonmoeder (de)	tchyně (ž)	[txɪne]
schoonvader (de)	tchán (m)	[txa:n]
schoonzoon (de)	zeť (m)	[zɛtʲ]
stiefmoeder (de)	nevlastní matka (ž)	[nɛvlastni: matka]
stiefvader (de)	nevlastní otec (m)	[nɛvlastni: otɛts]

zuigeling (de)	kojenec (m)	[kojɛnɛts]
wiegenkind (het)	nemluvně (s)	[nɛmluvne]
kleuter (de)	děcko (s)	[detsko]

vrouw (de)	žena (ž)	[ʒena]
man (de)	muž (m)	[muʃ]
echtgenoot (de)	manžel (m)	[manʒel]
echtgenote (de)	manželka (ž)	[manʒelka]

gehuwd (mann.)	ženatý	[ʒenati:]
gehuwd (vrouw.)	vdaná	[vdana:]
ongehuwd (mann.)	svobodný	[svobodni:]
vrijgezel (de)	mládenec (m)	[mla:dɛnɛts]
gescheiden (bn)	rozvedený	[rozvɛdɛni:]
weduwe (de)	vdova (ž)	[vdova]
weduwnaar (de)	vdovec (m)	[vdovɛts]

familielid (het)	příbuzný (m)	[prʃi:buzni:]
dichte familielid (het)	blízký příbuzný (m)	[bli:ski: prʃi:buzni:]
verre familielid (het)	vzdálený příbuzný (m)	[vzda:lɛni: prʃi:buzni:]
familieleden (mv.)	příbuzenstvo (s)	[prʃi:buzɛnstvo]

wees (de), weeskind (het)	sirotek (m, ž)	[sɪrotɛk]
voogd (de)	poručník (m)	[porutʃni:k]
adopteren (een jongen te ~)	adoptovat	[adoptovat]
adopteren (een meisje te ~)	adoptovat dívku	[adoptovat difku]

56. Vrienden. Collega's

vriend (de)	přítel (m)	[prʃi:tɛl]
vriendin (de)	přítelkyně (ž)	[prʃi:tɛlkɪne]
vriendschap (de)	přátelství (s)	[prʃa:tɛlstvi:]
bevriend zijn (ww)	kamarádit	[kamara:dɪt]

makker (de)	kamarád (m)	[kamara:t]
vriendin (de)	kamarádka (ž)	[kamara:tka]
partner (de)	partner (m)	[partnɛr]

chef (de)	šéf (m)	[ʃɛ:f]
baas (de)	vedoucí (m)	[vɛdoutsi:]
ondergeschikte (de)	podřízený (m)	[podrʒi:zɛni:]
collega (de)	kolega (m)	[kolɛga]
kennis (de)	známý (m)	[zna:mi:]

| medereiziger (de) | spolucestující (m) | [spoluʦɛstuji:ʦi:] |
| klasgenoot (de) | spolužák (m) | [spoluʒa:k] |

buurman (de)	soused (m)	[sousɛt]
buurvrouw (de)	sousedka (ž)	[sousɛtka]
buren (mv.)	sousedé (m mn)	[sousɛdɛ:]

57. Man. Vrouw

vrouw (de)	žena (ž)	[ʒena]
meisje (het)	slečna (ž)	[slɛtʃna]
bruid (de)	nevěsta (ž)	[nɛvesta]

mooi(e) (vrouw, meisje)	pěkná	[pekna:]
groot, grote (vrouw, meisje)	vysoká	[vɪsoka:]
slank(e) (vrouw, meisje)	štíhlá	[ʃti:hla:]
korte, kleine (vrouw, meisje)	menší	[mɛnʃi:]

| blondine (de) | blondýna (ž) | [blondi:na] |
| brunette (de) | bruneta (ž) | [brunɛta] |

dames- (abn)	dámský	[da:mski:]
maagd (de)	panna (ž)	[panna]
zwanger (bn)	těhotná	[tehotna:]

man (de)	muž (m)	[muʃ]
blonde man (de)	blondýn (m)	[blondi:n]
bruinharige man (de)	brunet (m)	[brunɛt]
groot (bn)	vysoký	[vɪsoki:]
klein (bn)	menší	[mɛnʃi:]

onbeleefd (bn)	hrubý	[hrubi:]
gedrongen (bn)	zavalitý	[zavalɪti:]
robuust (bn)	statný, zdatný	[statni:], [zdatni:]
sterk (bn)	silný	[sɪlni:]
sterkte (de)	síla (ž)	[si:la]

mollig (bn)	tělnatý	[telnati:]
getaand (bn)	snědý	[snedi:]
slank (bn)	štíhlý	[ʃti:hli:]
elegant (bn)	elegantní	[ɛlɛgantni:]

58. Leeftijd

leeftijd (de)	věk (m)	[vek]
jeugd (de)	mladost (ž)	[mladost]
jong (bn)	mladý	[mladi:]

jonger (bn)	mladší	[mladʃi:]
ouder (bn)	starší	[starʃi:]
jongen (de)	jinoch (m)	[jɪnox]
tiener, adolescent (de)	výrostek (m)	[vi:rostɛk]

kerel (de)	**kluk** (m)	[kluk]
oude man (de)	**stařec** (m)	[starʒɛts]
oude vrouw (de)	**stařena** (ž)	[starʒɛna]

volwassen (bn)	**dospělý**	[dospeli:]
van middelbare leeftijd (bn)	**středního věku**	[strʃɛdni:ho veku]
bejaard (bn)	**starší**	[starʃi:]
oud (bn)	**starý**	[stari:]

pensioen (het)	**důchod** (m)	[du:xot]
met pensioen gaan	**odejít do důchodu**	[odɛji:t do du:xodu]
gepensioneerde (de)	**důchodce** (m)	[du:xodtsɛ]

59. Kinderen

kind (het)	**dítě** (s)	[di:te]
kinderen (mv.)	**děti** (ž mn)	[detɪ]
tweeling (de)	**blíženci** (m mn)	[bli:ʒentsɪ]

wieg (de)	**kolébka** (ž)	[kolɛ:pka]
rammelaar (de)	**chrastítko** (s)	[xrasti:tko]
luier (de)	**plenka** (ž)	[plɛŋka]

speen (de)	**dudlík** (m)	[dudli:k]
kinderwagen (de)	**kočárek** (m)	[kotʃa:rɛk]
kleuterschool (de)	**mateřská škola** (ž)	[matɛrʃska: ʃkola]
babysitter (de)	**chůva** (ž)	[xu:va]

kindertijd (de)	**dětství** (s)	[detstvi:]
pop (de)	**panenka** (ž)	[panɛŋka]
speelgoed (het)	**hračka** (ž)	[hratʃka]
bouwspeelgoed (het)	**dětská stavebnice** (ž)	[detska: stavɛbnɪtsɛ]
welopgevoed (bn)	**vychovaný**	[vɪxovani:]
onopgevoed (bn)	**nevychovaný**	[nɛvɪxovani:]
verwend (bn)	**rozmazlený**	[rozmazlɛni:]

stout zijn (ww)	**dovádět**	[dova:det]
stout (bn)	**nezbedný**	[nɛzbɛdni:]
stoutheid (de)	**nezbednost** (ž)	[nɛzbɛdnost]
stouterd (de)	**nezbedník** (m)	[nɛzbɛdni:k]

gehoorzaam (bn)	**poslušný**	[posluʃni:]
ongehoorzaam (bn)	**neposlušný**	[nɛposluʃni:]

braaf (bn)	**poslušný**	[posluʃni:]
slim (verstandig)	**rozumný**	[rozumni:]
wonderkind (het)	**zázračné dítě** (s)	[za:zratʃnɛ: di:te]

60. Gehuwde paren. Gezinsleven

kussen (een kus geven)	**líbat**	[li:bat]
elkaar kussen (ww)	**líbat se**	[li:bat sɛ]

gezin (het)	rodina (ž)	[rodɪna]
gezins- (abn)	rodinný	[rodɪnni:]
paar (het)	pár (m)	[pa:r]
huwelijk (het)	manželství (s)	[manʒelstvi:]
thuis (het)	rodinný krb (m)	[rodɪnni: krp]
dynastie (de)	dynastie (ž)	[dɪnastɪe]

date (de)	rande (s)	[randɛ]
zoen (de)	pusa (ž)	[pusa]

liefde (de)	láska (ž)	[la:ska]
liefhebben (ww)	milovat	[mɪlovat]
geliefde (bn)	milovaný	[mɪlovani:]

tederheid (de)	něžnost (ž)	[neʒnost]
teder (bn)	něžný	[neʒni:]
trouw (de)	věrnost (ž)	[vernost]
trouw (bn)	věrný	[verni:]
zorg (bijv. bejaarden~)	péče (ž)	[pɛ:tʃɛ]
zorgzaam (bn)	starostlivý	[starostlɪvi:]

jonggehuwden (mv.)	novomanželé (m mn)	[novomanʒelɛ:]
wittebroodsweken (mv.)	líbánky (ž mn)	[li:ba:ŋkɪ]
trouwen (vrouw)	vdát se	[vda:t sɛ]
trouwen (man)	ženit se	[ʒenɪt sɛ]

bruiloft (de)	svatba (ž)	[svatba]
gouden bruiloft (de)	zlatá svatba (ž)	[zlata: svatba]
verjaardag (de)	výročí (s)	[vi:rotʃi:]

minnaar (de)	milenec (m)	[mɪlɛnɛts]
minnares (de)	milenka (ž)	[mɪlɛŋka]

overspel (het)	nevěra (ž)	[nɛvera]
overspel plegen (ww)	podvést	[podvɛ:st]
jaloers (bn)	žárlivý	[ʒa:rlɪvi:]
jaloers zijn (echtgenoot, enz.)	žárlit	[ʒa:rlɪt]
echtscheiding (de)	rozvod (m)	[rozvot]
scheiden (ww)	rozvést se	[rozvɛ:st sɛ]

ruzie hebben (ww)	hádat se	[ha:dat sɛ]
vrede sluiten (ww)	smiřovat se	[smɪrʒovat sɛ]
samen (bw)	spolu	[spolu]
seks (de)	sex (m)	[sɛks]

geluk (het)	štěstí (s)	[ʃtesti:]
gelukkig (bn)	šťastný	[ʃtʲastni:]
ongeluk (het)	neštěstí (s)	[nɛʃtesti:]
ongelukkig (bn)	nešťastný	[nɛʃtʲastni:]

Karakter. Gevoelens. Emoties

61. Gevoelens. Emoties

gevoel (het)	pocit (m)	[potsɪt]
gevoelens (mv.)	pocity (m mn)	[potsɪtɪ]
voelen (ww)	cítit	[tsi:tɪt]
honger (de)	hlad (m)	[hlat]
honger hebben (ww)	mít hlad	[mi:t hlat]
dorst (de)	žízeň (ž)	[ʒi:zɛnʲ]
dorst hebben	mít žízeň	[mi:t ʒi:zɛnʲ]
slaperigheid (de)	ospalost (ž)	[ospalost]
willen slapen	chtít spát	[xti:t spa:t]
moeheid (de)	únava (ž)	[u:nava]
moe (bn)	unavený	[unavɛni:]
vermoeid raken (ww)	unavit se	[unavɪt sɛ]
stemming (de)	nálada (ž)	[na:lada]
verveling (de)	nuda (ž)	[nuda]
zich vervelen (ww)	nudit se	[nudɪt sɛ]
afzondering (de)	samota (ž)	[samota]
zich afzonderen (ww)	odloučit se	[odloutʃɪt sɛ]
bezorgd maken	znepokojovat	[znɛpokojovat]
bezorgd zijn (ww)	znepokojovat se	[znɛpokojovat sɛ]
zorg (bijv. geld~en)	úzkost (ž)	[u:skost]
ongerustheid (de)	nepokoj (m)	[nɛpokoj]
ongerust (bn)	ustaraný	[ustarani:]
zenuwachtig zijn (ww)	být nervózní	[bi:t nɛrvo:zni:]
in paniek raken	panikařit	[panɪkarʒɪt]
hoop (de)	naděje (ž)	[nadejɛ]
hopen (ww)	doufat	[doufat]
zekerheid (de)	jistota (ž)	[jɪstota]
zeker (bn)	jistý	[jɪsti:]
onzekerheid (de)	nejistota (ž)	[nɛjɪstota]
onzeker (bn)	nejistý	[nɛjɪsti:]
dronken (bn)	opilý	[opɪli:]
nuchter (bn)	střízlivý	[strʒi:zlɪvi:]
zwak (bn)	slabý	[slabi:]
gelukkig (bn)	šťastný	[ʃtʲastni:]
doen schrikken (ww)	polekat	[polɛkat]
toorn (de)	zuřivost (ž)	[zurʒɪvost]
woede (de)	vztek (m)	[vstɛk]
depressie (de)	deprese (ž)	[dɛprɛsɛ]
ongemak (het)	neklid (m)	[nɛklɪt]

gemak, comfort (het)	klid (m)	[klɪt]
spijt hebben (ww)	litovat	[lɪtovat]
spijt (de)	lítost (ž)	[li:tost]
pech (de)	smůla (ž)	[smu:la]
bedroefdheid (de)	rozladění (s)	[rozladeni:]

schaamte (de)	stud (m)	[stut]
pret (de), plezier (het)	radost (ž)	[radost]
enthousiasme (het)	nadšení (s)	[nadʃɛni:]
enthousiasteling (de)	nadšenec (m)	[nadʃɛnɛts]
enthousiasme vertonen	projevit nadšení	[projɛvɪt nadʃɛni:]

62. Karakter. Persoonlijkheid

karakter (het)	povaha (ž)	[povaha]
karakterfout (de)	vada (ž)	[vada]
rede (de), verstand (het)	rozum (m)	[rozum]

geweten (het)	svědomí (s)	[svedomi:]
gewoonte (de)	zvyk (m)	[zvɪk]
bekwaamheid (de)	schopnost (ž)	[sxopnost]
kunnen (bijv., ~ zwemmen)	umět	[umnet]

geduldig (bn)	trpělivý	[trpelɪvi:]
ongeduldig (bn)	opilý	[opɪli:]
nieuwsgierig (bn)	zvědavý	[zvedavi:]
nieuwsgierigheid (de)	zvědavost (ž)	[zvedavost]

bescheidenheid (de)	skromnost (ž)	[skromnost]
bescheiden (bn)	skromný	[skromni:]
onbescheiden (bn)	neskromný	[nɛskromni:]

luiheid (de)	lenost (ž)	[lɛnost]
lui (bn)	líný	[li:ni:]
luiwammes (de)	lenoch (m)	[lɛnox]

sluwheid (de)	vychytralost (ž)	[vɪxɪtralost]
sluw (bn)	vychytralý	[vɪxɪtrali:]
wantrouwen (het)	nedůvěra (ž)	[nɛdu:vera]
wantrouwig (bn)	nedůvěřivý	[nɛdu:verʒɪvi:]

gulheid (de)	štědrost (ž)	[ʃtedrost]
gul (bn)	štědrý	[ʃtedri:]
talentrijk (bn)	nadaný	[nadani:]
talent (het)	nadání (s)	[nada:ni:]

moedig (bn)	smělý	[smneli:]
moed (de)	smělost (ž)	[smnelost]
eerlijk (bn)	poctivý	[potstɪvi:]
eerlijkheid (de)	poctivost (ž)	[potstɪvost]

voorzichtig (bn)	opatrný	[opatrni:]
manhaftig (bn)	odvážný	[odva:ʒni:]
ernstig (bn)	vážný	[va:ʒni:]

streng (bn)	přísný	[prʃiːsni:]
resoluut (bn)	rozhodný	[rozhodni:]
onzeker, irresoluut (bn)	nerozhodný	[nɛrozhodni:]
schuchter (bn)	nesmělý	[nɛsmneli:]
schuchterheid (de)	nesmělost (ž)	[nɛsmnelost]

vertrouwen (het)	důvěra (ž)	[du:vera]
vertrouwen (ww)	věřit	[verʒɪt]
goedgelovig (bn)	důvěřivý	[du:verʒɪvi:]

oprecht (bw)	upřímně	[uprʃi:mne]
oprecht (bn)	upřímný	[uprʃi:mni:]
oprechtheid (de)	upřímnost (ž)	[uprʃi:mnost]
open (bn)	otevřený	[otɛvrʒɛni:]

rustig (bn)	tichý	[tɪxi:]
openhartig (bn)	upřímný	[uprʃi:mni:]
naïef (bn)	naivní	[naɪvni:]
verstrooid (bn)	roztržitý	[roztrʒɪti:]
leuk, grappig (bn)	směšný	[smneʃni:]

gierigheid (de)	lakomost (ž)	[lakomost]
gierig (bn)	lakomý	[lakomi:]
inhalig (bn)	skoupý	[skoupi:]
kwaad (bn)	zlý	[zli:]
koppig (bn)	tvrdohlavý	[tvrdohlavi:]
onaangenaam (bn)	nepříjemný	[nɛprʃi:jɛmni:]

egoïst (de)	sobec (m)	[sobɛts]
egoïstisch (bn)	sobecký	[sobɛtski:]
lafaard (de)	zbabělec (m)	[zbabelɛts]
laf (bn)	bázlivý	[ba:zlɪvi:]

63. Slaap. Dromen

slapen (ww)	spát	[spa:t]
slaap (in ~ vallen)	spaní (s)	[spani:]
droom (de)	sen (m)	[sɛn]
dromen (in de slaap)	snít	[sni:t]
slaperig (bn)	ospalý	[ospali:]

bed (het)	lůžko (s)	[lu:ʃko]
matras (de)	matrace (ž)	[matratsɛ]
deken (de)	deka (ž)	[dɛka]
kussen (het)	polštář (m)	[polʃta:rʃ]
laken (het)	prostěradlo (s)	[prosteradlo]

slapeloosheid (de)	nespavost (ž)	[nɛspavost]
slapeloos (bn)	bezesný	[bɛzɛsni:]
slaapmiddel (het)	prášek (m) pro spaní	[pra:ʃɛk pro spani:]
slaapmiddel innemen	vzít prášek pro spaní	[vzi:t pra:ʃɛk pro spani:]

| willen slapen | chtít spát | [xti:t spa:t] |
| geeuwen (ww) | zívnout | [zi:vnout] |

gaan slapen	jít spát	[ji:t spa:t]
het bed opmaken	stlát postel	[stla:t postɛl]
inslapen (ww)	usnout	[usnout]

nachtmerrie (de)	noční můra (ž)	[notʃni: mu:ra]
gesnurk (het)	chrápání (s)	[xra:pa:ni:]
snurken (ww)	chrápat	[xra:pat]

wekker (de)	budík (m)	[budi:k]
wekken (ww)	vzbudit	[vzbudɪt]
wakker worden (ww)	probouzet se	[probouzɛt sɛ]
opstaan (ww)	vstávat	[vsta:vat]
zich wassen (ww)	umýt se	[umi:t sɛ]

64. Humor. Gelach. Blijdschap

humor (de)	humor (m)	[humor]
gevoel (het) voor humor	smysl (m)	[smɪsl]
plezier hebben (ww)	bavit se	[bavɪt sɛ]
vrolijk (bn)	veselý	[vɛsɛli:]
pret (de), plezier (het)	zábava (ž)	[za:bava]

glimlach (de)	úsměv (m)	[u:smnef]
glimlachen (ww)	usmívat se	[usmi:vat sɛ]
beginnen te lachen (ww)	zasmát se	[zasma:t sɛ]
lachen (ww)	smát se	[sma:t sɛ]
lach (de)	smích (m)	[smi:x]

mop (de)	anekdota (ž)	[anɛgdota]
grappig (een ~ verhaal)	směšný	[smneʃni:]
grappig (~e clown)	směšný	[smneʃni:]

grappen maken (ww)	žertovat	[ʒertovat]
grap (de)	žert (m)	[ʒert]
blijheid (de)	radost (ž)	[radost]
blij zijn (ww)	radovat se	[radovat sɛ]
blij (bn)	radostný	[radostni:]

65. Discussie, conversatie. Deel 1

communicatie (de)	styk (m)	[stɪk]
communiceren (ww)	komunikovat	[komunɪkovat]

conversatie (de)	rozhovor (m)	[rozhovor]
dialoog (de)	dialog (m)	[dɪalok]
discussie (de)	diskuse (ž)	[dɪskusɛ]
debat (het)	debata (ž)	[dɛbata]
debatteren, twisten (ww)	diskutovat	[dɪskutovat]

gesprekspartner (de)	účastník (m) rozhovoru	[u:tʃastni:k rozhovoru]
thema (het)	téma (s)	[tɛ:ma]
standpunt (het)	stanovisko (s)	[stanovɪsko]

| mening (de) | názor (m) | [naːzor] |
| toespraak (de) | projev (m) | [projɛf] |

bespreking (de)	diskuse (ž)	[dɪskusɛ]
bespreken (spreken over)	projednávat	[projɛdnaːvat]
gesprek (het)	beseda (ž)	[bɛsɛda]
spreken (converseren)	besedovat	[bɛsɛdovat]
ontmoeting (de)	setkání (s)	[sɛtkaːniː]
ontmoeten (ww)	utkávat se	[utkaːvat sɛ]

spreekwoord (het)	přísloví (s)	[prʃiːsloviː]
gezegde (het)	pořekadlo (s)	[porʒɛkadlo]
raadsel (het)	hádanka (ž)	[haːdaŋka]
een raadsel opgeven	dávat hádat	[daːvat haːdat]
wachtwoord (het)	heslo (s)	[hɛslo]
geheim (het)	tajemství (s)	[tajɛmstviː]

eed (de)	přísaha (ž)	[prʃiːsaha]
zweren (een eed doen)	přísahat	[prʃiːsahat]
belofte (de)	slib (m)	[slɪp]
beloven (ww)	slibovat	[slɪbovat]

advies (het)	rada (ž)	[rada]
adviseren (ww)	radit	[radɪt]
luisteren (gehoorzamen)	poslouchat	[poslouxat]

nieuws (het)	novina (ž)	[novɪna]
sensatie (de)	senzace (ž)	[sɛnzaɬsɛ]
informatie (de)	údaje (m mn)	[uːdajɛ]
conclusie (de)	závěr (m)	[zaːver]
stem (de)	hlas (m)	[hlas]
compliment (het)	lichotka (ž)	[lɪxotka]
vriendelijk (bn)	laskavý	[laskaviː]

woord (het)	slovo (s)	[slovo]
zin (de), zinsdeel (het)	věta (ž)	[veta]
antwoord (het)	odpověď (ž)	[otpovetʲ]

| waarheid (de) | pravda (ž) | [pravda] |
| leugen (de) | lež (ž) | [lɛʃ] |

gedachte (de)	myšlenka (ž)	[mɪʃlɛŋka]
idee (de/het)	idea (ž)	[ɪdɛa]
fantasie (de)	fantazie (ž)	[fantazɪe]

66. Discussie, conversatie. Deel 2

gerespecteerd (bn)	vážený	[vaːʒeniː]
respecteren (ww)	vážit si	[vaːʒɪt sɪ]
respect (het)	respekt (m)	[rɛspɛkt]
Geachte ... (brief)	vážený	[vaːʒeniː]

| voorstellen (Mag ik jullie ~) | seznámit | [sɛznaːmɪt] |
| intentie (de) | úmysl (m) | [uːmɪsl] |

intentie hebben (ww)	mít v úmyslu	[mi:t v u:mɪslu]
wens (de)	přání (s)	[prʃa:ni:]
wensen (ww)	popřát	[poprʃa:t]
verbazing (de)	překvapení (s)	[prʃɛkvapɛnɪ]
verbazen (verwonderen)	udivovat	[udɪvovat]
verbaasd zijn (ww)	divit se	[dɪvɪt sɛ]
geven (ww)	dát	[da:t]
nemen (ww)	vzít	[vzi:t]
teruggeven (ww)	vrátit	[vra:tɪt]
retourneren (ww)	odevzdat	[odɛvzdat]
zich verontschuldigen	omlouvat se	[omlouvat sɛ]
verontschuldiging (de)	omluva (ž)	[omluva]
vergeven (ww)	odpouštět	[otpouʃtet]
spreken (ww)	mluvit	[mluvɪt]
luisteren (ww)	poslouchat	[poslouxat]
aanhoren (ww)	vyslechnout	[vɪslɛxnout]
begrijpen (ww)	pochopit	[poxopɪt]
tonen (ww)	ukázat	[uka:zat]
kijken naar ...	dívat se	[di:vat sɛ]
roepen (vragen te komen)	zavolat	[zavolat]
storen (lastigvallen)	rušit	[ruʃɪt]
doorgeven (ww)	předat	[prʃɛdat]
verzoek (het)	prosba (ž)	[prozba]
verzoeken (ww)	prosit	[prosɪt]
eis (de)	požadavek (m)	[poʒadavɛk]
eisen (met klem vragen)	žádat	[ʒa:dat]
beledigen	škádlit	[ʃka:dlɪt]
(beledigende namen geven)		
uitlachen (ww)	vysmívat se	[vɪsmi:vat sɛ]
spot (de)	výsměch (m)	[vi:smnex]
bijnaam (de)	přezdívka (ž)	[prʃɛzdi:fka]
zinspeling (de)	narážka (ž)	[nara:ʃka]
zinspelen (ww)	narážet	[nara:ʒet]
impliceren (duiden op)	mínit	[mi:nɪt]
beschrijving (de)	popis (m)	[popɪs]
beschrijven (ww)	popsat	[popsat]
lof (de)	pochvala (ž)	[poxvala]
loven (ww)	pochválit	[poxva:lɪt]
teleurstelling (de)	zklamání (s)	[sklama:ni:]
teleurstellen (ww)	zklamat	[sklamat]
teleurgesteld zijn (ww)	zklamat se	[sklamat sɛ]
veronderstelling (de)	předpoklad (m)	[prʃɛtpoklat]
veronderstellen (ww)	předpokládat	[prʃɛtpokla:dat]
waarschuwing (de)	varování (s)	[varova:ni:]
waarschuwen (ww)	varovat	[varovat]

67. Discussie, conversatie. Deel 3

aanpraten (ww)	přemluvit	[prʃɛmluvɪt]
kalmeren (kalm maken)	uklidňovat	[uklɪdnʲovat]
stilte (de)	mlčení (s)	[mltʃɛni:]
zwijgen (ww)	mlčet	[mltʃɛt]
fluisteren (ww)	šeptnout	[ʃɛptnout]
gefluister (het)	šepot (m)	[ʃɛpot]
open, eerlijk (bw)	otevřeně	[otɛvrʒɛne]
volgens mij ...	podle mého názoru ...	[podlɛ mɛ:ho na:zoru]
detail (het)	podrobnost (ž)	[podrobnost]
gedetailleerd (bn)	podrobný	[podrobni:]
gedetailleerd (bw)	podrobně	[podrobne]
hint (de)	nápověda (ž)	[na:poveda]
een hint geven	napovídat	[napovi:dat]
blik (de)	pohled (m)	[pohlɛt]
een kijkje nemen	pohlédnout	[pohlɛ:dnout]
strak (een ~ke blik)	ustrnulý	[ustrnuli:]
knipperen (ww)	mrkat	[mrkat]
knipogen (ww)	mrknout	[mrknout]
knikken (ww)	kývnout	[ki:vnout]
zucht (de)	vzdech (m)	[vzdɛx]
zuchten (ww)	vzdechnout	[vzdɛxnout]
huiveren (ww)	zachvívat se	[zaxvi:vat sɛ]
gebaar (het)	gesto (s)	[gɛsto]
aanraken (ww)	dotknout se	[dotknout sɛ]
grijpen (ww)	chytat	[xɪtat]
een schouderklopje geven	plácat	[pla:ʦat]
Kijk uit!	Pozor!	[pozor]
Echt?	Opravdu?	[opravdu]
Bent je er zeker van?	Jsi si tím jist?	[jsɪ sɪ ti:m jɪst]
Succes!	Hodně zdaru!	[hodne zdaru]
Juist, ja!	Jasně!	[jasne]
Wat jammor!	Škoda!	[ʃkoda]

68. Overeenstemming. Weigering

instemming (het)	souhlas (m)	[souhlas]
instemmen (akkoord gaan)	souhlasit	[souhlasɪt]
goedkeuring (de)	schválení (s)	[sxva:lɛni:]
goedkeuren (ww)	schválit	[sxva:lɪt]
weigering (de)	odmítnutí (s)	[odmi:tnuti:]
weigeren (ww)	odmítat	[odmi:tat]
Geweldig!	Výborně!	[vi:borne]
Goed!	Dobře!	[dobrʒɛ]

Akkoord!	Platí!	[plati:]
verboden (bn)	zakázaný	[zaka:zani:]
het is verboden	nesmí se	[nɛsmi: sɛ]
het is onmogelijk	není možno	[nɛni: moʒno]
onjuist (bn)	nesprávný	[nɛspra:vni:]

afwijzen (ww)	zamítnout	[zami:tnout]
steunen	podpořit	[potporʒɪt]
(een goed doel, enz.)		
aanvaarden (excuses ~)	akceptovat	[aktsɛptovat]

bevestigen (ww)	potvrdit	[potvrdɪt]
bevestiging (de)	potvrzení (s)	[potvrzɛni:]
toestemming (de)	povolení (s)	[povolɛni:]
toestaan (ww)	dovolit	[dovolɪt]
beslissing (de)	rozhodnutí (s)	[rozhodnuti:]
z'n mond houden (ww)	nepromluvit	[nɛpromluvɪt]

voorwaarde (de)	podmínka (ž)	[podmi:ŋka]
smoes (de)	výmluva (ž)	[vi:mluva]

lof (de)	pochvala (ž)	[poxvala]
loven (ww)	chválit	[xva:lɪt]

69. Succes. Veel geluk. Mislukking

succes (het)	úspěch (m)	[u:spex]
succesvol (bw)	úspěšně	[u:speʃne]
succesvol (bn)	úspěšný	[u:spɛʃni:]

geluk (het)	zdar (m)	[zdar]
Succes!	Hodně zdaru!	[hodne zdaru]

geluks- (bn)	zdařilý	[zdarʒɪli:]
gelukkig (fortuinlijk)	mít štěstí	[mi:t ʃtɛsti:]

mislukking (de)	nezdar (m)	[nɛzdar]
tegenslag (de)	neštěstí (s)	[nɛʃtesti:]
pech (de)	smůla (ž)	[smu:la]

zonder succes (bn)	nepodařený	[nɛpodarʒɛni:]
catastrofe (de)	katastrofa (ž)	[katastrofa]

fierheid (de)	hrdost (ž)	[hrdost]
fier (bn)	hrdý	[hrdi:]
fier zijn (ww)	být hrdý	[bi:t hrdi:]

winnaar (de)	vítěz (m)	[vi:tez]
winnen (ww)	zvítězit	[zvi:tezɪt]

verliezen (ww)	prohrát	[prohra:t]
poging (de)	pokus (m)	[pokus]
pogen, proberen (ww)	pokoušet se	[pokouʃɛt sɛ]
kans (de)	šance (ž)	[ʃantsɛ]

70. Ruzies. Negatieve emoties

schreeuw (de)	křik (m)	[krʃɪk]
schreeuwen (ww)	křičet	[krʃɪtʃɛt]
beginnen te schreeuwen	zakřičet	[zakrʃɪtʃɛt]
ruzie (de)	hádka (ž)	[ha:tka]
ruzie hebben (ww)	hádat se	[ha:dat sɛ]
schandaal (het)	skandál (m)	[skanda:l]
schandaal maken (ww)	dělat skandál	[delat skanda:l]
conflict (het)	konflikt (m)	[konflɪkt]
misverstand (het)	nedorozumění (s)	[nɛdorozumneni:]
belediging (de)	urážka (ž)	[ura:ʃka]
beledigen	urážet	[ura:ʒet]
(met scheldwoorden)		
beledigd (bn)	uražený	[uraʒeni:]
krenking (de)	urážka (ž)	[ura:ʃka]
krenken (beledigen)	urazit	[urazɪt]
gekwetst worden (ww)	urazit se	[urazɪt sɛ]
verontwaardiging (de)	rozhořčení (s)	[rozhorʃtʃɛni:]
verontwaardigd zijn (ww)	rozhořčovat se	[rozhorʃtʃovat sɛ]
klacht (de)	stížnost (ž)	[sti:ʒnost]
klagen (ww)	stěžovat si	[steʒovat sɪ]
verontschuldiging (de)	omluva (ž)	[omluva]
zich verontschuldigen	omlouvat se	[omlouvat sɛ]
excuus vragen	prosit o prominutí	[prosɪt o promɪnuti:]
kritiek (de)	kritika (ž)	[krɪtɪka]
bekritiseren (ww)	kritizovat	[krɪtɪzovat]
beschuldiging (de)	obvinění (s)	[obvɪneni:]
beschuldigen (ww)	obviňovat	[obvɪnʲovat]
wraak (de)	pomsta (ž)	[pomsta]
wreken (ww)	mstít se	[msti:t sɛ]
wraak nemen (ww)	odplatit	[otplatɪt]
minachting (de)	opovržení (s)	[opovrʒeni:]
minachten (ww)	pohrdat	[pohrdat]
haat (de)	nenávist (ž)	[nɛna:vɪst]
haten (ww)	nenávidět	[nɛna:vɪdet]
zenuwachtig (bn)	nervózní	[nɛrvo:zni:]
zenuwachtig zijn (ww)	být nervózní	[bi:t nɛrvo:zni:]
boos (bn)	rozčilený	[roztʃɪleni:]
boos maken (ww)	rozčilit	[roztʃɪlɪt]
vernedering (de)	ponížení (s)	[poni:ʒeni:]
vernederen (ww)	ponižovat	[ponɪʒovat]
zich vernederen (ww)	ponižovat se	[ponɪʒovat sɛ]
schok (de)	šok (m)	[ʃok]
schokken (ww)	šokovat	[ʃokovat]

onaangenaamheid (de)	nepříjemnost (ž)	[nɛprʃiːjɛmnost]
onaangenaam (bn)	nepříjemný	[nɛprʃiːjɛmniː]
vrees (de)	strach (m)	[strax]
vreselijk (bijv. ~ onweer)	strašný	[straʃniː]
eng (bn)	strašný	[straʃniː]
gruwel (de)	hrůza (ž)	[hruːza]
vreselijk (~ nieuws)	hrůzyplný	[hruːzɪplniː]
huilen (wenen)	plakat	[plakat]
beginnen te huilen (wenen)	zaplakat	[zaplakat]
traan (de)	slza (ž)	[slza]
schuld (~ geven aan)	provinění (s)	[provɪneniː]
schuldgevoel (het)	vina (ž)	[vɪna]
schande (de)	hanba (ž)	[hanba]
protest (het)	protest (m)	[protɛst]
stress (de)	stres (m)	[strɛs]
storen (lastigvallen)	rušit	[ruʃɪt]
kwaad zijn (ww)	zlobit se	[zlobɪt sɛ]
kwaad (bn)	naštvaný	[naʃtvaniː]
beëindigen (een relatie ~)	přerušovat	[prʃɛruʃovat]
vloeken (ww)	hádat se	[haːdat sɛ]
schrikken (schrik krijgen)	lekat se	[lɛkat sɛ]
slaan (iemand ~)	udeřit	[udɛrʒɪt]
vechten (ww)	prát se	[praːt sɛ]
regelen (conflict)	urovnat	[urovnat]
ontevreden (bn)	nespokojený	[nɛspokojɛniː]
woedend (bn)	vzteklý	[vstɛkliː]
Dat is niet goed!	To není dobře!	[to nɛni: dobrʒɛ]
Dat is slecht!	To je špatné!	[to jɛ ʃpatnɛː]

Geneeskunde

71. Ziekten

ziekte (de)	nemoc (ž)	[nɛmoʦ]
ziek zijn (ww)	být nemocný	[biːt nɛmoʦniː]
gezondheid (de)	zdraví (s)	[zdraviː]
snotneus (de)	rýma (ž)	[riːma]
angina (de)	angína (ž)	[angiːna]
verkoudheid (de)	nachlazení (s)	[naxlazɛniː]
verkouden raken (ww)	nachladit se	[naxladɪt sɛ]
bronchitis (de)	bronchitida (ž)	[bronxɪtiːda]
longontsteking (de)	zápal (m) plic	[zaːpal plɪʦ]
griep (de)	chřipka (ž)	[xrʃɪpka]
bijziend (bn)	krátkozraký	[kraːtkozrakiː]
verziend (bn)	dalekozraký	[dalɛkozrakiː]
scheelheid (de)	šilhavost (ž)	[ʃɪlhavost]
scheel (bn)	šilhavý	[ʃɪlhaviː]
grauwe staar (de)	šedý zákal (m)	[ʃɛdiː zaːkal]
glaucoom (het)	zelený zákal (m)	[zɛlɛniː zaːkal]
beroerte (de)	mozková mrtvice (ž)	[moskovaː mrtvɪʦɛ]
hartinfarct (het)	infarkt (m)	[ɪnfarkt]
myocardiaal infarct (het)	infarkt (m) myokardu	[ɪnfarkt mɪokardu]
verlamming (de)	obrna (ž)	[obrna]
verlammen (ww)	paralyzovat	[paralɪzovat]
allergie (de)	alergie (ž)	[alɛrgɪe]
astma (de/het)	astma (s)	[astma]
diabetes (de)	cukrovka (ž)	[ʦukrofka]
tandpijn (de)	bolení (s) zubů	[bolɛniː zubuː]
tandbederf (het)	zubní kaz (m)	[zubniː kaz]
diarree (de)	průjem (m)	[pruːjɛm]
constipatie (de)	zácpa (ž)	[zaːʦpa]
maagstoornis (de)	žaludeční potíže (ž mn)	[ʒaludɛtʃniː potiːʒe]
voedselvergiftiging (de)	otrava (ž)	[otrava]
voedselvergiftiging oplopen	otrávit se	[otraːvɪt sɛ]
artritis (de)	artritida (ž)	[artrɪtɪda]
rachitis (de)	rachitida (ž)	[raxɪtɪda]
reuma (het)	revmatismus (m)	[rɛvmatɪzmus]
arteriosclerose (de)	ateroskleróza (ž)	[atɛrosklɛroːza]
gastritis (de)	gastritida (ž)	[gastrɪtɪda]
blindedarmontsteking (de)	apendicitida (ž)	[apɛndɪʦɪtɪda]

| galblaasontsteking (de) | zánět (m) žlučníku | [za:net ʒlutʃni:ku] |
| zweer (de) | vřed (m) | [vrʒɛt] |

mazelen (mv.)	spalničky (ž mn)	[spalnɪtʃki:]
rodehond (de)	zarděnky (ž mn)	[zardeŋkɪ]
geelzucht (de)	žloutenka (ž)	[ʒloutɛŋka]
leverontsteking (de)	hepatitida (ž)	[hɛpatɪtɪda]

schizofrenie (de)	schizofrenie (ž)	[sxɪzofrɛnɪe]
dolheid (de)	vzteklina (ž)	[vstɛklɪna]
neurose (de)	neuróza (ž)	[nɛuro:za]
hersenschudding (de)	otřes (m) mozku	[otrʃɛs mosku]

kanker (de)	rakovina (ž)	[rakovɪna]
sclerose (de)	skleróza (ž)	[sklɛro:za]
multiple sclerose (de)	roztroušená skleróza (ž)	[roztrouʃɛna: sklɛro:za]

alcoholisme (het)	alkoholismus (m)	[alkoholɪzmus]
alcoholicus (de)	alkoholik (m)	[alkoholɪk]
syfilis (de)	syfilida (ž)	[sɪfɪlɪda]
AIDS (de)	AIDS (m)	[ajts]

tumor (de)	nádor (m)	[na:dor]
kwaadaardig (bn)	zhoubný	[zhoubni:]
goedaardig (bn)	nezhoubný	[nɛzhoubni:]

koorts (de)	zimnice (ž)	[zɪmnɪtsɛ]
malaria (de)	malárie (ž)	[mala:rɪe]
gangreen (het)	gangréna (ž)	[gangrɛ:na]
zeeziekte (de)	mořská nemoc (ž)	[morʃska: nɛmots]
epilepsie (de)	padoucnice (ž)	[padoutsnɪtsɛ]

epidemie (de)	epidemie (ž)	[ɛpɪdɛmɪe]
tyfus (de)	tyf (m)	[tɪf]
tuberculose (de)	tuberkulóza (ž)	[tubɛrkulo:za]
cholera (de)	cholera (ž)	[xolɛra]
pest (de)	mor (m)	[mor]

72. Symptomen. Behandelingen. Deel 1

symptoom (het)	příznak (m)	[prʃi:znak]
temperatuur (de)	teplota (ž)	[tɛplota]
verhoogde temperatuur (de)	vysoká teplota (ž)	[vɪsoka: tɛplota]
polsslag (de)	tep (m)	[tɛp]

duizeling (de)	závrať (ž)	[za:vratʲ]
heet (erg warm)	horký	[horki:]
koude rillingen (mv.)	mrazení (s)	[mrazɛni:]
bleek (bn)	bledý	[blɛdi:]

hoest (de)	kašel (m)	[kaʃɛl]
hoesten (ww)	kašlat	[kaʃlat]
niezen (ww)	kýchat	[ki:xat]
flauwte (de)	mdloby (ž mn)	[mdlobɪ]

flauwvallen (ww)	upadnout do mdlob	[upadnout do mdlop]
blauwe plek (de)	modřina (ž)	[modrʒɪna]
buil (de)	boule (ž)	[boulɛ]
zich stoten (ww)	uhodit se	[uhodɪt sɛ]
kneuzing (de)	pohmožděnina (ž)	[pohmoʒdenɪna]
kneuzen (gekneusd zijn)	uhodit se	[uhodɪt sɛ]

hinken (ww)	kulhat	[kulhat]
verstuiking (de)	vykloubení (s)	[vɪkloubɛni:]
verstuiken (enkel, enz.)	vykloubit	[vɪkloubɪt]
breuk (de)	zlomenina (ž)	[zlomɛnɪna]
een breuk oplopen	dostat zlomeninu	[dostat zlomɛnɪnu]

snijwond (de)	říznutí (s)	[rʒi:znuti:]
zich snijden (ww)	říznout se	[rʒi:znout sɛ]
bloeding (de)	krvácení (s)	[krva:tsɛni:]

brandwond (de)	popálenina (ž)	[popa:lɛnɪna]
zich branden (ww)	spálit se	[spa:lɪt sɛ]

prikken (ww)	píchnout	[pi:xnout]
zich prikken (ww)	píchnout se	[pi:xnout sɛ]
blesseren (ww)	pohmoždit	[pohmoʒdɪt]
blessure (letsel)	pohmoždění (s)	[pohmoʒdeni:]
wond (de)	rána (ž)	[ra:na]
trauma (het)	úraz (m)	[u:raz]

ijlen (ww)	blouznit	[blouznɪt]
stotteren (ww)	zajíkat se	[zaji:kat sɛ]
zonnesteek (de)	úpal (m)	[u:pal]

73. Symptomen. Behandelingen. Deel 2

pijn (de)	bolest (ž)	[bolɛst]
splinter (de)	tříska (ž)	[trʃi:ska]

zweet (het)	pot (m)	[pot]
zweten (ww)	potit se	[potɪt sɛ]
braking (de)	zvracení (s)	[zvratsɛni:]
stuiptrekkingen (mv.)	křeče (ž mn)	[krʃɛtʃɛ]

zwanger (bn)	těhotná	[tehotna:]
geboren worden (ww)	narodit se	[narodɪt sɛ]
geboorte (de)	porod (m)	[porot]
baren (ww)	rodit	[rodɪt]
abortus (de)	umělý potrat (m)	[umneli: potrat]

ademhaling (de)	dýchání (s)	[di:xa:ni:]
inademing (de)	vdech (m)	[vdɛx]
uitademing (de)	výdech (m)	[vi:dɛx]
uitademen (ww)	vydechnout	[vɪdɛxnout]
inademen (ww)	nadechnout se	[nadɛxnout sɛ]
invalide (de)	invalida (m)	[ɪnvalɪda]
gehandicapte (de)	mrzák (m)	[mrza:k]

drugsverslaafde (de)	narkoman (m)	[narkoman]
doof (bn)	hluchý	[hluxi:]
stom (bn)	němý	[nemi:]

krankzinnig (bn)	šílený	[ʃi:lɛni:]
krankzinnige (man)	šílenec (m)	[ʃi:lɛnɛts]
krankzinnige (vrouw)	šílenec (ž)	[ʃi:lɛnɛts]
krankzinnig worden	zešílet	[zɛʃi:lɛt]

gen (het)	gen (m)	[gɛn]
immuniteit (de)	imunita (ž)	[ɪmunɪta]
erfelijk (bn)	dědičný	[dedɪtʃni:]
aangeboren (bn)	vrozený	[vrozɛni:]

virus (het)	virus (m)	[vɪrus]
microbe (de)	mikrob (m)	[mɪkrop]
bacterie (de)	baktérie (ž)	[baktɛ:rɪe]
infectie (de)	infekce (ž)	[ɪnfɛktsɛ]

74. Symptomen. Behandelingen. Deel 3

| ziekenhuis (het) | nemocnice (ž) | [nɛmotsnɪtsɛ] |
| patiënt (de) | pacient (m) | [patsɪent] |

diagnose (de)	diagnóza (ž)	[dɪagno:za]
genezing (de)	léčení (s)	[lɛ:tʃɛni:]
medische behandeling (de)	léčba (ž)	[lɛ:tʃba]
onder behandeling zijn	léčit se	[lɛ:tʃɪt sɛ]
behandelen (ww)	léčit	[lɛ:tʃɪt]
zorgen (zieken ~)	ošetřovat	[oʃɛtrʃovat]
ziekenzorg (de)	ošetřování (s)	[oʃɛtrʃova:ni:]

operatie (de)	operace (ž)	[opɛratsɛ]
verbinden (een arm ~)	obvázat	[obva:zat]
verband (het)	obvazování (s)	[obvazova:ni:]

vaccin (het)	očkování (s)	[otʃkova:ni:]
inenten (vaccineren)	dělat očkování	[delat otʃkova:ni:]
injectie (de)	injekce (ž)	[ɪnjɛktsɛ]
een injectie geven	dávat injekci	[da:vat ɪnjɛktsɪ]

aanval (de)	záchvat (m)	[za:xvat]
amputatie (de)	amputace (ž)	[amputatsɛ]
amputeren (ww)	amputovat	[amputovat]
coma (het)	kóma (s)	[ko:ma]
in coma liggen	být v kómatu	[bi:t v ko:matu]
intensieve zorg, ICU (de)	reanimace (ž)	[rɛanɪmatsɛ]

zich herstellen (ww)	uzdravovat se	[uzdravovat sɛ]
toestand (de)	stav (m)	[staf]
bewustzijn (het)	vědomí (s)	[vědomi:]
geheugen (het)	paměť (ž)	[pamnetʲ]
trekken (een kies ~)	trhat	[trhat]
vulling (de)	plomba (ž)	[plomba]

vullen (ww)	plombovat	[plombovat]
hypnose (de)	hypnóza (ž)	[hɪpnoːza]
hypnotiseren (ww)	hypnotizovat	[hɪpnotɪzovat]

75. Artsen

dokter, arts (de)	lékař (m)	[lɛːkarʃ]
ziekenzuster (de)	zdravotní sestra (ž)	[zdravotniː sɛstra]
lijfarts (de)	osobní lékař (m)	[osobniː lɛːkarʃ]

tandarts (de)	zubař (m)	[zubarʃ]
oogarts (de)	oční lékař (m)	[otʃni: lɛːkarʃ]
therapeut (de)	internista (m)	[ɪntɛrnɪsta]
chirurg (de)	chirurg (m)	[xɪrurg]

psychiater (de)	psychiatr (m)	[psɪxɪatr]
pediater (de)	pediatr (m)	[pɛdɪatr]
psycholoog (de)	psycholog (m)	[psɪxolog]
gynaecoloog (de)	gynekolog (m)	[gɪnɛkolog]
cardioloog (de)	kardiolog (m)	[kardɪolog]

76. Geneeskunde. Medicijnen. Accessoires

geneesmiddel (het)	lék (m)	[lɛːk]
middel (het)	prostředek (m)	[prostrʃɛdɛk]
voorschrijven (ww)	předepsat	[prʒɛdɛpsat]
recept (het)	recept (m)	[rɛtsɛpt]

tablet (de/het)	tableta (ž)	[tablɛta]
zalf (de)	mast (ž)	[mast]
ampul (de)	ampule (ž)	[ampulɛ]
drank (de)	mixtura (ž)	[mɪkstura]
siroop (de)	sirup (m)	[sɪrup]
pil (de)	pilulka (ž)	[pɪlulka]
poeder (de/het)	prášek (m)	[praːʃɛk]

verband (hct)	obvaz (m)	[obvaz]
watten (mv.)	vata (ž)	[vɑtɑ]
jodium (het)	jód (m)	[joːt]
pleister (de)	leukoplast (m)	[lɛukoplast]
pipet (de)	pipeta (ž)	[pɪpɛta]
thermometer (de)	teploměr (m)	[tɛplomner]
spuit (de)	injekční stříkačka (ž)	[ɪnjɛktʃni: strʃiːkatʃka]

| rolstoel (de) | vozík (m) | [voziːk] |
| krukken (mv.) | berle (ž mn) | [bɛrlɛ] |

pijnstiller (de)	anestetikum (s)	[anɛstɛtɪkum]
laxeermiddel (het)	projímadlo (s)	[projiːmadlo]
spiritus (de)	líh (m)	[liːx]
medicinale kruiden (mv.)	bylina (ž)	[bɪlɪna]
kruiden- (abn)	bylinný	[bɪlɪnniː]

77. Roken. Tabaksproducten

tabak (de)	tabák (m)	[taba:k]
sigaret (de)	cigareta (ž)	[tsɪgarɛta]
sigaar (de)	doutník (m)	[doutni:k]
pijp (de)	dýmka (ž)	[di:mka]
pakje (~ sigaretten)	krabička (ž)	[krabɪtʃka]
lucifers (mv.)	zápalky (ž mn)	[za:palkɪ]
luciferdoosje (het)	krabička (ž) zápalek	[krabɪtʃka za:palek]
aansteker (de)	zapalovač (m)	[zapalovatʃ]
asbak (de)	popelník (m)	[popɛlni:k]
sigarettendoosje (het)	pouzdro (s) na cigarety	[pouzdro na tsɪgarɛtɪ]
sigarettenpijpje (het)	špička (ž) na cigarety	[ʃpɪtʃka na tsɪgarɛtɪ]
filter (de/het)	filtr (m)	[fɪltr]
roken (ww)	kouřit	[kourʒɪt]
een sigaret opsteken	zapálit si	[zapa:lɪt sɪ]
roken (het)	kouření (s)	[kourʒɛni:]
roker (de)	kuřák (m)	[kurʒa:k]
peuk (de)	nedopalek (m)	[nɛdopalɛk]
rook (de)	kouř (m)	[kourʃ]
as (de)	popel (m)	[popɛl]

HET MENSELIJKE LEEFGEBIED

Stad

78. Stad. Het leven in de stad

stad (de)	město (s)	[mnesto]
hoofdstad (de)	hlavní město (s)	[hlavni: mnesto]
dorp (het)	venkov (m)	[vɛŋkof]
plattegrond (de)	plán (m) města	[pla:n mnesta]
centrum (ov. een stad)	střed (m) města	[strʃɛd mnesta]
voorstad (de)	předměstí (s)	[prʃɛdmnesti:]
voorstads- (abn)	předměstský	[prʃɛdmnestski:]
randgemeente (de)	okraj (m)	[okraj]
omgeving (de)	okolí (s)	[okoli:]
blok (huizenblok)	čtvrť (ž)	[tʃtvrtⁱ]
woonwijk (de)	obytná čtvrť (ž)	[obɪtna: tʃtvrtⁱ]
verkeer (het)	provoz (m)	[provoz]
verkeerslicht (het)	semafor (m)	[sɛmafor]
openbaar vervoer (het)	městská doprava (ž)	[mnestska: doprava]
kruispunt (het)	křižovatka (ž)	[krʃɪʒovatka]
zebrapad (oversteekplaats)	přechod (m)	[prʃɛxot]
onderdoorgang (de)	podchod (m)	[podxot]
oversteken (de straat ~)	přecházet	[prʃɛxa:zɛt]
voetganger (de)	chodec (m)	[xodɛts]
trottoir (het)	chodník (m)	[xodni:k]
brug (de)	most (m)	[most]
dijk (de)	nábřeží (s)	[na:brʒɛʒi:]
fontein (de)	fontána (ž)	[fonta:na]
allee (de)	alej (ž)	[alɛj]
park (het)	park (m)	[park]
boulevard (de)	bulvár (m)	[bulva:r]
plein (het)	náměstí (s)	[na:mnesti:]
laan (de)	třída (ž)	[trʃi:da]
straat (de)	ulice (ž)	[ulɪtsɛ]
zijstraat (de)	boční ulice (ž)	[botʃni: ulɪtsɛ]
doodlopende straat (de)	slepá ulice (ž)	[slɛpa: ulɪtsɛ]
huis (het)	dům (m)	[du:m]
gebouw (het)	budova (ž)	[budova]
wolkenkrabber (de)	mrakodrap (m)	[mrakodrap]
gevel (de)	fasáda (ž)	[fasa:da]
dak (het)	střecha (ž)	[strʃɛxa]

venster (het)	okno (s)	[okno]
boog (de)	oblouk (m)	[oblouk]
pilaar (de)	sloup (m)	[sloup]
hoek (ov. een gebouw)	roh (m)	[rox]

vitrine (de)	výloha (ž)	[vi:loha]
gevelreclame (de)	vývěsní tabule (ž)	[vi:vesni: tabulɛ]
affiche (de/het)	plakát (m)	[plaka:t]
reclameposter (de)	reklamní plakát (m)	[rɛklamni: plaka:t]
aanplakbord (het)	billboard (m)	[bɪlbo:rt]

vuilnis (de/het)	odpadky (m mn)	[otpatki:]
vuilnisbak (de)	popelnice (ž)	[popɛlnɪʦɛ]
afval weggooien (ww)	dělat smetí	[delat smɛti:]
stortplaats (de)	smetiště (s)	[smɛtɪʃte]

telefooncel (de)	telefonní budka (ž)	[tɛlɛfonni: butka]
straatlicht (het)	pouliční svítilna (ž)	[poulɪtʃni: svi:tɪlna]
bank (de)	lavička (ž)	[lavɪtʃka]

politieagent (de)	policista (m)	[polɪʦɪsta]
politie (de)	policie (ž)	[polɪʦɪe]
zwerver (de)	žebrák (m)	[ʒebra:k]
dakloze (de)	bezdomovec (m)	[bɛzdomovɛʦ]

79. Stedelijke instellingen

winkel (de)	obchod (m)	[obxot]
apotheek (de)	lékárna (ž)	[lɛ:ka:rna]
optiek (de)	oční optika (ž)	[otʃni; optɪka]
winkelcentrum (het)	obchodní středisko (s)	[obxodni: strʃɛdɪsko]
supermarkt (de)	supermarket (m)	[supɛrmarket]

bakkerij (de)	pekařství (s)	[pɛkarʃstvi:]
bakker (de)	pekař (m)	[pɛkarʃ]
banketbakkerij (de)	cukrárna (ž)	[ʦukra:rna]
kruidenier (de)	smíšené zboží (s)	[smiʃɛnɛ: zboʒi:]
slagerij (de)	řeznictví (s)	[rʒɛznɪʦtvi:]

| groentewinkel (de) | zelinářství (s) | [zɛlɪna:rʃstvi:] |
| markt (de) | tržnice (ž) | [trʒnɪʦɛ] |

koffiehuis (het)	kavárna (ž)	[kava:rna]
restaurant (het)	restaurace (ž)	[rɛstauratsɛ]
bar (de)	pivnice (ž)	[pɪvnɪʦɛ]
pizzeria (de)	pizzerie (ž)	[pɪʦɛrɪe]

kapperssalon (de/het)	holičství (s) a kadeřnictví	[holɪtʃstvi: a kadɛrʒnɪtstvi:]
postkantoor (het)	pošta (ž)	[poʃta]
stomerij (de)	čistírna (ž)	[tʃɪsti:rna]
fotostudio (de)	fotografický ateliér (m)	[fotografɪʦkɪ: atɛlɪe:r]

| schoenwinkel (de) | obchod (m) s obuví | [obxot s obuvi:] |
| boekhandel (de) | knihkupectví (s) | [knɪxkupɛtstvi:] |

sportwinkel (de)	sportovní potřeby (ž mn)	[sportovni: potrʃɛbɪ]
kledingreparatie (de)	opravna (ž) oděvů	[opravna odevu:]
kledingverhuur (de)	půjčovna (ž) oděvů	[pu:jtʃovna odevu:]
videotheek (de)	půjčovna (ž) filmů	[pu:jtʃovna fɪlmu:]
circus (de/het)	cirkus (m)	[tsɪrkus]
dierentuin (de)	zoologická zahrada (ž)	[zoologɪtska: zahrada]
bioscoop (de)	biograf (m)	[bɪograf]
museum (het)	muzeum (s)	[muzɛum]
bibliotheek (de)	knihovna (ž)	[knɪhovna]
theater (het)	divadlo (s)	[dɪvadlo]
opera (de)	opera (ž)	[opɛra]
nachtclub (de)	noční klub (m)	[notʃni: klup]
casino (het)	kasino (s)	[kasi:no]
moskee (de)	mešita (ž)	[mɛʃɪta]
synagoge (de)	synagóga (ž)	[sinago:ga]
kathedraal (de)	katedrála (ž)	[katɛdra:la]
tempel (de)	chrám (m)	[xra:m]
kerk (de)	kostel (m)	[kostɛl]
instituut (het)	vysoká škola (ž)	[vɪsoka: ʃkola]
universiteit (de)	univerzita (ž)	[unɪvɛrzɪta]
school (de)	škola (ž)	[ʃkola]
gemeentehuis (het)	prefektura (ž)	[prɛfɛktura]
stadhuis (het)	magistrát (m)	[magɪstra:t]
hotel (het)	hotel (m)	[hotɛl]
bank (de)	banka (ž)	[baŋka]
ambassade (de)	velvyslanectví (s)	[vɛlvɪslanɛtstvi:]
reisbureau (het)	cestovní kancelář (ž)	[tsɛstovni: kantsɛla:rʃ]
informatieloket (het)	informační kancelář (ž)	[ɪnformatʃni: kantsɛla:rʃ]
wisselkantoor (het)	směnárna (ž)	[smnena:rna]
metro (de)	metro (s)	[mɛtro]
ziekenhuis (het)	nemocnice (ž)	[nɛmotsnɪtsɛ]
benzinestation (het)	benzínová stanice (ž)	[bɛnzi:nova: stanɪtsɛ]
parking (de)	parkoviště (s)	[parkovɪʃte]

80. Borden

gevelreclame (de)	ukazatel (m) směru	[ukazatɛl smneru]
opschrift (het)	nápis (m)	[na:pɪs]
poster (de)	plakát (m)	[plaka:t]
wegwijzer (de)	ukazatel (m)	[ukazatɛl]
pijl (de)	šípka (ž)	[ʃi:pka]
waarschuwing (verwittiging)	varování (s)	[varova:ni:]
waarschuwingsbord (het)	výstraha (ž)	[vi:straha]
waarschuwen (ww)	upozorňovat	[upozornʲovat]
vrije dag (de)	volný den (m)	[volni: dɛn]

| dienstregeling (de) | jízdní řád (m) | [ji:zdni: rʒa:t] |
| openingsuren (mv.) | pracovní doba (ž) | [pratsovni: doba] |

WELKOM!	VÍTEJTE!	[vi:tɛjtɛ]
INGANG	VCHOD	[vxot]
UITGANG	VÝCHOD	[vi:xot]

DUWEN	TAM	[tam]
TREKKEN	SEM	[sɛm]
OPEN	OTEVŘENO	[otɛvrʒɛno]
GESLOTEN	ZAVŘENO	[zavrʒɛno]

| DAMES | ŽENY | [ʒenɪ] |
| HEREN | MUŽI | [muʒɪ] |

KORTING	SLEVY	[slɛvɪ]
UITVERKOOP	VÝPRODEJ	[vi:prodɛj]
NIEUW!	NOVINKA!	[novɪŋka]
GRATIS	ZDARMA	[zdarma]

PAS OP!	POZOR!	[pozor]
VOLGEBOEKT	VOLNÁ MÍSTA NEJSOU	[volna: mi:sta nɛjsou]
GERESERVEERD	ZADÁNO	[zada:no]

| ADMINISTRATIE | KANCELÁŘ | [kantsɛla:rʒ] |
| ALLEEN VOOR PERSONEEL | POUZE PRO PERSONÁL | [pouzɛ pro pɛrsona:l] |

GEVAARLIJKE HOND	POZOR! ZLÝ PES	[pozor zli: pɛs]
VERBODEN TE ROKEN!	ZÁKAZ KOUŘENÍ	[za:kaz kourʒɛni:]
NIET AANRAKEN!	NEDOTÝKEJTE SE!	[nɛdoti:kɛjtɛ sɛ]

GEVAARLIJK	NEBEZPEČNÉ	[nɛbɛzpɛʧnɛ:]
GEVAAR	NEBEZPEČÍ	[nɛbɛzpɛʧi:]
HOOGSPANNING	VYSOKÉ NAPĚTÍ	[vɪsokɛ: napeti:]
VERBODEN TE ZWEMMEN	KOUPÁNÍ ZAKÁZÁNO	[koupa:ni: zaka:za:no]
BUITEN GEBRUIK	MIMO PROVOZ	[mɪmo provoz]

ONTVLAMBAAR	VYSOCE HOŘLAVÝ	[vɪsotsɛ horʒlavi:]
VERBODEN	ZÁKAZ	[za:kaz]
DOORGANG VERBODEN	PRŮCHOD ZAKÁZÁN	[pru:xot zaka:za:n]
OPGELET PAS GEVERFD	ČERSTVĚ NATŘENO	[ʧɛrstve natrʃɛno]

81. Stedelijk vervoer

bus, autobus (de)	autobus (m)	[autobus]
tram (de)	tramvaj (ž)	[tramvaj]
trolleybus (de)	trolejbus (m)	[trolɛjbus]
route (de)	trasa (ž)	[trasa]
nummer (busnummer, enz.)	číslo (s)	[ʧi:slo]

rijden met ...	jet	[jɛt]
stappen (in de bus ~)	nastoupit do ...	[nastoupɪt do]
afstappen (ww)	vystoupit z ...	[vɪstoupɪt z]

halte (de)	zastávka (ž)	[zasta:fka]
volgende halte (de)	příští zastávka (ž)	[prʃi:ʃti: zasta:fka]
eindpunt (het)	konečná stanice (ž)	[konɛtʃna: stanɪtsɛ]
dienstregeling (de)	jízdní řád (m)	[ji:zdni: rʒa:t]
wachten (ww)	čekat	[tʃɛkat]

| kaartje (het) | jízdenka (ž) | [ji:zdɛŋka] |
| reiskosten (de) | jízdné (s) | [ji:zdnɛ:] |

kassier (de)	pokladník (m)	[pokladni:k]
kaartcontrole (de)	kontrola (ž)	[kontrola]
controleur (de)	revizor (m)	[rɛvɪzor]

te laat zijn (ww)	mít zpoždění	[mi:t spoʒdɛni:]
missen (de bus ~)	opozdit se	[opozdɪt sɛ]
zich haasten (ww)	pospíchat	[pospi:xat]

taxi (de)	taxík (m)	[taksi:k]
taxichauffeur (de)	taxikář (m)	[taksɪka:rʃ]
met de taxi (bw)	taxíkem	[taksi:kɛm]
taxistandplaats (de)	stanoviště (s) taxíků	[stanovɪʃtɛ taksi:ku:]
een taxi bestellen	zavolat taxíka	[zavolat taksi:ka]
een taxi nemen	vzít taxíka	[vzi:t taksi:ka]

verkeer (het)	uliční provoz (m)	[ulɪtʃni: provoz]
file (de)	zácpa (ž)	[za:tspa]
spitsuur (het)	špička (ž)	[ʃpɪtʃka]
parkeren (on.ww.)	parkovat se	[parkovat sɛ]
parkeren (ov.ww.)	parkovat	[parkovat]
parking (de)	parkoviště (s)	[parkovɪʃtɛ]

metro (de)	metro (s)	[mɛtro]
halte (bijv. kleine treinhalte)	stanice (ž)	[stanɪtsɛ]
de metro nemen	jet metrem	[jɛt mɛtrɛm]
trein (de)	vlak (m)	[vlak]
station (treinstation)	nádraží (s)	[na:draʒi:]

82. Bezienswaardigheden

monument (het)	památka (ž)	[pama:tka]
vesting (de)	pevnost (ž)	[pɛvnost]
paleis (het)	palác (m)	[pala:ts]
kasteel (het)	zámek (m)	[za:mɛk]
toren (de)	věž (ž)	[veʃ]
mausoleum (het)	mauzoleum (s)	[mauzolɛum]

architectuur (de)	architektura (ž)	[arxɪtɛktura]
middeleeuws (bn)	středověký	[strʃɛdoveki:]
oud (bn)	starobylý	[starobɪli:]
nationaal (bn)	národní	[na:rodni:]
bekend (bn)	známý	[zna:mi:]

| toerist (de) | turista (m) | [turɪsta] |
| gids (de) | průvodce (m) | [pru:vodtsɛ] |

rondleiding (de)	výlet (m)	[viːlɛt]
tonen (ww)	ukazovat	[ukazovat]
vertellen (ww)	povídat	[poviːdat]

vinden (ww)	najít	[najiːt]
verdwalen (de weg kwijt zijn)	ztratit se	[stratɪtsɛ]
plattegrond (~ van de metro)	plán (m)	[plaːn]
plattegrond (~ van de stad)	plán (m)	[plaːn]

souvenir (het)	suvenýr (m)	[suvɛniːr]
souvenirwinkel (de)	prodejna (ž) suvenýrů	[prodɛjna suvɛniːruː]
foto's maken	fotografovat	[fotografovat]
zich laten fotograferen	fotografovat se	[fotografovat sɛ]

83. Winkelen

kopen (ww)	kupovat	[kupovat]
aankoop (de)	nákup (m)	[naːkup]
winkelen (ww)	dělat nákupy	[delat naːkupɪ]
winkelen (het)	nakupování (s)	[nakupovaːniː]

| open zijn (ov. een winkel, enz.) | být otevřen | [biːt otɛvrʒɛn] |
| gesloten zijn (ww) | být zavřen | [biːt zavrʒɛn] |

schoeisel (het)	obuv (ž)	[obuf]
kleren (mv.)	oblečení (s)	[oblɛtʃɛniː]
cosmetica (mv.)	kosmetika (ž)	[kosmɛtɪka]
voedingswaren (mv.)	potraviny (ž mn)	[potravɪnɪ]
geschenk (het)	dárek (m)	[daːrɛk]

| verkoper (de) | prodavač (m) | [prodavatʃ] |
| verkoopster (de) | prodavačka (ž) | [prodavatʃka] |

kassa (de)	pokladna (ž)	[pokladna]
spiegel (de)	zrcadlo (s)	[zrtsadlo]
toonbank (de)	pult (m)	[pult]
paskamer (de)	zkušební kabinka (ž)	[skuʃɛbniː kabɪŋka]

aanpassen (ww)	zkusit	[skusɪt]
passen (ov. kleren)	hodit se	[hodɪt sɛ]
bevallen (prettig vinden)	líbit se	[liːbɪt sɛ]

prijs (de)	cena (ž)	[tsɛna]
prijskaartje (het)	cenovka (ž)	[tsɛnofka]
kosten (ww)	stát	[staːt]
Hoeveel?	Kolik?	[kolɪk]
korting (de)	sleva (ž)	[slɛva]

niet duur (bn)	levný	[lɛvniː]
goedkoop (bn)	levný	[lɛvniːl]
duur (bn)	drahý	[drahiː]
Dat is duur.	To je drahé	[to jɛ drahɛː]
verhuur (de)	půjčování (s)	[puːjtʃovaːniː]

huren (smoking, enz.)	vypůjčit si	[vɪpu:jʧɪt sɪ]
krediet (het)	úvěr (m)	[u:vɛr]
op krediet (bw)	na splátky	[na spla:tkɪ]

84. Geld

geld (het)	peníze (m mn)	[pɛni:zɛ]
ruil (de)	výměna (ž)	[vi:mnena]
koers (de)	kurz (m)	[kurs]
geldautomaat (de)	bankomat (m)	[baŋkomat]
muntstuk (de)	mince (ž)	[mɪnʦɛ]

| dollar (de) | dolar (m) | [dolar] |
| euro (de) | euro (s) | [ɛuro] |

lire (de)	lira (ž)	[lɪra]
Duitse mark (de)	marka (ž)	[marka]
frank (de)	frank (m)	[fraŋk]
pond sterling (het)	libra (ž) šterlinků	[lɪbra ʃtɛrlɪŋku:]
yen (de)	jen (m)	[jɛn]

schuld (geldbedrag)	dluh (m)	[dlux]
schuldenaar (de)	dlužník (m)	[dluʒni:k]
uitlenen (ww)	půjčit	[pu:jʧɪt]
lenen (geld ~)	půjčit si	[pu:jʧɪt sɪ]

bank (de)	banka (ž)	[baŋka]
bankrekening (de)	účet (m)	[u:ʧɛt]
op rekening storten	uložit na účet	[uloʒɪt na u:ʧɛt]
opnemen (ww)	vybrat z účtu	[vɪbrat s u:ʧtu]

kredietkaart (de)	kreditní karta (ž)	[krɛdɪtni: karta]
baar geld (het)	hotové peníze (m mn)	[hotovɛ: pɛni:zɛ]
cheque (de)	šek (m)	[ʃɛk]
een cheque uitschrijven	vystavit šek	[vɪstavɪt ʃɛk]
chequeboekje (het)	šeková knížka (ž)	[ʃɛkova: kni:ʃka]

portefeuille (de)	náprsní taška (ž)	[na:prsni: taʃka]
geldbeugel (de)	peněženka (ž)	[pɛneʒeŋka]
safe (de)	trezor (m)	[trɛzor]

erfgenaam (de)	dědic (m)	[dedɪʦ]
erfenis (de)	dědictví (s)	[dedɪʦtvi:]
fortuin (het)	majetek (m)	[majɛtɛk]

huur (de)	nájem (m)	[na:jɛm]
huurprijs (de)	činže (ž)	[ʧɪnʒe]
huren (huis, kamer)	pronajímat si	[pronaji:mat sɪ]

prijs (de)	cena (ž)	[ʦɛna]
kostprijs (de)	cena (ž)	[ʦɛna]
som (de)	částka (ž)	[ʧa:stka]
uitgeven (geld besteden)	utrácet	[utra:ʦɛt]
kosten (mv.)	náklady (m mn)	[na:kladɪ]

| bezuinigen (ww) | šetřit | [ʃɛtrʃɪt] |
| zuinig (bn) | úsporný | [uːsporniː] |

betalen (ww)	platit	[platɪt]
betaling (de)	platba (ž)	[platba]
wisselgeld (het)	peníze (m mn) nazpět	[pɛniːzɛ naspet]

belasting (de)	daň (ž)	[danʲ]
boete (de)	pokuta (ž)	[pokuta]
beboeten (bekeuren)	pokutovat	[pokutovat]

85. Post. Postkantoor

postkantoor (het)	pošta (ž)	[poʃta]
post (de)	pošta (ž)	[poʃta]
postbode (de)	listonoš (m)	[lɪstonoʃ]
openingsuren (mv.)	pracovní doba (ž)	[pratsovniː doba]

brief (de)	dopis (m)	[dopɪs]
aangetekende brief (de)	doporučený dopis (m)	[doporutʃɛniː dopɪs]
briefkaart (de)	pohlednice (ž)	[pohlɛdnɪtsɛ]
telegram (het)	telegram (m)	[tɛlɛgram]
postpakket (het)	balík (m)	[baliːk]
overschrijving (de)	peněžní poukázka (ž)	[pɛneʒniː poukaːska]

ontvangen (ww)	dostat	[dostat]
sturen (zenden)	odeslat	[odɛslat]
verzending (de)	odeslání (s)	[odɛslaːniː]

adres (het)	adresa (ž)	[adrɛsa]
postcode (de)	poštovní směrovací číslo (s)	[poʃtovniː smnerovatsi: tʃiːslo]
verzender (de)	odesílatel (m)	[odɛsiːlatɛl]
ontvanger (de)	příjemce (m)	[prʃiːjɛmtsɛ]

| naam (de) | jméno (s) | [jmɛːno] |
| achternaam (de) | příjmení (s) | [prʃiːjmɛniː] |

tarief (het)	tarif (m)	[tarɪf]
standaard (bn)	obyčejný	[obɪtʃɛjniː]
zuinig (bn)	zlevněný	[zlɛvneniː]

gewicht (het)	váha (ž)	[vaːha]
afwegen (op de weegschaal)	vážit	[vaːʒɪt]
envelop (de)	obálka (ž)	[obaːlka]
postzegel (de)	známka (ž)	[znaːmka]
een postzegel plakken op	nalepovat známku	[nalɛpovat znaːmku]

Woning. Huis. Thuis

86. Huis. Woning

huis (het)	dům (m)	[du:m]
thuis (bw)	doma	[doma]
cour (de)	dvůr (m)	[dvu:r]
omheining (de)	ohrada (ž)	[ohrada]
baksteen (de)	cihla (ž)	[tsɪhla]
van bakstenen	cihlový	[tsɪhlovi:]
steen (de)	kámen (m)	[ka:mɛn]
stenen (bn)	kamenný	[kamɛnni:]
beton (het)	beton (m)	[bɛton]
van beton	betonový	[bɛtonovi:]
nieuw (bn)	nový	[novi:]
oud (bn)	starý	[stari:]
vervallen (bn)	sešlý	[sɛʃli:]
modern (bn)	moderní	[modɛrni:]
met veel verdiepingen	vícepatrový	[vi:tsɛpatrovi:]
hoog (bn)	vysoký	[vɪsoki:]
verdieping (de)	poschodí (s)	[posxodi:]
met een verdieping	přizemní	[prʃɪzɛmni:]
laagste verdieping (de)	dolní podlaží (s)	[dolni: podlaʒi:]
bovenverdieping (de)	horní podlaží (s)	[horni: podlaʒi:]
dak (het)	střecha (ž)	[strʃɛxa]
schoorsteen (de)	komín (m)	[komi:n]
dakpan (de)	taška (ž)	[taʃka]
pannen- (abn)	taškový	[taʃkovi:]
zolder (de)	půda (ž)	[pu:da]
venster (het)	okno (s)	[okno]
glas (het)	sklo (s)	[sklo]
vensterbank (de)	parapet (m)	[parapɛt]
luiken (mv.)	okenice (ž mn)	[okɛnɪtsɛ]
muur (de)	stěna (ž)	[stena]
balkon (het)	balkón (m)	[balko:n]
regenpijp (de)	okapová roura (ž)	[okapova: roura]
boven (bw)	nahoře	[nahorʒɛ]
naar boven gaan (ww)	vystupovat	[vɪstupovat]
afdalen (on.ww.)	jít dolů	[ji:t dolu:]
verhuizen (ww)	stěhovat se	[stehovat sɛ]

87. Huis. Ingang. Lift

ingang (de)	vchod (m)	[vxot]
trap (de)	schodiště (s)	[sxodɪʃte]
treden (mv.)	schody (m mn)	[sxodɪ]
trapleuning (de)	zábradlí (s)	[za:bradli:]
hal (de)	hala (ž)	[hala]
postbus (de)	poštovní schránka (ž)	[poʃtovni: sxra:ŋka]
vuilnisbak (de)	popelnice (ž)	[popɛlnɪtsɛ]
vuilniskoker (de)	šachta (ž) na odpadky	[ʃaxta na otpatkɪ]
lift (de)	výtah (m)	[vi:tax]
goederenlift (de)	nákladní výtah (m)	[na:kladni: vi:tax]
liftcabine (de)	kabina (ž)	[kabɪna]
de lift nemen	jet výtahem	[jɛt vi:tahɛm]
appartement (het)	byt (m)	[bɪt]
bewoners (mv.)	nájemníci (m)	[na:jɛmni:tsɪ]
buurman (de)	soused (m)	[sousɛt]
buurvrouw (de)	sousedka (ž)	[sousɛtka]
buren (mv.)	sousedé (m mn)	[sousɛdɛ:]

88. Huis. Elektriciteit

elektriciteit (de)	elektřina (ž)	[ɛlɛktrʃɪna]
lamp (de)	žárovka (ž)	[ʒa:rofka]
schakelaar (de)	vypínač (m)	[vɪpi:natʃ]
zekering (de)	pojistka (ž)	[pojɪstka]
draad (de)	vodič (m)	[vodɪtʃ]
bedrading (de)	vedení (s)	[vɛdɛni:]
elektriciteitsmeter (de)	elektroměr (m)	[ɛlɛktromner]
gegevens (mv.)	údaj (m)	[u:daj]

89. Huis. Deuren. Sloten

deur (de)	dveře (ž mn)	[dvɛrʒɛ]
toegangspoort (de)	vrata (s mn)	[vrata]
deurkruk (de)	klika (ž)	[klɪka]
ontsluiten (ontgrendelen)	odemknout	[odɛmknout]
openen (ww)	otvírat	[otvi:rat]
sluiten (ww)	zavírat	[zavi:rat]
sleutel (de)	klíč (m)	[kli:tʃ]
sleutelbos (de)	svazek (m)	[svazɛk]
knarsen (bijv. scharnier)	vrzat	[vrzat]
knarsgeluid (het)	vrzání (s)	[vrza:ni:]
scharnier (het)	závěs (m)	[za:ves]
deurmat (de)	kobereček (m)	[kobɛrɛtʃɛk]
slot (het)	zámek (m)	[za:mɛk]

sleutelgat (het)	klíčová dírka (ž)	[kli:tʃova: di:rka]
grendel (de)	závora (ž)	[za:vora]
schuif (de)	zástrčka (ž)	[za:strtʃka]
hangslot (het)	visací zámek (m)	[vɪsatsi: za:mɛk]

aanbellen (ww)	zvonit	[zvonɪt]
bel (geluid)	zvonění (s)	[zvoneni:]
deurbel (de)	zvonek (m)	[zvonɛk]
belknop (de)	knoflík (m)	[knofli:k]
geklop (het)	klepání (s)	[klɛpa:ni:]
kloppen (ww)	klepat	[klɛpat]

code (de)	kód (m)	[ko:t]
cijferslot (het)	kódový zámek (m)	[ko:dovi: za:mɛk]
parlofoon (de)	domácí telefon (m)	[doma:tsi: tɛlɛfon]
nummer (het)	číslo (s)	[tʃi:slo]
naambordje (het)	štítek (m)	[ʃtitɛk]
deurspion (de)	kukátko (s)	[kuka:tko]

90. Huis op het platteland

dorp (het)	venkov (m)	[vɛŋkof]
moestuin (de)	zelinářská zahrada (ž)	[zɛlɪna:rʃska: zahrada]
hek (het)	plot (m)	[plot]
houten hekwerk (het)	pletený plot (m)	[plɛtɛni: plot]
tuinpoortje (het)	vrátka (s mn)	[vra:tka]

graanschuur (de)	sýpka (ž)	[si:pka]
wortelkelder (de)	sklep (m)	[sklɛp]
schuur (de)	kůlna (ž)	[ku:lna]
waterput (de)	studna (ž)	[studna]

kachel (de)	kamna (s mn)	[kamna]
de kachel stoken	topit	[topɪt]
brandhout (het)	dříví (s)	[drʒi:vi:]
houtblok (het)	poleno (s)	[polɛno]

veranda (de)	veranda (ž)	[vɛranda]
terras (het)	terasa (ž)	[tɛrasa]
bordes (hot)	schody (m mn) přod vchodem	[sxodɪ prʃɛd vxodɛm]
schommel (de)	houpačky (ž mn)	[houpatʃkɪ]

91. Villa. Herenhuis

landhuisje (het)	venkovský dům (m)	[vɛŋkovski: du:m]
villa (de)	vila (ž)	[vɪla]
vleugel (de)	křídlo (s)	[krʃi:dlo]

tuin (de)	zahrada (ž)	[zahrada]
park (het)	park (m)	[park]
oranjerie (de)	oranžérie (ž)	[oranʒe:rɪe]
onderhouden (tuin, enz.)	zahradničit	[zahradnɪtʃɪt]

zwembad (het)	bazén (m)	[bazɛ:n]
gym (het)	tělocvična (ž)	[telotsvɪtʃna]
tennisveld (het)	tenisový kurt (m)	[tɛnɪsovi: kurt]
bioscoopkamer (de)	biograf (m)	[bɪograf]
garage (de)	garáž (ž)	[gara:ʃ]

privé-eigendom (het)	soukromé vlastnictví (s)	[soukromɛ: vlastnɪtstvi:]
eigen terrein (het)	soukromý pozemek (m)	[soukromi: pozɛmɛk]

waarschuwing (de)	výstraha (ž)	[vi:straha]
waarschuwingsbord (het)	výstražný nápis (m)	[vi:straʒni: na:pɪs]

bewaking (de)	stráž (ž)	[stra:ʃ]
bewaker (de)	strážce (m)	[stra:ʒtsɛ]
inbraakalarm (het)	signalizace (ž)	[sɪgnalɪzatsɛ]

92. Kasteel. Paleis

kasteel (het)	zámek (m)	[za:mɛk]
paleis (het)	palác (m)	[pala:ts]
vesting (de)	pevnost (ž)	[pɛvnost]
ringmuur (de)	zeď (ž)	[zɛtʲ]
toren (de)	věž (ž)	[veʃ]
donjon (de)	hlavní věž (ž)	[hlavni: veʃ]

valhek (het)	zvedací vrata (s mn)	[zvɛdatsi: vrata]
onderaardse gang (de)	podzemní chodba (ž)	[podzɛmni: xodba]
slotgracht (de)	příkop (m)	[prʃi:kop]
ketting (de)	řetěz (m)	[rʒɛtez]
schietgat (het)	střílna (ž)	[strʃi:lna]

prachtig (bn)	velkolepý	[vɛlkolɛpi:]
majestueus (bn)	majestátní	[majɛsta:tni:]
onneembaar (bn)	nedobytný	[nɛdobɪtni:]
middeleeuws (bn)	středověký	[strʃɛdoveki:]

93. Appartement

appartement (het)	byt (m)	[bɪt]
kamer (de)	pokoj (m)	[pokoj]
slaapkamer (de)	ložnice (ž)	[loʒnɪtsɛ]
eetkamer (de)	jídelna (ž)	[ji:dɛlna]
salon (de)	přijímací pokoj (m)	[prʃɪji:matsi: pokoj]
studeerkamer (de)	pracovna (ž)	[pratsovna]

gang (de)	předsíň (ž)	[prʃɛtsi:nʲ]
badkamer (de)	koupelna (ž)	[koupɛlna]
toilet (het)	záchod (m)	[za:xot]

plafond (het)	strop (m)	[strop]
vloer (de)	podlaha (ž)	[podlaha]
hoek (de)	kout (m)	[kout]

94. Appartement. Schoonmaken

schoonmaken (ww)	uklízet	[ukli:zɛt]
opbergen (in de kast, enz.)	odklízet	[otkli:zɛt]
stof (het)	prach (m)	[prax]
stoffig (bn)	zaprášený	[zapra:ʃɛni:]
stoffen (ww)	utírat prach	[uti:rat prax]
stofzuiger (de)	vysavač (m)	[vɪsavatʃ]
stofzuigen (ww)	vysávat	[vɪsa:vat]
vegen (de vloer ~)	zametat	[zamɛtat]
veegsel (het)	smetí (s)	[smɛti:]
orde (de)	pořádek (m)	[porʒa:dɛk]
wanorde (de)	nepořádek (m)	[nɛporʒa:dɛk]
zwabber (de)	mop (m)	[mop]
poetsdoek (de)	hadr (m)	[hadr]
veger (de)	koště (s)	[koʃtɛ]
stofblik (het)	lopatka (ž) na smetí	[lopatka na smɛti:]

95. Meubels. Interieur

meubels (mv.)	nábytek (m)	[na:bɪtɛk]
tafel (de)	stůl (m)	[stu:l]
stoel (de)	židle (ž)	[ʒɪdlɛ]
bed (het)	lůžko (s)	[lu:ʃko]
bankstel (het)	pohovka (ž)	[pohofka]
fauteuil (de)	křeslo (s)	[krʃɛslo]
boekenkast (de)	knihovna (ž)	[knɪhovna]
boekenrek (het)	police (ž)	[polɪtsɛ]
kledingkast (de)	skříň (ž)	[skrʃi:nʲ]
kapstok (de)	předsíňový věšák (m)	[prʃɛdsi:novi: veʃa:k]
staande kapstok (de)	stojanový věšák (m)	[stojanovi: veʃa:k]
commode (de)	prádelník (m)	[pra:dɛlni:k]
salontafeltje (het)	konferenční stolek (m)	[konfɛrɛntʃni: stolɛk]
spiegel (de)	zrcadlo (s)	[zrtsadlo]
tapijt (het)	koberec (m)	[kobɛrɛts]
tapijtje (het)	kobereček (m)	[kobɛrɛtʃɛk]
haard (de)	krb (m)	[krp]
kaars (de)	svíce (ž)	[svi:tsɛ]
kandelaar (de)	svícen (m)	[svi:tsɛn]
gordijnen (mv.)	záclony (ž mn)	[za:tslonɪ]
behang (het)	tapety (ž mn)	[tapɛtɪ]
jaloezie (de)	žaluzie (ž)	[ʒaluzɪɛ]
bureaulamp (de)	stolní lampa (ž)	[stolni: lampa]
wandlamp (de)	svítidlo (s)	[svi:tɪdlo]

| staande lamp (de) | stojací lampa (ž) | [stojatsi: lampa] |
| luchter (de) | lustr (m) | [lustr] |

poot (ov. een tafel, enz.)	noha (ž)	[noha]
armleuning (de)	područka (ž)	[podrutʃka]
rugleuning (de)	opěradlo (s)	[operadlo]
la (de)	zásuvka (ž)	[za:sufka]

96. Beddengoed

beddengoed (het)	ložní prádlo (s)	[loʒni: pra:dlo]
kussen (het)	polštář (m)	[polʃta:rʃ]
kussenovertrek (de)	povlak (m) na polštář	[povlak na polʃta:rʒ]
deken (de)	deka (ž)	[dɛka]
laken (het)	prostěradlo (s)	[prosteradlo]
sprei (de)	přikrývka (ž)	[prʃɪkri:fka]

97. Keuken

keuken (de)	kuchyně (ž)	[kuxɪne]
gas (het)	plyn (m)	[plɪn]
gasfornuis (het)	plynový sporák (m)	[plɪnovi: spora:k]
elektrisch fornuis (het)	elektrický sporák (m)	[ɛlɛktrɪtski: spora:k]
oven (de)	trouba (ž)	[trouba]
magnetronoven (de)	mikrovlnná pec (ž)	[mɪkrovlnna: pɛts]

koelkast (de)	lednička (ž)	[lɛdnɪtʃka]
diepvriezer (de)	mrazicí komora (ž)	[mrazɪtsi: komora]
vaatwasmachine (de)	myčka (ž) nádobí	[mɪtʃka na:dobi:]

vleesmolen (de)	mlýnek (m) na maso	[mli:nɛk na maso]
vruchtenpers (de)	odšťavňovač (m)	[otʃtʲavnʲovatʃ]
toaster (de)	opékač (m) topinek	[opɛ:katʃ topɪnɛk]
mixer (de)	mixér (m)	[mɪksɛ:r]

koffiemachine (de)	kávovar (m)	[ka:vovar]
koffiepot (de)	konvice (ž) na kávu	[konvɪtsɛ na ka:vu]
koffiemolen (de)	mlýnek (m) na kávu	[mli:nɛk na ka:vu]

fluitketel (de)	čajník (m)	[tʃajni:k]
theepot (de)	čajová konvice (ž)	[tʃajova: konvɪtsɛ]
deksel (de/het)	poklička (ž)	[poklɪtʃka]
theezeefje (het)	cedítko (s)	[tsɛdi:tko]

lepel (de)	lžíce (ž)	[ɫʒi:tsɛ]
theelepeltje (het)	kávová lžička (ž)	[ka:vova: ɫʒɪtʃka]
eetlepel (de)	polévková lžíce (ž)	[polɛ:fkova: ɫʒi:tsɛ]
vork (de)	vidlička (ž)	[vɪdlɪtʃka]
mes (het)	nůž (m)	[nu:ʃ]

| vaatwerk (het) | nádobí (s) | [na:dobi:] |
| bord (het) | talíř (m) | [tali:rʃ] |

schoteltje (het)	talířek (m)	[tali:rʒɛk]
likeurglas (het)	sklenička (ž)	[sklɛnɪtʃka]
glas (het)	sklenice (ž)	[sklɛnɪtsɛ]
kopje (het)	šálek (m)	[ʃa:lɛk]

suikerpot (de)	cukřenka (ž)	[tsukrʃɛŋka]
zoutvat (het)	solnička (ž)	[solnɪtʃka]
pepervat (het)	pepřenka (ž)	[pɛprʃɛŋka]
boterschaaltje (het)	nádobka (ž) na máslo	[na:dopka na ma:slo]

pan (de)	hrnec (m)	[hrnɛts]
bakpan (de)	pánev (ž)	[pa:nɛf]
pollepel (de)	naběračka (ž)	[naberatʃka]
vergiet (de/het)	cedník (m)	[tsɛdni:k]
dienblad (het)	podnos (m)	[podnos]

fles (de)	láhev (ž)	[la:hɛf]
glazen pot (de)	sklenice (ž)	[sklɛnɪtsɛ]
blik (conserven~)	plechovka (ž)	[plɛxofka]

flesopener (de)	otvírač (m) lahví	[otvi:ratʃ lahvi:]
blikopener (de)	otvírač (m) konzerv	[otvi:ratʃ konzɛrf]
kurkentrekker (de)	vývrtka (ž)	[vi:vrtka]
filter (de/het)	filtr (m)	[fɪltr]
filteren (ww)	filtrovat	[fɪltrovat]

| huisvuil (het) | odpadky (m mn) | [otpatki:] |
| vuilnisemmer (de) | kbelík (m) na odpadky | [gbɛli:k na otpatkɪ] |

98. Badkamer

badkamer (de)	koupelna (ž)	[koupɛlna]
water (het)	voda (ž)	[voda]
kraan (de)	kohout (m)	[kohout]
warm water (het)	teplá voda (ž)	[tɛpla: voda]
koud water (het)	studená voda (ž)	[studɛna: voda]

| tandpasta (de) | zubní pasta (ž) | [zubni: pasta] |
| tanden poetsen (ww) | čistit si zuby | [tʃɪstɪt sɪ zubɪ] |

zich scheren (ww)	holit se	[holɪt sɛ]
scheercrème (de)	pěna (ž) na holení	[pena na holɛni:]
scheermes (het)	holicí strojek (m)	[holɪtsi: strojɛk]

wassen (ww)	mýt	[mi:t]
een bad nemen	mýt se	[mi:t sɛ]
douche (de)	sprcha (ž)	[sprxa]
een douche nemen	sprchovat se	[sprxovat sɛ]

bad (het)	vana (ž)	[vana]
toiletpot (de)	záchodová mísa (ž)	[za:xodova: mi:sa]
wastafel (de)	umývadlo (s)	[umi:vadlo]
zeep (de)	mýdlo (m)	[mi:dlo]
zeepbakje (het)	miska (ž) na mýdlo	[mɪska na mi:dlo]

spons (de)	mycí houba (ž)	[mɪtsi: houba]
shampoo (de)	šampon (m)	[ʃampon]
handdoek (de)	ručník (m)	[rutʃni:k]
badjas (de)	župan (m)	[ʒupan]

was (bijv. handwas)	praní (s)	[prani:]
wasmachine (de)	pračka (ž)	[pratʃka]
de was doen	prát	[pra:t]
waspoeder (de)	prací prášek (m)	[pratsi: pra:ʃɛk]

99. Huishoudelijke apparaten

televisie (de)	televizor (m)	[tɛlɛvɪzor]
cassettespeler (de)	magnetofon (m)	[magnɛtofon]
videorecorder (de)	videomagnetofon (m)	[vɪdɛomagnɛtofon]
radio (de)	přijímač (m)	[prʃɪji:matʃ]
speler (de)	přehrávač (m)	[prʃɛhra:vatʃ]

videoprojector (de)	projektor (m)	[projɛktor]
home theater systeem (het)	domácí biograf (m)	[doma:tsi: bɪograf]
DVD-speler (de)	DVD přehrávač (m)	[dɛvɛdɛ prʃɛhra:vatʃ]
versterker (de)	zesilovač (m)	[zɛsɪlovatʃ]
spelconsole (de)	hrací přístroj (m)	[hratsi: prʃi:stroj]

videocamera (de)	videokamera (ž)	[vɪdɛokamɛra]
fotocamera (de)	fotoaparát (m)	[fotoapara:t]
digitale camera (de)	digitální fotoaparát (m)	[dɪgɪta:lni: fotoapara:t]

stofzuiger (de)	vysavač (m)	[vɪsavatʃ]
strijkijzer (het)	žehlička (ž)	[ʒehlɪtʃka]
strijkplank (de)	žehlicí prkno (s)	[ʒehlɪtsi: prkno]

telefoon (de)	telefon (m)	[tɛlɛfon]
mobieltje (het)	mobilní telefon (m)	[mobɪlni: tɛlɛfon]
schrijfmachine (de)	psací stroj (m)	[psatsi: stroj]
naaimachine (de)	šicí stroj (m)	[ʃɪtsi: stroj]

microfoon (de)	mikrofon (m)	[mɪkrofon]
koptelefoon (de)	sluchátka (s mn)	[sluxa:tka]
afstandsbediening (de)	ovládač (m)	[ovla:datʃ]

CD (de)	CD disk (m)	[tsɛ:dɛ: dɪsk]
cassette (de)	kazeta (ž)	[kazɛta]
vinylplaat (de)	deska (ž)	[dɛska]

100. Reparaties. Renovatie

renovatie (de)	oprava (ž)	[oprava]
renoveren (ww)	dělat opravu	[delat opravu]
repareren (ww)	opravovat	[opravovat]
op orde brengen	dávat do pořádku	[da:vat do porʒa:tku]
overdoen (ww)	předělávat	[prʃɛdela:vat]

verf (de)	barva (ž)	[barva]
verven (muur ~)	natírat	[nati:rat]
schilder (de)	malíř (m) pokojů	[mali:rʃ pokoju:]
kwast (de)	štětec (m)	[ʃtetɛts]

| kalk (de) | omítka (ž) | [omi:tka] |
| kalken (ww) | bílit | [bi:lɪt] |

behang (het)	tapety (ž mn)	[tapɛtɪ]
behangen (ww)	vytapetovat	[vɪtapɛtovat]
lak (de/het)	lak (m)	[lak]
lakken (ww)	lakovat	[lakovat]

101. Loodgieterswerk

water (het)	voda (ž)	[voda]
warm water (het)	teplá voda (ž)	[tɛpla: voda]
koud water (het)	studená voda (ž)	[studɛna: voda]
kraan (de)	kohout (m)	[kohout]

druppel (de)	kapka (ž)	[kapka]
druppelen (ww)	kapat	[kapat]
lekken (een lek hebben)	téci	[tɛ:tsɪ]
lekkage (de)	tečení (s)	[tɛtʃɛni:]
plasje (het)	louže (ž)	[louʒe]

buis, leiding (de)	trubka (ž)	[trupka]
stopkraan (de)	ventil (m)	[vɛntɪl]
verstopt raken (ww)	zacpat se	[zatspat sɛ]

gereedschap (het)	nástroje (m mn)	[nastrojɛ]
Engelse sleutel (de)	stavitelný klíč (m)	[stavɪtɛlni: kli:ʧ]
losschroeven (ww)	ukroutit	[ukroutɪt]
aanschroeven (ww)	zakroutit	[zakroutɪt]

ontstoppen (riool, enz.)	pročišťovat	[protʃɪʃtʲovat]
loodgieter (de)	instalatér (m)	[ɪnstalatɛ:r]
kelder (de)	sklep (m)	[sklɛp]
riolering (de)	kanalizace (ž)	[kanalɪzatsɛ]

102. Brand. Vuurzee

brand (de)	oheň (m)	[ohɛnʲ]
vlam (de)	plamen (m)	[plamɛn]
vonk (de)	jiskra (ž)	[jɪskra]
rook (de)	kouř (m)	[kourʃ]
fakkel (de)	pochodeň (ž)	[poxodɛnʲ]
kampvuur (het)	oheň (m)	[ohɛnʲ]

benzine (de)	benzín (m)	[bɛnzi:n]
kerosine (de)	petrolej (m)	[pɛtrolɛj]
brandbaar (bn)	hořlavý	[horʒlavi:]

ontplofbaar (bn)	výbušný	[vi:buʃni:]
VERBODEN TE ROKEN!	ZÁKAZ KOUŘENÍ	[za:kaz kourʒɛni:]

veiligheid (de)	bezpečnost (ž)	[bɛzpɛtʃnost]
gevaar (het)	nebezpečí (s)	[nɛbɛzpɛtʃi:]
gevaarlijk (bn)	nebezpečný	[nɛbɛzpɛtʃni:]

in brand vliegen (ww)	začít hořet	[zatʃi:t horʒɛt]
explosie (de)	výbuch (m)	[vi:bux]
in brand steken (ww)	zapálit	[zapa:lɪt]
brandstichter (de)	žhář (m)	[ʒha:rʃ]
brandstichting (de)	žhářství (s)	[ʒha:rʃstvi:]

vlammen (ww)	planout	[planout]
branden (ww)	hořet	[horʒɛt]
afbranden (ww)	shořet	[sxorʒɛt]

brandweerman (de)	hasič (m)	[hasɪtʃ]
brandweerwagen (de)	hasičské auto (m)	[hasɪtʃske: auto]
brandweer (de)	hasičský sbor (m)	[hasɪtʃski: zbor]
uitschuifbare ladder (de)	požární žebřík (m)	[poʒa:rni: ʒebrʒi:k]

brandslang (de)	hadice (ž)	[hadɪtsɛ]
brandblusser (de)	hasicí přístroj (m)	[hasɪtsi: prʃi:stroj]
helm (de)	přilba (ž)	[prʃɪlba]
sirene (de)	houkačka (ž)	[houkatʃka]

roepen (ww)	křičet	[krʃɪtʃɛt]
hulp roepen	volat o pomoc	[volat o pomots]
redder (de)	záchranář (m)	[za:xrana:rʃ]
redden (ww)	zachraňovat	[zaxranʲovat]

aankomen (per auto, enz.)	přijet	[prʃɪjɛt]
blussen (ww)	hasit	[hasɪt]
water (het)	voda (ž)	[voda]
zand (het)	písek (m)	[pi:sɛk]

ruïnes (mv.)	zřícenina (ž)	[zrʒi:tsɛnɪna]
instorten (gebouw, enz.)	zřítit se	[zrʒi:tɪt sɛ]
ineenstorten (ww)	zhroutit se	[zhroutɪt sɛ]
inzakken (ww)	zřítit se	[zrʒi:tɪt sɛ]

brokstuk (het)	úlomek (m)	[u:lomɛk]
as (de)	popel (m)	[popɛl]

verstikken (ww)	udusit se	[udusɪt sɛ]
omkomen (ww)	zahynout	[zahɪnout]

MENSELIJKE ACTIVITEITEN

Baan. Business. Deel 1

103. Kantoor. Op kantoor werken

kantoor (het)	kancelář (ž)	[kantsɛla:rʃ]
kamer (de)	pracovna (ž)	[pratsovna]
receptie (de)	recepce (ž)	[rɛtsɛptsɛ]
secretaris (de)	sekretář (m)	[sɛkrɛta:rʃ]
directeur (de)	ředitel (m)	[rʒɛdɪtɛl]
manager (de)	manažer (m)	[manaʒer]
boekhouder (de)	účetní (m, ž)	[u:tʃɛtni:]
werknemer (de)	zaměstnanec (m)	[zamnestnanɛts]
meubilair (het)	nábytek (m)	[na:bɪtɛk]
tafel (de)	stůl (m)	[stu:l]
bureaustoel (de)	křeslo (s)	[krʃɛslo]
ladeblok (het)	zásuvkový díl (ž)	[za:sufkovi: di:l]
kapstok (de)	věšák (m)	[veʃa:k]
computer (de)	počítač (m)	[potʃi:tatʃ]
printer (de)	tiskárna (ž)	[tɪska:rna]
fax (de)	fax (m)	[faks]
kopieerapparaat (het)	kopírovací přístroj (m)	[kopi:rovatsi: prʃi:stroj]
papier (het)	papír (m)	[papi:r]
kantoorartikelen (mv.)	kancelářské potřeby (ž mn)	[kantsɛlarʃskɛ: potrʃɛbɪ]
muismat (de)	podložka (ž) pro myš	[podloʃka pro mɪʃ]
blad (het)	list (m)	[lɪst]
ordner (de)	fascikl (m)	[fastsɪkl]
catalogus (de)	katalog (m)	[katalok]
telefoongids (de)	příručka (ž)	[prʃi:rutʃka]
documentatie (de)	dokumentace (ž)	[dokumɛntatsɛ]
brochure (de)	brožura (ž)	[broʒura]
flyer (de)	leták (m)	[lɛta:k]
monster (het), staal (de)	vzor (m)	[vzor]
training (de)	trénink (m)	[trɛ:nɪŋk]
vergadering (de)	porada (ž)	[porada]
lunchpauze (de)	polední přestávka (ž)	[polɛdni: prʃɛsta:fka]
een kopie maken	dělat kopii	[delat kopɪjɪ]
de kopieën maken	rozmnožit	[rozmnoʒɪt]
een fax ontvangen	přijímat fax	[prʃɪji:mat faks]
een fax versturen	odesílat fax	[odɛsi:lat faks]
opbellen (ww)	zavolat	[zavolat]

| antwoorden (ww) | odpovědět | [otpovedet] |
| doorverbinden (ww) | spojit | [spojɪt] |

afspreken (ww)	stanovovat	[stanovovat]
demonstreren (ww)	demonstrovat	[dɛmonstrovat]
absent zijn (ww)	být nepřítomen	[bi:t nɛprʃi:tomɛn]
afwezigheid (de)	absence (ž)	[apsɛnʦɛ]

104. Bedrijfsprocessen. Deel 1

zaak (de), beroep (het)	práce (ž)	[pra:ʦɛ]
firma (de)	firma (ž)	[fɪrma]
bedrijf (maatschap)	společnost (ž)	[spolɛʧnost]
corporatie (de)	korporace (ž)	[korporaʦɛ]
onderneming (de)	podnik (m)	[podnɪk]
agentschap (het)	agentura (ž)	[agɛntura]

overeenkomst (de)	smlouva (ž)	[smlouva]
contract (het)	kontrakt (m)	[kontrakt]
transactie (de)	obchod (m)	[obxot]
bestelling (de)	objednávka (ž)	[objɛdna:fka]
voorwaarde (de)	podmínka (ž)	[podmi:ŋka]

in het groot (bw)	ve velkém	[vɛ vɛlkɛ:m]
groothandels- (abn)	velkoobchodní	[vɛlkoobxodni:]
groothandel (de)	prodej (m) ve velkém	[prodɛj vɛ vɛlkɛ:m]
kleinhandels- (abn)	maloobchodní	[maloobxodni:]
kleinhandel (de)	prodej (m) v drobném	[prodɛj v drobnɛ:m]

concurrent (de)	konkurent (m)	[koŋkurɛnt]
concurrentie (de)	konkurence (ž)	[koŋkurɛnʦɛ]
concurreren (ww)	konkurovat	[koŋkurovat]

| partner (de) | partner (m) | [partnɛr] |
| partnerschap (het) | partnerství (s) | [partnɛrstvi:] |

crisis (de)	krize (ž)	[krɪzɛ]
bankroet (het)	bankrot (m)	[baŋkrot]
bankroet gaan (ww)	zbankrotovat	[zbaŋkrotovat]
moeilijkheid (de)	potíž (ž)	[poti:ʃ]
probleem (het)	problém (m)	[problɛ:m]
catastrofe (de)	katastrofa (ž)	[katastrofa]

economie (de)	ekonomika (ž)	[ɛkonomɪka]
economisch (bn)	ekonomický	[ɛkonomɪʦki:]
economische recessie (de)	hospodářský pokles (m)	[hospoda:rʃski: poklɛs]

| doel (het) | cíl (m) | [ʦi:l] |
| taak (de) | úkol (m) | [u:kol] |

handelen (handel drijven)	obchodovat	[obxodovat]
netwerk (het)	síť (ž)	[si:tʲ]
voorraad (de)	sklad (m)	[sklat]
assortiment (het)	sortiment (m)	[sortɪmɛnt]

leider (de)	předák (m)	[prʃɛda:k]
groot (bn)	velký	[vɛlki:]
monopolie (het)	monopol (m)	[monopol]

theorie (de)	teorie (ž)	[tɛorɪe]
praktijk (de)	praxe (ž)	[praksɛ]
ervaring (de)	zkušenost (ž)	[skuʃɛnost]
tendentie (de)	tendence (ž)	[tɛndɛnʦɛ]
ontwikkeling (de)	rozvoj (m)	[rozvoj]

105. Bedrijfsprocessen. Deel 2

| voordeel (het) | výhoda (ž) | [vi:hoda] |
| voordelig (bn) | výhodný | [vi:hodni:] |

delegatie (de)	delegace (ž)	[dɛlɛgaʦɛ]
salaris (het)	mzda (ž)	[mzda]
corrigeren (fouten ~)	opravovat	[opravovat]
zakenreis (de)	služební cesta (ž)	[sluʒebni: ʦɛsta]
commissie (de)	komise (ž)	[komɪsɛ]

controleren (ww)	kontrolovat	[kontrolovat]
conferentie (de)	konference (ž)	[konfɛrɛnʦɛ]
licentie (de)	licence (ž)	[lɪʦɛnʦɛ]
betrouwbaar (partner, enz.)	spolehlivý	[spolɛhlɪvi:]

aanzet (de)	iniciativa (ž)	[ɪnɪʦɪatɪva]
norm (bijv. ~ stellen)	norma (ž)	[norma]
omstandigheid (de)	okolnost (ž)	[okolnost]
taak, plicht (de)	povinnost (ž)	[povɪnnost]

organisatie (bedrijf, zaak)	organizace (ž)	[organɪzaʦɛ]
organisatie (proces)	organizace (ž)	[organɪzaʦɛ]
georganiseerd (bn)	organizovaný	[organɪzovani:]
afzegging (de)	zrušení (s)	[zruʃɛni:]
afzeggen (ww)	zrušit	[zruʃɪt]
verslag (het)	zpráva (ž)	[spra:va]

patent (het)	patent (m)	[patɛnt]
patenteren (ww)	patentovat	[patɛntovat]
plannen (ww)	plánovat	[pla:novat]

premie (de)	prémie (ž)	[prɛ:mɪe]
professioneel (bn)	profesionální	[profɛsɪona:lni:]
procedure (de)	procedura (ž)	[proʦɛdura]

onderzoeken (contract, enz.)	projednat	[projɛdnat]
berekening (de)	výpočet (m)	[vi:poʧɛt]
reputatie (de)	reputace (ž)	[rɛputaʦɛ]
risico (het)	riziko (s)	[rɪzɪko]

beheren (managen)	řídit	[rʒi:dɪt]
informatie (de)	údaje (m mn)	[u:dajɛ]
eigendom (bezit)	vlastnictví (s)	[vlastnɪʦtvi:]

unie (de)	unie (ž)	[unɪe]
levensverzekering (de)	pojištění (s) života	[pojɪʃteni: ʒɪvota]
verzekeren (ww)	pojišťovat	[pojɪʃťovat]
verzekering (de)	pojistka (ž)	[pojɪstka]

veiling (de)	dražba (ž)	[draʒba]
verwittigen (ww)	uvědomit	[uvedomɪt]
beheer (het)	řízení (s)	[rʒi:zɛni:]
dienst (de)	služba (ž)	[sluʒba]

forum (het)	fórum (s)	[fo:rum]
functioneren (ww)	fungovat	[fungovat]
stap, etappe (de)	etapa (ž)	[ɛtapa]
juridisch (bn)	právnický	[pra:vnɪtski:]
jurist (de)	právník (m)	[pra:vni:k]

106. Productie. Werken

industriële installatie (fabriek)	závod (m)	[za:vot]
fabriek (de)	továrna (ž)	[tova:rna]
werkplaatsruimte (de)	dílna (ž)	[di:lna]
productielocatie (de)	podnik (m)	[podnɪk]

industrie (de)	průmysl (m)	[pru:mɪsl]
industrieel (bn)	průmyslový	[pru:mɪslovi:]
zware industrie (de)	těžký průmysl (m)	[teʃki: pru:mɪsl]
lichte industrie (de)	lehký průmysl (m)	[lɛhki: pru:mɪsl]

productie (de)	výroba (ž)	[vi:roba]
produceren (ww)	vyrábět	[vɪra:bet]
grondstof (de)	surovina (ž)	[surovɪna]

voorman, ploegbaas (de)	četař (m)	[tʃɛtarʃ]
ploeg (de)	brigáda (ž)	[brɪga:da]
arbeider (de)	dělník (m)	[delni:k]

werkdag (de)	pracovní den (m)	[pratsovni: dɛn]
pauze (de)	přestávka (ž)	[prʃɛsta:fka]
samenkomst (de)	schůze (ž)	[sxu:zɛ]
bespreken (spreken over)	projednávat	[projɛdna:vat]

plan (het)	plán (m)	[pla:n]
het plan uitvoeren	plnit plán	[plnɪt pla:n]
productienorm (de)	norma (ž)	[norma]
kwaliteit (de)	kvalita (ž)	[kvalɪta]
controle (de)	kontrola (ž)	[kontrola]
kwaliteitscontrole (de)	kontrola (ž) kvality	[kontrola kvalɪtɪ]

arbeidsveiligheid (de)	bezpečnost (ž) práce	[bɛzpɛtʃnost pra:tsɛ]
discipline (de)	kázeň (ž)	[ka:zɛnʲ]
övertredıng (de)	přestupek (m)	[prʃɛstupɛk]
overtreden (ww)	nedodržovat	[nɛdodrʒovat]
staking (de)	stávka (ž)	[sta:fka]
staker (de)	stávkující (m)	[sta:fkuji:tsi:]

staken (ww)	stávkovat	[sta:fkovat]
vakbond (de)	odbory (m)	[odborɪ]

uitvinden (machine, enz.)	vynalézat	[vɪnalɛ:zat]
uitvinding (de)	vynález (m)	[vɪnalɛ:z]
onderzoek (het)	výzkum (m)	[vi:skum]
verbeteren (beter maken)	zlepšovat	[zlɛpʃovat]
technologie (de)	technologie (ž)	[tɛxnologɪe]
technische tekening (de)	výkres (m)	[vi:krɛs]

vracht (de)	náklad (m)	[na:klat]
lader (de)	nakládač (m)	[nakla:datʃ]
laden (vrachtwagen)	nakládat	[nakla:dat]
laden (het)	nakládání (s)	[nakla:da:ni:]
lossen (ww)	vykládat	[vɪkla:dat]
lossen (het)	vykládání (s)	[vɪkla:da:ni:]

transport (het)	doprava (ž)	[doprava]
transportbedrijf (de)	dopravní společnost (ž)	[dopravni: spolɛtʃnost]
transporteren (ww)	dopravovat	[dopravovat]

goederenwagon (de)	nákladní vůz (m)	[na:kladni: vu:z]
tank (bijv. ketelwagen)	cisterna (ž)	[tsɪstɛrna]
vrachtwagen (de)	nákladní auto (s)	[na:kladni: auto]

machine (de)	stroj (m)	[stroj]
mechanisme (het)	mechanismus (m)	[mɛxanɪzmus]

industrieel afval (het)	odpad (m)	[otpat]
verpakking (de)	balení (s)	[balɛni:]
verpakken (ww)	zabalit	[zabalɪt]

107. Contract. Overeenstemming

contract (het)	kontrakt (m)	[kontrakt]
overeenkomst (de)	dohoda (ž)	[dohoda]
bijlage (de)	příloha (ž)	[prʃi:loha]

een contract sluiten	uzavřít kontrakt	[uzavrʒi:t kontrakt]
handtekening (de)	podpis (m)	[potpɪs]
ondertekenen (ww)	podepsat	[podɛpsat]
stempel (de)	razítko (s)	[razi:tko]

voorwerp (het) van de overeenkomst	předmět (m) smlouvy	[prʃɛdmnet smlouvɪ]
clausule (de)	bod (m)	[bot]
partijen (mv.)	strany (ž mn)	[stranɪ]
vestigingsadres (het)	sídlo (s)	[si:dlo]

het contract verbreken (overtreden)	porušit kontrakt	[poruʃɪt kontrakt]
verplichting (de)	závazek (m)	[za:vazɛk]
verantwoordelijkheid (de)	odpovědnost (ž)	[otpovednost]
overmacht (de)	vyšší moc (ž)	[vɪʃi: mots]

| geschil (het) | spor (m) | [spor] |
| sancties (mv.) | sankční pokuta (ž) | [saŋktʃni: pokuta] |

108. Import & Export

import (de)	dovoz, import (m)	[dovoz], [ɪmport]
importeur (de)	dovozce (m)	[dovoztsɛ]
importeren (ww)	dovážet	[dova:ʒet]
import- (abn)	dovozový	[dovozovi:]

| exporteur (de) | vývozce (m) | [vi:voztsɛ] |
| exporteren (ww) | vyvážet | [vɪva:ʒet] |

| goederen (mv.) | zboží (s) | [zboʒi:] |
| partij (de) | partie (ž) | [partɪe] |

gewicht (het)	váha (ž)	[va:ha]
volume (het)	objem (m)	[objɛm]
kubieke meter (de)	krychlový metr (m)	[krɪxlovi: mɛtr]

producent (de)	výrobce (m)	[vi:robtsɛ]
transportbedrijf (de)	dopravní společnost (ž)	[dopravni: spolɛtʃnost]
container (de)	kontejner (m)	[kontɛjnɛr]

grens (de)	hranice (ž)	[hranɪtsɛ]
douane (de)	celnice (ž)	[tsɛlnɪtsɛ]
douanerecht (het)	clo (s)	[tslo]
douanier (de)	celník (m)	[tsɛlni:k]
smokkelen (het)	pašování (s)	[paʃova:ni:]
smokkelwaar (de)	pašované zboží (s mn)	[paʃovanɛ: zboʒi:]

109. Financiën

aandeel (het)	akcie (ž)	[aktsɪe]
obligatie (de)	dluhopis (m)	[dluhopɪs]
wissel (de)	směnka (ž)	[smneŋka]

| beurs (de) | burza (ž) | [burza] |
| aandelenkoers (de) | kurz (m) akcií | [kurs aktsɪji:] |

| dalen (ww) | zlevnět | [zlɛvnet] |
| stijgen (ww) | zdražit | [zdraʒɪt] |

| deel (het) | podíl (m) | [podi:l] |
| meerderheidsbelang (het) | kontrolní balík (m) | [kontrolni: bali:k] |

investeringen (mv.)	investice (ž mn)	[ɪnvɛstɪtsɛ]
investeren (ww)	investovat	[ɪnvɛstovat]
procent (het)	procento (s)	[protsɛnto]
rente (de)	úroky (m mn)	[u:rokɪ]
winst (de)	zisk (m)	[zɪsk]
winstgevend (bn)	ziskový	[zɪskovi:]

belasting (de)	daň (ž)	[danʲ]
valuta (vreemde ~)	měna (ž)	[mnena]
nationaal (bn)	národní	[naːrodniː]
ruil (de)	výměna (ž)	[viːmnena]

| boekhouder (de) | účetní (m, ž) | [uːtʃɛtniː] |
| boekhouding (de) | účtárna (ž) | [uːtʃtaːrna] |

bankroet (het)	bankrot (m)	[baŋkrot]
ondergang (de)	krach (m)	[krax]
faillissement (het)	bankrot (m)	[baŋkrot]
geruïneerd zijn (ww)	zkrachovat	[skraxovat]
inflatie (de)	inflace (ž)	[ɪnflatsɛ]
devaluatie (de)	devalvace (ž)	[dɛvalvatsɛ]

kapitaal (het)	kapitál (m)	[kapɪtaːl]
inkomen (het)	příjem (m)	[prʃiːjɛm]
omzet (de)	obrat (m)	[obrat]
middelen (mv.)	zdroje (m mn)	[zdrojɛ]
financiële middelen (mv.)	peněžní prostředky (m mn)	[pɛneʒniː prostrʃɛtkɪ]
reduceren (kosten ~)	snížit	[sniːʒɪt]

110. Marketing

marketing (de)	marketing (m)	[markɛtɪŋk]
markt (de)	trh (m)	[trx]
marktsegment (het)	segment (m) trhu	[sɛgmɛnt trhu]
product (het)	produkt (m)	[produkt]
goederen (mv.)	zboží (s)	[zboʒiː]

merk (het)	obchodní značka (ž)	[obxodniː znatʃka]
beeldmerk (het)	firemní značka (ž)	[fɪrɛmniː znatʃka]
logo (het)	logo (s)	[logo]

vraag (de)	poptávka (ž)	[poptaːfka]
aanbod (het)	nabídka (ž)	[nabiːtka]
behoefte (de)	potřeba (ž)	[potrʃɛba]
consument (de)	spotřebitel (m)	[spotrʃɛbɪtɛl]

analyse (de)	analýza (ž)	[analiːza]
analyseren (ww)	analyzovat	[analɪzovat]
positionering (de)	určování (s) pozice	[urtʃovaːniː pozɪtsɛ]
positioneren (ww)	určovat pozici	[urtʃovat pozɪtsɪ]

prijs (de)	cena (ž)	[tsɛna]
prijspolitiek (de)	cenová politika (ž)	[tsɛnova politɪka]
prijsvorming (de)	tvorba (ž) cen	[tvorba tsɛn]

111. Reclame

| reclame (de) | reklama (ž) | [rɛklama] |
| adverteren (ww) | dělat reklamu | [delat rɛklamu] |

budget (het)	rozpočet (m)	[rozpotʃɛt]
advertentie, reclame (de)	reklama (ž)	[rɛklama]
TV-reclame (de)	televizní reklama (ž)	[tɛlɛvɪzni: rɛklama]
radioreclame (de)	rozhlasová reklama (ž)	[rozhlasova: rɛklama]
buitenreclame (de)	venkovní reklama (ž)	[vɛŋkovni: rɛklama]

massamedia (de)	média (s mn)	[mɛ:dɪa]
periodiek (de)	periodikum (s)	[pɛrɪodɪkum]
imago (het)	image (ž)	[ɪmɪdʒ]

slagzin (de)	heslo (s)	[hɛslo]
motto (het)	heslo (s)	[hɛslo]

campagne (de)	kampaň (ž)	[kampanʲ]
reclamecampagne (de)	reklamní kampaň (ž)	[rɛklamni: kampanʲ]
doelpubliek (het)	cílové posluchačstvo (s)	[tsi:lovɛ: posluxatʃstvo]

visitekaartje (het)	vizitka (ž)	[vɪzɪtka]
flyer (de)	leták (m)	[lɛta:k]
brochure (de)	brožura (ž)	[broʒura]
folder (de)	skládanka (ž)	[skla:daŋka]
nieuwsbrief (de)	bulletin (m)	[bɪltɛ:n]

gevelreclame (de)	reklamní tabule (ž)	[rɛklamni: tabulɛ]
poster (de)	plakát (m)	[plaka:t]
aanplakbord (het)	billboard (m)	[bɪlbo:rt]

112. Bankieren

bank (de)	banka (ž)	[baŋka]
bankfiliaal (het)	pobočka (ž)	[pobotʃka]

bankbediende (de)	konzultant (m)	[konzultant]
manager (de)	správce (m)	[spra:vtsɛ]

bankrekening (de)	účet (m)	[u:tʃɛt]
rekeningnummer (het)	číslo (s) účtu	[tʃi:slo u:tʃtu]
lopende rekening (de)	běžný účet (m)	[bɛʒni: u:tʃɛt]
spaarrekening (de)	spořitelní účet (m)	[sporʒɪtɛlni: u:tʃɛt]

een rekening openen	založit účet	[zaloʒɪt u:tʃɛt]
de rekening sluiten	uzavřít účet	[uzavrʒi:t u:tʃɛt]
op rekening storten	uložit na účet	[uloʒɪt na u:tʃɛt]
opnemen (ww)	vybrat z účtu	[vɪbrat s u:tʃtu]

storting (de)	vklad (m)	[fklat]
een storting maken	uložit vklad	[uloʒɪt fklat]
overschrijving (de)	převod (m)	[prʃɛvot]
een overschrijving maken	převést	[prʃɛvɛ:st]

som (de)	částka (ž)	[tʃa:stka]
Hoeveel?	Kolik?	[kolɪk]
handtekening (de)	podpis (m)	[potpɪs]
ondertekenen (ww)	podepsat	[podɛpsat]

kredietkaart (de)	kreditní karta (ž)	[krɛdɪtni: karta]
code (de)	kód (m)	[ko:t]
kredietkaartnummer (het)	číslo (s) kreditní karty	[ʧi:slo krɛdɪtni: kartɪ]
geldautomaat (de)	bankomat (m)	[baŋkomat]
cheque (de)	šek (m)	[ʃɛk]
een cheque uitschrijven	vystavit šek	[vɪstavɪt ʃɛk]
chequeboekje (het)	šeková knížka (ž)	[ʃɛkova: kni:ʃka]
lening, krediet (de)	úvěr (m)	[u:ver]
een lening aanvragen	žádat o úvěr	[ʒa:dat o u:ver]
een lening nemen	brát na úvěr	[bra:t na u:ver]
een lening verlenen	poskytovat úvěr	[poskɪtovat u:ver]
garantie (de)	kauce (ž)	[kauʦɛ]

113. Telefoon. Telefoongesprek

telefoon (de)	telefon (m)	[tɛlɛfon]
mobieltje (het)	mobilní telefon (m)	[mobɪlni: tɛlɛfon]
antwoordapparaat (het)	záznamník (m)	[za:znamni:k]
bellen (ww)	volat	[volat]
belletje (telefoontje)	hovor (m), volání (s)	[hovor], [vola:ni:]
een nummer draaien	vytočit číslo	[vɪtoʧɪt ʧi:slo]
Hallo!	Prosím!	[prosi:m]
vragen (ww)	zeptat se	[zɛptat sɛ]
antwoorden (ww)	odpovědět	[otpovedet]
horen (ww)	slyšet	[slɪʃɛt]
goed (bw)	dobře	[dobrʒɛ]
slecht (bw)	špatně	[ʃpatne]
storingen (mv.)	poruchy (ž mn)	[poruxɪ]
hoorn (de)	sluchátko (s)	[sluxa:tko]
opnemen (ww)	vzít sluchátko	[vzi:t sluxa:tko]
ophangen (ww)	zavěsit sluchátko	[zavesɪt sluxa:tko]
bezet (bn)	obsazeno	[ɔpsazɛno]
overgaan (ww)	zvonit	[zvonɪt]
telefoonboek (het)	telefonní seznam (m)	[tɛlɛfonni: seznam]
lokaal (bn)	místní	[mi:stni:]
interlokaal (bn)	dálkový	[da:lkovi:]
buitenlands (bn)	mezinárodní	[mɛzɪna:rodni:]

114. Mobiele telefoon

mobieltje (het)	mobilní telefon (m)	[mobɪlni: tɛlɛfon]
scherm (het)	displej (m)	[dɪsplɛj]
toets, knop (de)	tlačítko (s)	[tlaʧi:tko]
simkaart (de)	SIM karta (ž)	[sɪm karta]

batterij (de)	baterie (ž)	[batɛrɪe]
leeg zijn (ww)	vybít se	[vɪbi:t sɛ]
acculader (de)	nabíječka (ž)	[nabi:jɛtʃka]

menu (het)	nabídka (ž)	[nabi:tka]
instellingen (mv.)	nastavení (s)	[nastavɛni:]
melodie (beltoon)	melodie (ž)	[mɛlodɪe]
selecteren (ww)	vybrat	[vɪbrat]

rekenmachine (de)	kalkulačka (ž)	[kalkulatʃka]
voicemail (de)	hlasová schránka (ž)	[hlasova: sxra:ŋka]
wekker (de)	budík (m)	[budi:k]
contacten (mv.)	telefonní seznam (m)	[tɛlɛfonni: sɛznam]

| SMS-bericht (het) | SMS zpráva (ž) | [ɛsɛmɛs spra:va] |
| abonnee (de) | účastník (m) | [u:tʃastni:k] |

115. Schrijfbehoeften

| balpen (de) | pero (s) | [pɛro] |
| vulpen (de) | plnicí pero (s) | [plnɪtsi: pɛro] |

potlood (het)	tužka (ž)	[tuʃka]
marker (de)	značkovač (m)	[znatʃkovatʃ]
viltstift (de)	fix (m)	[fɪks]

| notitieboekje (het) | notes (m) | [notɛs] |
| agenda (boekje) | diář (m) | [dɪa:rʃ] |

liniaal (de/het)	pravítko (s)	[pravi:tko]
rekenmachine (de)	kalkulačka (ž)	[kalkulatʃka]
gom (de)	guma (ž)	[guma]
punaise (de)	napínáček (m)	[napi:na:tʃɛk]
paperclip (de)	svorka (ž)	[svorka]

lijm (de)	lepidlo (s)	[lɛpɪdlo]
nietmachine (de)	sešívačka (ž)	[sɛʃi:vatʃka]
perforator (de)	dírkovačka (ž)	[di:rkovatʃka]
potloodslijper (de)	ořezávátko (s)	[orʒɛza:va:tko]

116. Verschillende soorten documenten

verslag (het)	zpráva (ž)	[spra:va]
overeenkomst (de)	dohoda (ž)	[dohoda]
aanvraagformulier (het)	přihláška (ž)	[prʃɪhla:ʃka]
origineel, authentiek (bn)	původní	[pu:vodni:]
badge, kaart (de)	jmenovka (ž)	[jmɛnofka]
visitekaartje (het)	vizitka (ž)	[vɪzɪtka]

certificaat (het)	certifikát (m)	[tsɛrtɪfɪka:t]
cheque (de)	šek (m)	[ʃɛk]
rekening (in restaurant)	účet (m)	[u:tʃɛt]

grondwet (de)	ústava (ž)	[u:stava]
contract (het)	smlouva (ž)	[smlouva]
kopie (de)	kopie (ž)	[kopɪe]
exemplaar (het)	výtisk (m)	[vi:tɪsk]

douaneaangifte (de)	prohlášení (s)	[prohla:ʃɛni:]
document (het)	dokument (m)	[dokumɛnt]
rijbewijs (het)	řidičský průkaz (m)	[rʒɪdɪtʃski: pru:kaz]
bijlage (de)	příloha (ž)	[prʃi:loha]
formulier (het)	anketa (ž)	[aŋkɛta]

identiteitskaart (de)	průkaz (m)	[pru:kaz]
aanvraag (de)	dotaz (m)	[dotaz]
uitnodigingskaart (de)	pozvánka (ž)	[pozva:ŋka]
factuur (de)	účet (m)	[u:tʃet]

wet (de)	zákon (m)	[za:kon]
brief (de)	dopis (m)	[dopɪs]
briefhoofd (het)	blanket (m)	[blaŋkɛt]
lijst (de)	seznam (m)	[sɛznam]
manuscript (het)	rukopis (m)	[rukopɪs]
nieuwsbrief (de)	bulletin (m)	[bɪltɛ:n]
briefje (het)	zpráva (ž)	[spra:va]

pasje (voor personeel, enz.)	propustka (ž)	[propustka]
paspoort (het)	pas (m)	[pas]
vergunning (de)	povolení (s)	[povolɛni:]
CV, curriculum vitae (het)	resumé (s)	[rɛzimɛ:]
schuldbekentenis (de)	dlužní úpis (m)	[dluʒni u:pɪs]
kwitantie (de)	stvrzenka (ž)	[stvrzeŋka]
bon (kassabon)	stvrzenka (ž)	[stvrzeŋka]
rapport (het)	hlášení (s)	[hla:ʃɛni:]

tonen (paspoort, enz.)	předkládat	[prʃɛtkla:dat]
ondertekenen (ww)	podepsat	[podɛpsat]
handtekening (de)	podpis (m)	[potpɪs]
stempel (de)	razítko (s)	[razi:tko]
tekst (de)	text (m)	[tɛkst]
biljet (het)	průkaz (m)	[pru:kaz]

| doorhalen (doorstrepen) | škrtnout | [ʃkrtnout] |
| invullen (een formulier ~) | vyplnit | [vɪplnɪt] |

| vrachtbrief (de) | dodací líst (m) | [dodatsi: li:st] |
| testament (het) | testament (m) | [tɛstamɛnt] |

117. Soorten bedrijven

uitzendbureau (het)	kádrová kancelář (ž)	[ka:drova: kantsɛla:rʃ]
bewakingsfirma (de)	bezpečnostní agentura (ž)	[bɛzpɛtʃnostni: agɛntura]
persbureau (het)	zpravodajská agentura (ž)	[spravodajska: agɛntura]
reclamebureau (het)	reklamní agentura (ž)	[rɛklamni: agɛntura]
antiek (het)	starožitnictví (s)	[staroʒɪtnɪtstvi:]
verzekering (de)	pojištění (s)	[pojɪʃteni:]

naaiatelier (het)	módní salón (m)	[mo:dni: salo:n]
banken (mv.)	bankovnictví (s)	[baŋkovnɪʦtvi:]
bar (de)	bar (m)	[bar]
bouwbedrijven (mv.)	stavebnictví (s)	[stavɛbnɪʦtvi:]
juwelen (mv.)	klenotnické výrobky (m mn)	[klɛnotnɪʦkɛ: vi:ropkɪ]
juwelier (de)	klenotník (m)	[klɛnotni:k]
wasserette (de)	prádelna (ž)	[pra:dɛlna]
alcoholische dranken (mv.)	alkoholické nápoje (m mn)	[alkoholɪʦkɛ: na:pojɛ]
nachtclub (de)	noční klub (m)	[noʧni: klup]
handelsbeurs (de)	burza (ž)	[burza]
bierbrouwerij (de)	pivovar (m)	[pɪvovar]
uitvaartcentrum (het)	pohřební ústav (m)	[pohrʒɛbni: u:staf]
casino (het)	kasino (s)	[kasi:no]
zakencentrum (het)	obchodní centrum (s)	[obxodni: ʦɛntrum]
bioscoop (de)	biograf (m)	[bɪograf]
airconditioning (de)	klimatizátory (m mn)	[klɪmatɪza:torɪ]
handel (de)	obchod (m)	[obxot]
luchtvaartmaatschappij (de)	letecká společnost (ž)	[lɛtɛʦka: spolɛʧnost]
adviesbureau (het)	poradenství (s)	[poradɛnstvi:]
koerierdienst (de)	kurýrská služba (ž)	[kuri:rska: sluʒba]
tandheelkunde (de)	stomatologie (ž)	[stomatologɪe]
design (het)	design (m)	[dɪzajn]
business school (de)	obchodní škola (ž)	[obxodni: ʃkola]
magazijn (het)	sklad (m)	[sklat]
kunstgalerie (de)	galerie (ž)	[galɛrɪe]
ijsje (het)	zmrzlina (ž)	[zmrzlɪna]
hotel (het)	hotel (m)	[hotɛl]
vastgoed (het)	nemovitost (ž)	[nɛmovɪtost]
drukkerij (de)	polygrafie (ž)	[polɪgrafɪe]
industrie (de)	průmysl (m)	[pru:mɪsl]
Internet (het)	internet (m)	[ɪntɛrnɛt]
investeringen (mv.)	investice (ž mn)	[ɪnvɛstɪʦe]
krant (de)	noviny (ž mn)	[novɪnɪ]
boekhandel (de)	knihkupectví (s)	[knɪxkupɛʦtvi:]
lichte industrie (de)	lehký průmysl (m)	[lɛhki: pru:mɪsl]
winkel (de)	obchod (m)	[obxot]
uitgeverij (de)	nakladatelství (s)	[nakladatɛlstvi:]
medicijnen (mv.)	lékařství (s)	[lɛ:karʃstvi:]
meubilair (het)	nábytek (m)	[na:bɪtɛk]
museum (het)	muzeum (s)	[muzɛum]
olie (aardolie)	ropa (ž)	[ropa]
apotheek (de)	lékárna (ž)	[lɛ:ka:rna]
farmacie (de)	farmacie (ž)	[farmaʦɪe]
zwembad (het)	bazén (m)	[baɪ:n]
stomerij (de)	čistírna (ž)	[ʧɪsti:rna]
voedingswaren (mv.)	potraviny (ž mn)	[potravɪnɪ]
reclame (de)	reklama (ž)	[rɛklama]
radio (de)	rozhlas (m)	[rozhlas]

afvalinzameling (de)	vyvážení (s) odpadků	[vɪvaːʒeni: otpatkuː]
restaurant (het)	restaurace (ž)	[rɛstauratsɛ]
tijdschrift (het)	časopis (m)	[tʃasopɪs]

schoonheidssalon (de/het)	kosmetický salón (m)	[kosmɛtɪtski: saloːn]
financiële diensten (mv.)	finanční služby (ž mn)	[fɪnantʃni: sluʒbɪ]
juridische diensten (mv.)	právnické služby (ž mn)	[praːvnɪtskɛː sluʒbɪ]
boekhouddiensten (mv.)	účetnické služby (ž mn)	[uːtʃɛtnɪtskɛ: sluʒbɪ]
audit diensten (mv.)	auditorské služby (ž mn)	[audɪtorskɛː sluʒbɪ]
sport (de)	sport (m)	[sport]
supermarkt (de)	supermarket (m)	[supɛrmarket]

televisie (de)	televize (ž)	[tɛlɛvɪzɛ]
theater (het)	divadlo (s)	[dɪvadlo]
toerisme (het)	cestovní ruch (m)	[tsɛstovni: rux]
transport (het)	přeprava (ž)	[prʃɛprava]

postorderbedrijven (mv.)	prodej (m) podle katalogu	[prodɛj podlɛ katalogu]
kleding (de)	oblečení (s)	[oblɛtʃeni:]
dierenarts (de)	zvěrolékař (m)	[zverolɛːkarʃ]

Baan. Business. Deel 2

118. Show. Tentoonstelling

beurs (de)	výstava (ž)	[viːstava]
vakbeurs, handelsbeurs (de)	obchodní výstava (ž)	[obxodni: viːstava]
deelneming (de)	účast (ž)	[uːt͡ʃast]
deelnemen (ww)	zúčastnit se	[zuːt͡ʃastnɪt sɛ]
deelnemer (de)	účastník (m)	[uːt͡ʃastniːk]
directeur (de)	ředitel (m)	[rʒɛdɪtɛl]
organisatiecomité (het)	organizační výbor (m)	[organɪzat͡ʃni: viːbor]
organisator (de)	organizátor (m)	[organɪzaːtor]
organiseren (ww)	organizovat	[organɪzovat]
deelnemingsaanvraag (de)	přihláška (ž) k účasti	[prʃɪhlaːʃka k uːt͡ʃastɪ]
invullen (een formulier ~)	vyplnit	[vɪplnɪt]
details (mv.)	podrobnosti (ž mn)	[podrobnostɪ]
informatie (de)	informace (ž)	[ɪnformat͡sɛ]
prijs (de)	cena (ž)	[t͡sɛna]
inclusief (bijv. ~ BTW)	včetně	[vt͡ʃɛtne]
inbegrepen (alles ~)	zahrnovat	[zahrnovat]
betalen (ww)	platit	[platɪt]
registratietarief (het)	registrační poplatek (m)	[rɛgɪstrat͡ʃni: poplatɛk]
ingang (de)	vchod (m)	[vxot]
paviljoen (het), hal (de)	pavilón (m)	[pavɪloːn]
registreren (ww)	registrovat	[rɛgɪstrovat]
badge, kaart (de)	jmenovka (ž)	[jmɛnofka]
beursstand (de)	stánek (m)	[staːnɛk]
reserveren (een stand ~)	rezervovat	[rɛzɛrvovat]
vitrine (de)	vitrina (ž)	[vɪtrɪna]
licht (het)	svítidlo (s)	[sviːtɪdlo]
design (het)	design (m)	[dɪzajn]
plaatsen (ww)	rozmisťovat	[rozmɪsťovat]
distributeur (de)	distributor (m)	[dɪstrɪbutor]
leverancier (de)	dodavatel (m)	[dodavatɛl]
land (het)	země (ž)	[zɛmnɛ]
buitenlands (bn)	zahraniční	[zahranɪt͡ʃni:]
product (het)	produkt (m)	[produkt]
associatie (de)	asociace (ž)	[asot͡sɪat͡sɛ]
conferentiezaal (de)	konferenční sál (m)	[konfɛrɛnt͡ʃni: saːl]
congres (het)	kongres (m)	[kongrɛs]

wedstrijd (de)	soutěž (ž)	[souteʃ]
bezoeker (de)	návštěvník (m)	[naːvʃtevniːk]
bezoeken (ww)	navštěvovat	[navʃtevovat]
afnemer (de)	zákazník (m)	[zaːkazniːk]

119. Massamedia

krant (de)	noviny (ž mn)	[novɪnɪ]
tijdschrift (het)	časopis (m)	[tʃasopɪs]
pers (gedrukte media)	tisk (m)	[tɪsk]
radio (de)	rozhlas (m)	[rozhlas]
radiostation (het)	rozhlasová stanice (ž)	[rozhlasova: stanɪtsɛ]
televisie (de)	televize (ž)	[tɛlɛvɪzɛ]

presentator (de)	moderátor (m)	[modɛraːtor]
nieuwslezer (de)	hlasatel (m)	[hlasatɛl]
commentator (de)	komentátor (m)	[komɛntaːtor]

journalist (de)	novinář (m)	[novɪnaːrʃ]
correspondent (de)	zpravodaj (m)	[spravodaj]
fotocorrespondent (de)	fotožurnalista (m)	[fotoʒurnalɪsta]
reporter (de)	reportér (m)	[rɛportɛːr]

redacteur (de)	redaktor (m)	[rɛdaktor]
chef-redacteur (de)	šéfredaktor (m)	[ʃɛːfrɛdaktor]
zich abonneren op	předplatit si	[prʃɛtplatɪt sɪ]
abonnement (het)	předplacení (s)	[prʃɛtplatsɛniː]
abonnee (de)	předplatitel (m)	[prʃɛtplatɪtɛl]
lezen (ww)	číst	[tʃiːst]
lezer (de)	čtenář (m)	[tʃtɛnaːrʃ]

oplage (de)	náklad (m)	[naːklat]
maand-, maandelijks (bn)	měsíční	[mnesiːtʃniː]
wekelijks (bn)	týdenní	[tiːdɛnniː]
nummer (het)	číslo (s)	[tʃiːslo]
vers (~ van de pers)	čerstvý	[tʃɛrstviː]

kop (de)	titulek (m)	[tɪtulɛk]
korte artikel (het)	notička (ž)	[notɪtʃka]
rubriek (de)	rubrika (ž)	[rubrɪka]
artikel (het)	článek (m)	[tʃlaːnɛk]
pagina (de)	stránka (ž)	[straːŋka]

reportage (de)	reportáž (ž)	[rɛportaːʃ]
gebeurtenis (de)	událost (ž)	[udaːlost]
sensatie (de)	senzace (ž)	[sɛnzatsɛ]
schandaal (het)	skandál (m)	[skandaːl]
schandalig (bn)	skandální	[skandaːlniː]
groot (~ schandaal, enz.)	halasný	[halasniː]

programma (het)	pořad (m)	[porʒat]
interview (het)	rozhovor (m)	[rozhovor]
live uitzending (de)	přímý přenos (m)	[prʃiːmiː prʃɛnos]
kanaal (het)	kanál (m)	[kanaːl]

120. Landbouw

landbouw (de)	zemědělství (s)	[zɛmnedelstvi:]
boer (de)	rolník (m)	[rolni:k]
boerin (de)	rolnice (ž)	[rolnɪtsɛ]
landbouwer (de)	farmář (m)	[farma:rʃ]
tractor (de)	traktor (m)	[traktor]
maaidorser (de)	kombajn (m)	[kombajn]
ploeg (de)	pluh (m)	[plux]
ploegen (ww)	orat	[orat]
akkerland (het)	ornice (ž)	[ornɪtsɛ]
voor (de)	brázda (ž)	[bra:zda]
zaaien (ww)	sít	[si:t]
zaaimachine (de)	sečka (ž)	[sɛtʃka]
zaaien (het)	setí (s)	[sɛti:]
zeis (de)	kosa (ž)	[kosa]
maaien (ww)	kosit	[kosɪt]
schop (de)	lopata (ž)	[lopata]
spitten (ww)	rýt	[ri:t]
schoffel (de)	motyka (ž)	[motɪka]
wieden (ww)	plít	[pli:t]
onkruid (het)	plevel (m)	[plɛvɛl]
gieter (de)	konev (ž)	[konɛf]
begieten (water geven)	zalévat	[zalɛ:vat]
bewatering (de)	zalévání (s)	[zalɛ:va:ni:]
riek, hooivork (de)	vidle (ž mn)	[vɪdlɛ]
hark (de)	hrábě (ž mn)	[hra:be]
kunstmest (de)	hnojivo (s)	[hnojɪvo]
bemesten (ww)	hnojit	[hnojɪt]
mest (de)	hnůj (m)	[hnu:j]
veld (het)	pole (s)	[polɛ]
wei (de)	louka (ž)	[louka]
moestuin (de)	zelinářská zahrada (ž)	[zɛlɪna:rʃska: zahrada]
boomgaard (de)	zahrada (ž)	[zahrada]
weiden (ww)	pást	[pa:st]
herder (de)	pasák (m)	[pasa:k]
weiland (de)	pastvina (ž)	[pastvɪna]
veehouderij (de)	živočišná výroba (ž)	[ʒɪvotʃɪʃna: vi:roba]
schapenteelt (de)	chov (m) ovcí	[xov ovtɒi]
plantage (de)	plantáž (ž)	[planta:ʃ]
rijtje (het)	záhonek (m)	[za:honɛk]
broeikas (de)	skleník (m)	[sklɛni:k]

| droogte (de) | sucho (s) | [suxo] |
| droog (bn) | suchý | [suxi:] |

| graangewassen (mv.) | obilniny (ž mn) | [obɪlnɪnɪ] |
| oogsten (ww) | sklízet | [skli:zɛt] |

molenaar (de)	mlynář (m)	[mlɪna:rʃ]
molen (de)	mlýn (m)	[mli:n]
malen (graan ~)	mlít obilí	[mli:t obɪli:]
bloem (bijv. tarwebloem)	mouka (ž)	[mouka]
stro (het)	sláma (ž)	[sla:ma]

121. Gebouw. Bouwproces

bouwplaats (de)	staveniště (s)	[stavɛnɪʃte]
bouwen (ww)	stavět	[stavet]
bouwvakker (de)	stavitel (m)	[stavɪtɛl]

project (het)	projekt (m)	[projɛkt]
architect (de)	architekt (m)	[arxɪtɛkt]
arbeider (de)	dělník (m)	[delni:k]

fundering (de)	základ (m)	[za:klat]
dak (het)	střecha (ž)	[strʃɛxa]
heipaal (de)	pilota (ž)	[pɪlota]
muur (de)	zeď (ž)	[zɛtʲ]

| betonstaal (het) | armatura (ž) | [armatura] |
| steigers (mv.) | lešení (s) | [lɛʃɛni:] |

beton (het)	beton (m)	[bɛton]
graniet (het)	žula (ž)	[ʒula]
steen (de)	kámen (m)	[ka:mɛn]
baksteen (de)	cihla (ž)	[tsɪhla]

| zand (het) | písek (m) | [pi:sɛk] |
| cement (de/het) | cement (m) | [tsɛmɛnt] |

| pleister (het) | omítka (ž) | [omi:tka] |
| pleisteren (ww) | omítat | [omi:tat] |

verf (de)	barva (ž)	[barva]
verven (muur ~)	natírat	[nati:rat]
ton (de)	sud (m)	[sut]

kraan (de)	jeřáb (m)	[jɛrʒa:p]
heffen, hijsen (ww)	zvedat	[zvɛdat]
neerlaten (ww)	spouštět	[spouʃtet]

bulldozer (de)	buldozer (m)	[buldozɛr]
graafmachine (de)	rýpadlo (s)	[ri:padlo]
graafbak (de)	lžíce (ž)	[ʒi:tsɛ]
graven (tunnel, enz.)	rýt	[ri:t]
helm (de)	přilba (ž)	[prʃɪlba]

122. Wetenschap. Onderzoek. Wetenschappers

wetenschap (de)	věda (ž)	[veda]
wetenschappelijk (bn)	vědecký	[vedɛtski:]
wetenschapper (de)	vědec (m)	[vedɛts]
theorie (de)	teorie (ž)	[tɛorɪe]
axioma (het)	axiom (m)	[aksɪo:m]
analyse (de)	analýza (ž)	[anali:za]
analyseren (ww)	analyzovat	[analɪzovat]
argument (het)	argument (m)	[argumɛnt]
substantie (de)	látka (ž)	[la:tka]
hypothese (de)	hypotéza (ž)	[hɪpotɛ:za]
dilemma (het)	dilema (s)	[dɪlɛma]
dissertatie (de)	disertace (ž)	[dɪsɛrtatsɛ]
dogma (het)	dogma (s)	[dogma]
doctrine (de)	doktrína (ž)	[doktri:na]
onderzoek (het)	výzkum (m)	[vi:skum]
onderzoeken (ww)	zkoumat	[skoumat]
toetsing (de)	kontrola (ž)	[kontrola]
laboratorium (het)	laboratoř (ž)	[laboratorʃ]
methode (de)	metoda (ž)	[mɛtoda]
molecule (de/het)	molekula (ž)	[molɛkula]
monitoring (de)	monitorování (s)	[monɪtorova:ni:]
ontdekking (de)	objev (m)	[objɛf]
postulaat (het)	postulát (m)	[postula:t]
principe (het)	princip (m)	[prɪntsɪp]
voorspelling (de)	prognóza (ž)	[progno:za]
een prognose maken	předpovídat	[prʒɛtpovi:dat]
synthese (de)	syntéza (ž)	[sintɛ:za]
tendentie (de)	tendence (ž)	[tɛndɛntsɛ]
theorema (het)	teorém (s)	[tɛorɛ:m]
leerstellingen (mv.)	nauka (ž)	[nauka]
feit (het)	fakt (m)	[fakt]
expeditie (de)	výprava (ž)	[vi:prava]
experiment (het)	experiment (m)	[ɛkspɛrɪmɛnt]
academicus (de)	akademik (m)	[akadɛmɪk]
bachelor (bijv. BA, LLB)	bakalář (m)	[bakala:rʃ]
doctor (de)	doktor (m)	[doktor]
universitair docent (de)	docent (m)	[dotsɛnt]
master, magister (de)	magistr (m)	[magɪstr]
professor (de)	profesor (m)	[profɛsor]

Beroepen en ambachten

123. Zoeken naar werk. Ontslag

baan (de)	práce (ž)	[pra:tsɛ]
personeel (het)	personál (m)	[pɛrsona:l]
carrière (de)	kariéra (ž)	[karɪe:ra]
vooruitzichten (mv.)	vyhlídky (ž mn)	[vɪhli:tkɪ]
meesterschap (het)	dovednost (ž)	[dovɛdnost]
keuze (de)	výběr (m)	[vi:ber]
uitzendbureau (het)	kádrová kancelář (ž)	[ka:drova: kantsɛla:rʃ]
CV, curriculum vitae (het)	resumé (s)	[rɛzimɛ:]
sollicitatiegesprek (het)	pohovor (m)	[pohovor]
vacature (de)	neobsazené místo (s)	[nɛopsazɛnɛ: mi:sto]
salaris (het)	plat (m), mzda (ž)	[plat], [mzda]
vaste salaris (het)	stálý plat (m)	[sta:li: plat]
loon (het)	platba (ž)	[platba]
betrekking (de)	funkce (ž)	[fuŋktsɛ]
taak, plicht (de)	povinnost (ž)	[povɪnnost]
takenpakket (het)	okruh (m)	[okrux]
bezig (~ zijn)	zaměstnaný	[zamnestnani:]
ontslagen (ww)	propustit	[propustɪt]
ontslag (het)	propuštění (s)	[propuʃteni:]
werkloosheid (de)	nezaměstnanost (ž)	[nɛzamnestnanost]
werkloze (de)	nezaměstnaný (m)	[nɛzamnestnani:]
pensioen (het)	důchod (m)	[du:xot]
met pensioen gaan	odejít do důchodu	[odɛji:t do du:xodu]

124. Zakenmensen

directeur (de)	ředitel (m)	[rʒɛdɪtɛl]
beheerder (de)	správce (m)	[spra:vtsɛ]
hoofd (het)	šéf (m)	[ʃɛ:f]
baas (de)	vedoucí (m)	[vɛdoutsi:]
superieuren (mv.)	vedení (s)	[vɛdɛni:]
president (de)	prezident (m)	[prɛzɪdɛnt]
voorzitter (de)	předseda (m)	[prʃɛtsɛda]
adjunct (de)	náměstek (m)	[na:mnestɛk]
assistent (de)	pomocník (m)	[pomotsni:k]
secretaris (de)	sekretář (m)	[sɛkrɛta:rʃ]

persoonlijke assistent (de)	osobní sekretář (m)	[osobni: sɛkrɛta:rʃ]
zakenman (de)	byznysmen (m)	[bɪznɪsmen]
ondernemer (de)	podnikatel (m)	[podnɪkatɛl]
oprichter (de)	zakladatel (m)	[zakladatɛl]
oprichten	založit	[zaloʒɪt]
(een nieuw bedrijf ~)		
stichter (de)	zakladatel (m)	[zakladatɛl]
partner (de)	partner (m)	[partnɛr]
aandeelhouder (de)	akcionář (m)	[aktsɪona:rʃ]
miljonair (de)	milionář (m)	[mɪlɪona:rʃ]
miljardair (de)	miliardář (m)	[mɪlɪarda:rʃ]
eigenaar (de)	majitel (m)	[majɪtɛl]
landeigenaar (de)	vlastník (m) půdy	[vlastni:k pu:dɪ]
klant (de)	klient (m)	[klɪent]
vaste klant (de)	stálý zákazník (m)	[sta:li: za:kazni:k]
koper (de)	zákazník (m)	[za:kazni:k]
bezoeker (de)	návštěvník (m)	[na:vʃtevni:k]
professioneel (de)	profesionál (m)	[profɛsɪona:l]
expert (de)	znalec (m)	[znalɛts]
specialist (de)	odborník (m)	[odborni:k]
bankier (de)	bankéř (m)	[baŋkɛ:rʃ]
makelaar (de)	broker (m)	[brokɛr]
kassier (de)	pokladník (m)	[pokladni:k]
boekhouder (de)	účetní (m, ž)	[u:tʃɛtni:]
bewaker (de)	strážce (m)	[stra:ʒtsɛ]
investeerder (de)	investor (m)	[ɪnvɛstor]
schuldenaar (de)	dlužník (m)	[dluʒni:k]
crediteur (de)	věřitel (m)	[verʒɪtɛl]
lener (de)	vypůjčovatel (m)	[vɪpu:jtʃovatɛl]
importeur (de)	dovozce (m)	[dovoztsɛ]
exporteur (de)	vývozce (m)	[vi:voztsɛ]
producent (de)	výrobce (m)	[vi:robtsɛ]
distributeur (de)	distributor (m)	[dɪstrɪbutor]
bemiddelaar (de)	zprostředkovatel (m)	[sprostrʃɛtkovatɛl]
adviseur, consulent (de)	konzultant (m)	[konzultant]
vertegenwoordiger (de)	zástupce (m)	[za:stuptsɛ]
agent (de)	agent (m)	[agɛnt]
verzekeringsagent (de)	pojišťovací agent (m)	[pojɪʃtʲovatsi: agɛnt]

125. Dienstverlenende beroepen

kok (de)	kuchař (m)	[kuxarʃ]
chef-kok (de)	šéfkuchař (m)	[ʃɛ:f kuxarʃ]
bakker (de)	pekař (m)	[pɛkarʃ]

barman (de)	barman (m)	[barman]
kelner, ober (de)	číšník (m)	[ʧiːʃniːk]
serveerster (de)	číšnice (ž)	[ʧiːʃnɪtsɛ]

advocaat (de)	advokát (m)	[advokaːt]
jurist (de)	právník (m)	[praːvniːk]
notaris (de)	notář (m)	[notaːrʃ]

elektricien (de)	elektromontér (m)	[ɛlɛktromontɛːr]
loodgieter (de)	instalatér (m)	[ɪnstalatɛːr]
timmerman (de)	tesař (m)	[tɛsarʃ]

masseur (de)	masér (m)	[masɛːr]
masseuse (de)	masérka (ž)	[masɛːrka]
dokter, arts (de)	lékař (m)	[lɛːkarʃ]

taxichauffeur (de)	taxikář (m)	[taksɪkaːrʃ]
chauffeur (de)	řidič (m)	[rʒɪdɪʧ]
koerier (de)	kurýr (m)	[kuriːr]

kamermeisje (het)	pokojská (ž)	[pokojskaː]
bewaker (de)	strážce (m)	[straːʒtsɛ]
stewardess (de)	letuška (ž)	[lɛtuʃka]

meester (de)	učitel (m)	[uʧɪtɛl]
bibliothecaris (de)	knihovník (m)	[knɪhovniːk]
vertaler (de)	překladatel (m)	[prʃɛkladatɛl]
tolk (de)	tlumočník (m)	[tlumoʧniːk]
gids (de)	průvodce (m)	[pruːvodtsɛ]

kapper (de)	holič (m), kadeřník (m)	[holɪʧ], [kadɛrʒniːk]
postbode (de)	listonoš (m)	[lɪstonoʃ]
verkoper (de)	prodavač (m)	[prodavaʧ]

tuinman (de)	zahradník (m)	[zahradniːk]
huisbediende (de)	sluha (m)	[sluha]
dienstmeisje (het)	služka (ž)	[sluʃka]
schoonmaakster (de)	uklízečka (ž)	[ukliːzɛʧka]

126. Militaire beroepen en rangen

soldaat (rang)	vojín (m)	[vojiːn]
sergeant (de)	seržant (m)	[sɛrʒant]
luitenant (de)	poručík (m)	[poruʧiːk]
kapitein (de)	kapitán (m)	[kapɪtaːn]

majoor (de)	major (m)	[major]
kolonel (de)	plukovník (m)	[plukovniːk]
generaal (de)	generál (m)	[gɛnɛraːl]
maarschalk (de)	maršál (m)	[marʃaːl]
admiraal (de)	admirál (m)	[admɪraːl]

| militair (de) | voják (m) | [vojaːk] |
| soldaat (de) | voják (m) | [vojaːk] |

113

| officier (de) | důstojník (m) | [du:stojni:k] |
| commandant (de) | velitel (m) | [vɛlɪtɛl] |

grenswachter (de)	pohraničník (m)	[pohranɪtʃni:k]
marconist (de)	radista (m)	[radɪsta]
verkenner (de)	rozvědčík (m)	[rozvedtʃi:k]
sappeur (de)	ženista (m)	[ʒenɪsta]
schutter (de)	střelec (m)	[strʃɛlɛts]
stuurman (de)	navigátor (m)	[navɪga:tor]

127. Ambtenaren. Priesters

| koning (de) | král (m) | [kra:l] |
| koningin (de) | královna (ž) | [kra:lovna] |

| prins (de) | princ (m) | [prɪnts] |
| prinses (de) | princezna (ž) | [prɪntsɛzna] |

| tsaar (de) | car (m) | [tsar] |
| tsarina (de) | carevna (ž) | [tsarɛvna] |

president (de)	prezident (m)	[prɛzɪdɛnt]
minister (de)	ministr (m)	[mɪnɪstr]
eerste minister (de)	premiér (m)	[prɛmje:r]
senator (de)	senátor (m)	[sɛna:tor]

diplomaat (de)	diplomat (m)	[dɪplomat]
consul (de)	konzul (m)	[konzul]
ambassadeur (de)	velvyslanec (m)	[vɛlvɪslanɛts]
adviseur (de)	rada (m)	[rada]

ambtenaar (de)	úředník (m)	[u:rʒɛdni:k]
prefect (de)	prefekt (m)	[prɛfɛkt]
burgemeester (de)	primátor (m)	[prɪma:tor]

| rechter (de) | soudce (m) | [soudtsɛ] |
| aanklager (de) | prokurátor (m) | [prokura:tor] |

missionaris (de)	misionář (m)	[mɪsɪona:rʃ]
monnik (de)	mnich (m)	[mnɪx]
abt (de)	opat (m)	[opat]
rabbi, rabbijn (de)	rabín (m)	[rabi:n]

vizier (de)	vezír (m)	[vɛzi:r]
sjah (de)	šach (m)	[ʃax]
sjeik (de)	šejk (m)	[ʃɛjk]

128. Agrarische beroepen

imker (de)	včelař (m)	[vtʃɛlarʃ]
herder (de)	pasák (m)	[pasa:k]
landbouwkundige (de)	agronom (m)	[agronom]

| veehouder (de) | chovatel (m) | [xovatɛl] |
| dierenarts (de) | zvěrolékař (m) | [zverolɛ:karʃ] |

landbouwer (de)	farmář (m)	[farma:rʃ]
wijnmaker (de)	vinař (m)	[vɪnarʃ]
zoöloog (de)	zoolog (m)	[zoolog]
cowboy (de)	kovboj (m)	[kovboj]

129. Kunst beroepen

| acteur (de) | herec (m) | [hɛrɛts] |
| actrice (de) | herečka (ž) | [hɛrɛtʃka] |

| zanger (de) | zpěvák (m) | [speva:k] |
| zangeres (de) | zpěvačka (ž) | [spevatʃka] |

| danser (de) | tanečník (m) | [tanɛtʃni:k] |
| danseres (de) | tanečnice (ž) | [tanɛtʃnɪtsɛ] |

| artiest (mann.) | herec (m) | [hɛrɛts] |
| artiest (vrouw.) | herečka (ž) | [hɛrɛtʃka] |

muzikant (de)	hudebník (m)	[hudɛbni:k]
pianist (de)	klavírista (m)	[klavi:rɪsta]
gitarist (de)	kytarista (m)	[kɪtarɪsta]

orkestdirigent (de)	dirigent (m)	[dɪrɪgɛnt]
componist (de)	skladatel (m)	[skladatɛl]
impresario (de)	impresário (m)	[ɪmprɛsa:rɪo]

filmregisseur (de)	režisér (m)	[rɛʒɪsɛ:r]
filmproducent (de)	filmový producent (m)	[fɪlmovi: produtsɛnt]
scenarioschrijver (de)	scenárista (m)	[stsɛna:rɪsta]
criticus (de)	kritik (m)	[krɪtɪk]

schrijver (de)	spisovatel (m)	[spɪsovatɛl]
dichter (de)	básník (m)	[ba:sni:k]
beeldhouwer (de)	sochař (m)	[soxarʃ]
kunstenaar (de)	malíř (m)	[mali:rʃ]

jongleur (de)	žonglér (m)	[ʒonglɛ:r]
clown (de)	klaun (m)	[klaun]
acrobaat (de)	akrobat (m)	[akrobat]
goochelaar (de)	kouzelník (m)	[kouzɛlni:k]

130. Verschillende beroepen

dokter, arts (de)	lékař (m)	[lɛ:karʃ]
ziekenzuster (de)	zdravotní sestra (ž)	[zdravotni: sɛstra]
psychiater (de)	psychiatr (m)	[psɪxɪatr]
tandarts (de)	stomatolog (m)	[stomatolog]
chirurg (de)	chirurg (m)	[xɪrurg]

astronaut (de)	**astronaut** (m)	[astronaut]
astronoom (de)	**astronom** (m)	[astronom]
chauffeur (de)	**řidič** (m)	[rʒɪdɪtʃ]
machinist (de)	**strojvůdce** (m)	[strojvu:tsɛ]
mecanicien (de)	**mechanik** (m)	[mɛxanɪk]
mijnwerker (de)	**horník** (m)	[horni:k]
arbeider (de)	**dělník** (m)	[delni:k]
bankwerker (de)	**zámečník** (m)	[za:mɛtʃni:k]
houtbewerker (de)	**truhlář** (m)	[truhla:rʃ]
draaier (de)	**soustružník** (m)	[soustruʒni:k]
bouwvakker (de)	**stavitel** (m)	[stavɪtɛl]
lasser (de)	**svářeč** (m)	[sva:rʒɛtʃ]
professor (de)	**profesor** (m)	[profɛsor]
architect (de)	**architekt** (m)	[arxɪtɛkt]
historicus (de)	**historik** (m)	[hɪstorɪk]
wetenschapper (de)	**vědec** (m)	[vedɛts]
fysicus (de)	**fyzik** (m)	[fɪzɪk]
scheikundige (de)	**chemik** (m)	[xɛmɪk]
archeoloog (de)	**archeolog** (m)	[arxɛolog]
geoloog (de)	**geolog** (m)	[gɛolog]
onderzoeker (de)	**výzkumník** (m)	[vi:skumni:k]
babysitter (de)	**chůva** (ž)	[xu:va]
leraar, pedagoog (de)	**pedagog** (m)	[pɛdagog]
redacteur (de)	**redaktor** (m)	[rɛdaktor]
chef-redacteur (de)	**šéfredaktor** (m)	[ʃɛ:frɛdaktor]
correspondent (de)	**zpravodaj** (m)	[spravodaj]
typiste (de)	**písařka** (ž)	[pi:sarʃka]
designer (de)	**návrhář** (m)	[na:vrha:rʃ]
computerexpert (de)	**odborník** (m) **na počítače**	[odborni:k na potʃi:tatʃɛ]
programmeur (de)	**programátor** (m)	[programa:tor]
ingenieur (de)	**inženýr** (m)	[ɪnʒeni:r]
matroos (de)	**námořník** (m)	[na:morʒni:k]
zeeman (de)	**námořník** (m)	[na:morʒni:k]
redder (de)	**záchranář** (m)	[za:xrana:rʃ]
brandweerman (de)	**hasič** (m)	[hasɪtʃ]
politieagent (de)	**policista** (m)	[polɪtsɪsta]
nachtwaker (de)	**hlídač** (m)	[hli:datʃ]
detective (de)	**detektiv** (m)	[dɛtɛktɪf]
douanier (de)	**celník** (m)	[tsɛlni:k]
lijfwacht (de)	**osobní strážce** (m)	[osobni: stra:ʒtsɛ]
gevangenisbewaker (de)	**dozorce** (m)	[dozortsɛ]
inspecteur (de)	**inspektor** (m)	[ɪnspɛktor]
sportman (de)	**sportovec** (m)	[sportovɛts]
trainer (de)	**trenér** (m)	[trɛnɛ:r]
slager, beenhouwer (de)	**řezník** (m)	[rʒɛzni:k]

schoenlapper (de)	obuvník (m)	[obuvni:k]
handelaar (de)	obchodník (m)	[obχodni:k]
lader (de)	nakládač (m)	[nakla:datʃ]
kledingstilist (de)	modelář (m)	[modɛla:rʃ]
model (het)	modelka (ž)	[modɛlka]

131. Beroepen. Sociale status

scholier (de)	žák (m)	[ʒa:k]
student (de)	student (m)	[studɛnt]
filosoof (de)	filozof (m)	[fɪlozof]
econoom (de)	ekonom (m)	[ɛkonom]
uitvinder (de)	vynálezce (m)	[vɪna:lɛztsɛ]
werkloze (de)	nezaměstnaný (m)	[nɛzamnestnani:]
gepensioneerde (de)	důchodce (m)	[du:χodtsɛ]
spion (de)	špión (m)	[ʃpɪo:n]
gedetineerde (de)	vězeň (m)	[vezɛnʲ]
staker (de)	stávkující (m)	[sta:fkuji:tsi:]
bureaucraat (de)	byrokrat (m)	[bɪrokrat]
reiziger (de)	cestovatel (m)	[tsɛstovatɛl]
homoseksueel (de)	homosexuál (m)	[homosɛksua:l]
hacker (computerkraker)	hacker (m)	[hɛkr]
bandiet (de)	bandita (m)	[bandɪta]
huurmoordenaar (de)	najatý vrah (m)	[najati: vrax]
drugsverslaafde (de)	narkoman (m)	[narkoman]
drugshandelaar (de)	drogový dealer (m)	[drogovi: di:lɛr]
prostituee (de)	prostitutka (ž)	[prostɪtutka]
pooier (de)	kuplíř (m)	[kupli:rʃ]
tovenaar (de)	čaroděj (m)	[tʃarodej]
tovenares (de)	čarodějka (ž)	[tʃarodejka]
piraat (de)	pirát (m)	[pɪra:t]
slaaf (de)	otrok (m)	[otrok]
samoerai (de)	samuraj (m)	[samuraj]
wilde (de)	divoch (m)	[dɪvox]

117

Sport

132. Soorten sporten. Sporters

sportman (de)	sportovec (m)	[sportovɛʦ]
soort sport (de/het)	sportovní disciplína (ž)	[sportovni: dɪsʦɪpli:na]
basketbal (het)	basketbal (m)	[baskɛtbal]
basketbalspeler (de)	basketbalista (m)	[baskɛtbalɪsta]
baseball (het)	baseball (m)	[bɛjzbol]
baseballspeler (de)	hráč (m) baseballu	[hra:ʧ bɛjzbolu]
voetbal (het)	fotbal (m)	[fotbal]
voetballer (de)	fotbalista (m)	[fotbalɪsta]
doelman (de)	brankář (m)	[braŋka:rʃ]
hockey (het)	hokej (m)	[hokɛj]
hockeyspeler (de)	hokejista (m)	[hokɛjɪsta]
volleybal (het)	volejbal (m)	[volɛjbal]
volleybalspeler (de)	volejbalista (m)	[volɛjbalɪsta]
boksen (het)	box (m)	[boks]
bokser (de)	boxer (m)	[boksɛr]
worstelen (het)	zápas (m)	[za:pas]
worstelaar (de)	zápasník (m)	[za:pasni:k]
karate (de)	karate (s)	[karatɛ]
karateka (de)	karatista (m)	[karatɪsta]
judo (de)	džudo (s)	[dʒudo]
judoka (de)	džudista (m)	[dʒudɪsta]
tennis (het)	tenis (m)	[tɛnɪs]
tennisspeler (de)	tenista (m)	[tɛnɪsta]
zwemmen (het)	plavání (s)	[plava:ni:]
zwemmer (de)	plavec (m)	[plavɛʦ]
schermen (het)	šerm (m)	[ʃɛrm]
schermer (de)	šermíř (m)	[ʃɛrmi:rʃ]
schaak (het)	šachy (m mn)	[ʃaxɪ]
schaker (de)	šachista (m)	[ʃaxɪsta]
alpinisme (het)	horolezectví (s)	[horolɛzɛʦtvi:]
alpinist (de)	horolezec (m)	[horolɛzɛʦ]
hardlopen (het)	běh (m)	[bex]

renner (de)	běžec (m)	[beʒets]
atletiek (de)	lehká atletika (ž)	[lɛhka: atlɛtɪka]
atleet (de)	atlet (m)	[atlɛt]

| paardensport (de) | jízda (ž) na koni | [ji:zda na konɪ] |
| ruiter (de) | jezdec (m) | [jɛzdɛts] |

kunstschaatsen (het)	krasobruslení (s)	[krasobruslɛni:]
kunstschaatser (de)	krasobruslař (m)	[krasobruslarʃ]
kunstschaatsster (de)	krasobruslařka (ž)	[krasobruslarʃka]

| gewichtheffen (het) | těžká atletika (ž) | [teʃka: atlɛtɪka] |
| gewichtheffer (de) | vzpěrač (m) | [vsperatʃ] |

| autoraces (mv.) | automobilové závody (m mn) | [automobɪlovɛ: za:vodɪ] |
| coureur (de) | závodník (m) | [za:vodni:k] |

| wielersport (de) | cyklistika (ž) | [tsɪklɪstɪka] |
| wielrenner (de) | cyklista (m) | [tsɪklɪsta] |

verspringen (het)	daleké skoky (m mn)	[dalekɛ: skokɪ]
polsstokspringen (het)	skoky (m mn) o tyči	[skokɪ o tɪtʃɪ]
verspringer (de)	skokan (m)	[skokan]

133. Soorten sporten. Diversen

Amerikaans voetbal (het)	americký fotbal (m)	[amerɪtski: fotbal]
badminton (het)	badminton (m)	[badmɪnton]
biatlon (de)	biatlon (m)	[bɪatlon]
biljart (het)	kulečník (m)	[kulɛtʃni:k]

bobsleeën (het)	bobový sport (m)	[bobovi: sport]
bodybuilding (de)	kulturistika (ž)	[kulturɪstɪka]
waterpolo (het)	vodní pólo (s)	[vodni: po:lo]
handbal (de)	házená (ž)	[ha:zɛna:]
golf (het)	golf (m)	[golf]

roeisport (de)	veslování (s)	[vɛslova:ni:]
duiken (het)	potápění (s)	[pota:peni:]
langlaufen (het)	lyžařské závody (m mn)	[lɪʒarʃkɛ: za:vodɪ]
tafeltennis (het)	stolní tenis (m)	[stolni: tɛnɪs]

zeilen (het)	plachtění (s)	[plaxteni:]
rally (de)	rallye (s)	[rali:]
rugby (het)	ragby (s)	[ragbɪ]
snowboarden (het)	snowboarding (m)	[snoubordɪŋk]
boogschieten (het)	lukostřelba (ž)	[lukostrʃɛlba]

134. Fitnessruimte

| lange halter (de) | vzpěračská činka (ž) | [vsperatʃska: tʃɪŋka] |
| halters (mv.) | činky (ž mn) | [tʃɪŋkɪ] |

training machine (de)	trenažér (m)	[trɛnaʒɛːr]
hometrainer (de)	kolový trenažér (m)	[kolovi: trɛnaʒɛːr]
loopband (de)	běžecký pás (m)	[beʒetski: paːs]

rekstok (de)	hrazda (ž)	[hrazda]
brug (de) gelijke leggers	bradla (s mn)	[bradla]
paardsprong (de)	kůň (m)	[kuːnʲ]
mat (de)	žíněnka (ž)	[ʒiːneŋka]

| aerobics (de) | aerobik (m) | [aɛrobɪk] |
| yoga (de) | jóga (ž) | [joːga] |

135. Hockey

hockey (het)	hokej (m)	[hokɛj]
hockeyspeler (de)	hokejista (m)	[hokɛjɪsta]
hockey spelen	hrát hokej	[hraːt hokɛj]
ijs (het)	led (m)	[lɛt]

puck (de)	puk (m)	[puk]
hockeystick (de)	hokejka (ž)	[hokejka]
schaatsen (mv.)	brusle (ž mn)	[bruslɛ]

| boarding (de) | hrazení (s) | [hrazɛniː] |
| schot (het) | hod (m) | [hot] |

doelman (de)	brankář (m)	[braŋkaːrʃ]
goal (de)	gól (m)	[goːl]
een goal scoren	vstřelit branku	[vstrʃɛlɪt braŋku]

| periode (de) | třetina (ž) | [trʃɛtɪna] |
| reservebank (de) | lavice (ž) náhradníků | [lavɪtsɛ naːhradniːkuː] |

136. Voetbal

voetbal (het)	fotbal (m)	[fotbal]
voetballer (de)	fotbalista (m)	[fotbalɪsta]
voetbal spelen	hrát fotbal	[hraːt fotbal]

eredivisie (de)	nejvyšší liga (ž)	[nɛjvɪʃiː lɪga]
voetbalclub (de)	fotbalový klub (m)	[fotbalovi: klup]
trainer (de)	trenér (m)	[trɛnɛːr]
eigenaar (de)	majitel (m)	[majɪtɛl]

team (het)	mužstvo (s)	[muʒstvo]
aanvoerder (de)	kapitán (m) mužstva	[kapɪtaːn muʒstva]
speler (de)	hráč (m)	[hraːtʃ]
reservespeler (de)	náhradník (m)	[naːhradniɪk]

aanvaller (de)	útočník (m)	[uːtotʃniːk]
centrale aanvaller (de)	střední útočník (m)	[strʃɛdni: uːtotʃniːk]
doelpuntmaker (de)	střelec (m)	[strʃɛlɛts]

verdediger (de)	obránce (m)	[obra:nʦɛ]
middenvelder (de)	záložník (m)	[za:loʒni:k]
match, wedstrijd (de)	zápas (ž)	[za:pas]
elkaar ontmoeten (ww)	utkávat se	[utka:vat sɛ]
finale (de)	finále (s)	[fɪna:lɛ]
halve finale (de)	semifinále (s)	[sɛmɪfɪna:lɛ]
kampioenschap (het)	mistrovství (s)	[mɪstrovstvi:]
helft (de)	poločas (m)	[poloʧas]
eerste helft (de)	první poločas (m)	[prvni: poloʧas]
pauze (de)	poločas (m)	[poloʧas]
doel (het)	brána (ž)	[bra:na]
doelman (de)	brankář (m)	[braŋka:rʃ]
doelpaal (de)	tyč (ž)	[tɪʧ]
lat (de)	břevno (s)	[brʒɛvno]
doelnet (het)	síť (ž)	[si:tʲ]
een goal incasseren	pustit gól	[pustɪt go:l]
bal (de)	míč (m)	[mi:ʧ]
pass (de)	přihrávka (ž)	[prʃɪhra:fka]
schot (het), schop (de)	kop (m)	[kop]
schieten (de bal ~)	vystřelit	[vɪstrʒɛlɪt]
vrije schop (directe ~)	pokutový kop (m)	[pokutovi: kop]
hoekschop, corner (de)	kop (m) z rohu	[kop z rohu]
aanval (de)	útok (m)	[u:tok]
tegenaanval (de)	protiútok (m)	[protɪu:tok]
combinatie (de)	kombinace (ž)	[kombɪnaʦɛ]
scheidsrechter (de)	rozhodčí (m)	[rozhodʧi:]
fluiten (ww)	hvízdat	[hvi:zdat]
fluitsignaal (het)	zahvízdnutí (s)	[zahvi:zdnuti:]
overtreding (de)	přestupek (m)	[prʃɛstupɛk]
een overtreding maken	porušit	[poruʃɪt]
uit het veld te sturen	vyloučit	[vɪlouʧɪt]
gele kaart (de)	žlutá karta (ž)	[ʒluta: karta]
rode kaart (de)	červená karta (ž)	[ʧɛrvɛna: karta]
diskwalificatie (de)	diskvalifikace (z)	[dɪskvalɪfɪkaʦɛ]
diskwalificeren (ww)	diskvalifikovat	[dɪskvalɪfɪkovat]
strafschop, penalty (de)	penalta (ž)	[pɛnalta]
muur (de)	zeď (ž)	[zɛtʲ]
scoren (ww)	vstřelit	[vstrʃɛlɪt]
goal (de), doelpunt (het)	gól (m)	[go:l]
een goal scoren	vstřelit branku	[vstrʃɛlɪt braŋku]
vervanging (de)	náhrada (ž)	[na:hrada]
vervangen (ov.ww.)	vystřídat	[vɪstrʃi:dat]
regels (mv.)	pravidla (s mn)	[pravɪdla]
tactiek (de)	taktika (ž)	[taktɪka]
stadion (het)	stadión (m)	[stadɪo:n]
tribune (de)	tribuna (ž)	[trɪbuna]

fan, supporter (de)	fanoušek (m)	[fanouʃɛk]
schreeuwen (ww)	křičet	[krʃɪtʃɛt]
scorebord (het)	tabló (s)	[tablo:]
stand (~ is 3-1)	skóre (s)	[sko:rɛ]
nederlaag (de)	prohra (ž)	[prohra]
verliezen (ww)	prohrát	[prohra:t]
gelijkspel (het)	remíza (ž)	[rɛmi:za]
in gelijk spel eindigen	remizovat	[rɛmɪzovat]
overwinning (de)	vítězství (s)	[vi:tezstvi:]
overwinnen (ww)	zvítězit	[zvi:tezɪt]
kampioen (de)	mistr (m)	[mɪstr]
best (bn)	nejlepší	[nɛjlɛpʃi:]
feliciteren (ww)	blahopřát	[blahoprʃa:t]
commentator (de)	komentátor (m)	[komɛnta:tor]
becommentariëren (ww)	komentovat	[komɛntovat]
uitzending (de)	přenos (m)	[prʃɛnos]

137. Alpine skiën

ski's (mv.)	lyže (ž mn)	[lɪʒe]
skiën (ww)	lyžovat	[lɪʒovat]
skigebied (het)	sjezdařské středisko (s)	[sjɛzdarʃskɛ: strʃɛdɪsko]
skilift (de)	vlek (m)	[vlɛk]
skistokken (mv.)	hole (ž mn)	[holɛ]
helling (de)	svah (m)	[svax]
slalom (de)	slalom (m)	[slalom]

138. Tennis. Golf

golf (het)	golf (m)	[golf]
golfclub (de)	golfový klub (m)	[golfovi: klup]
golfer (de)	hráč (m) golfu	[hra:tʃ golfu]
hole (de)	lůžko (s)	[lu:ʃko]
golfclub (de)	hůl (ž)	[hu:l]
trolley (de)	golfový vozík (m)	[golfovi: vozi:k]
tennis (het)	tenis (m)	[tɛnɪs]
tennisveld (het)	kurt (m)	[kurt]
opslag (de)	podání (s)	[poda:ni:]
serveren, opslaan (ww)	servírovat	[sɛrvi:rovat]
racket (het)	raketa (ž)	[rakɛta]
net (het)	síť (ž)	[si:tʲ]
bal (de)	míč (m)	[mi:tʃ]

139. Schaken

schaak (het)	šachy (m mn)	[ʃaxɪ]
schaakstukken (mv.)	šachy (m mn)	[ʃaxɪ]
schaker (de)	šachista (m)	[ʃaxɪsta]
schaakbord (het)	šachovnice (ž)	[ʃaxovnɪtsɛ]
schaakstuk (het)	figura (ž)	[fɪgura]

witte stukken (mv.)	bílé (ž mn)	[biːlɛ:]
zwarte stukken (mv.)	černé (ž mn)	[ʧɛrnɛ:]

pion (de)	pěšec (m)	[peʃɛts]
loper (de)	střelec (m)	[strʃɛlɛts]
paard (het)	kůň (m)	[kuːnʲ]
toren (de)	věž (ž)	[veʃ]
dame, koningin (de)	královna (ž)	[kraːlovna]
koning (de)	král (m)	[kraːl]

zet (de)	tah (m)	[tax]
zetten (ww)	táhnout	[taːhnout]
opofferen (ww)	nechat sebrat	[nɛxat sɛbrat]
rokade (de)	rošáda (ž)	[roʃaːda]
schaak (het)	šach (m)	[ʃax]
schaakmat (het)	mat (m)	[mat]

schaakwedstrijd (de)	šachový turnaj (m)	[ʃaxovi: turnaj]
grootmeester (de)	velmistr (m)	[vɛlmɪstr]
combinatie (de)	kombinace (ž)	[kombɪnatsɛ]
partij (de)	partie (ž)	[partɪe]
dammen (de)	dáma (ž)	[daːma]

140. Boksen

boksen (het)	box (m)	[boks]
boksgevecht (het)	boj (m)	[boj]
bokswedstrijd (de)	souboj (m)	[souboj]
ronde (de)	kolo (s)	[kolo]

ring (de)	ring (m)	[rɪng]
gong (de)	gong (m)	[gong]

stoot (de)	úder (m)	[uːdɛr]
knock-down (de)	knock-down (m)	[nok-daun]

knock-out (de)	knokaut (m)	[knokaut]
knock-out slaan (ww)	knokautovat	[knokautovat]

bokshandschoen (de)	boxerská rukavice (ž)	[boksɛrska: rukavɪtsɛ]
referee (de)	rozhodčí (m)	[rozhodʧi:]

lichtgewicht (het)	lehká váha (ž)	[lɛhka: va:ha]
middengewicht (het)	střední váha (ž)	[strʃɛdni: va:ha]
zwaargewicht (het)	těžká váha (ž)	[teʃka: va:ha]

141. Sporten. Diversen

Olympische Spelen (mv.)	Olympijské hry (ž mn)	[olɪmpɪjskɛ: hrɪ]
winnaar (de)	vítěz (m)	[vi:tez]
overwinnen (ww)	vítězit	[vi:tɛzɪt]
winnen (ww)	vyhrát	[vɪhra:t]
leider (de)	vůdce (m)	[vu:dɪsɛ]
leiden (ww)	vést	[vɛ:st]
eerste plaats (de)	první místo (s)	[prvni: mi:sto]
tweede plaats (de)	druhé místo (s)	[druhɛ: mi:sto]
derde plaats (de)	třetí místo (s)	[trʃɛti: mi:sto]
medaille (de)	medaile (ž)	[mɛdajlɛ]
trofee (de)	trofej (ž)	[trofɛj]
beker (de)	pohár (m)	[poha:r]
prijs (de)	cena (ž)	[tsɛna]
hoofdprijs (de)	hlavní cena (ž)	[hlavni: tsɛna]
record (het)	rekord (m)	[rɛkort]
een record breken	vytvořit rekord	[vɪtvorʒɪt rɛkort]
finale (de)	finále (s)	[fɪna:lɛ]
finale (bn)	finální	[fɪna:lni:]
kampioen (de)	mistr (m)	[mɪstr]
kampioenschap (het)	mistrovství (s)	[mɪstrovstvi:]
stadion (het)	stadión (m)	[stadɪo:n]
tribune (de)	tribuna (ž)	[trɪbuna]
fan, supporter (de)	fanoušek (m)	[fanouʃɛk]
tegenstander (de)	soupeř (m)	[soupɛrʃ]
start (de)	start (m)	[start]
finish (de)	cíl (m)	[tsi:l]
nederlaag (de)	prohra (ž)	[prohra]
verliezen (ww)	prohrát	[prohra:t]
rechter (de)	rozhodčí (m)	[rozhodtʃi:]
jury (de)	porota, jury (ž)	[porota], [ʒiri]
stand (~ is 3-1)	skóre (s)	[sko:rɛ]
gelijkspel (het)	remíza (ž)	[rɛmi:za]
in gelijk spel eindigen	remizovat	[rɛmɪzovat]
punt (het)	bod (m)	[bot]
uitslag (de)	výsledek (m)	[vi:slɛdɛk]
pauze (de)	poločas (m)	[polotʃas]
doping (de)	doping (m)	[dopɪŋk]
straffen (ww)	trestat	[trɛstat]
diskwalificeren (ww)	diskvalifikovat	[dɪskvalɪfɪkovat]
toestel (het)	nářadí (s)	[na:rʒadi:]
speer (de)	oštěp (m)	[oʃtep]

| kogel (de) | koule (ž) | [koulɛ] |
| bal (de) | koule (ž) | [koulɛ] |

doel (het)	cíl (m)	[ʦi:l]
schietkaart (de)	terč (m)	[tɛrʧ]
schieten (ww)	střílet	[strʃi:lɛt]
precies (bijv. precieze schot)	přesný	[prʃɛsni:]

trainer, coach (de)	trenér (m)	[trɛnɛ:r]
trainen (ww)	trénovat	[trɛ:novat]
zich trainen (ww)	trénovat	[trɛ:novat]
training (de)	trénink (m)	[trɛ:nɪŋk]

gymnastiekzaal (de)	tělocvična (ž)	[teloʦvɪʧna]
oefening (de)	cvičení (s)	[ʦvɪʧɛni:]
opwarming (de)	rozcvička (ž)	[roʦvɪʧka]

Onderwijs

142. School

school (de)	**škola** (ž)	[ʃkola]
schooldirecteur (de)	**ředitel** (m) **školy**	[rʒɛdɪtɛl ʃkolɪ]
leerling (de)	**žák** (m)	[ʒaːk]
leerlinge (de)	**žákyně** (ž)	[ʒaːkɪne]
scholier (de)	**žák** (m)	[ʒaːk]
scholiere (de)	**žákyně** (ž)	[ʒaːkɪne]
leren (lesgeven)	**učit**	[utʃɪt]
studeren (bijv. een taal ~)	**učit se**	[utʃɪt sɛ]
van buiten leren	**učit se nazpaměť**	[utʃɪt sɛ naspamnetⁱ]
leren (bijv. ~ tellen)	**učit se**	[utʃɪt sɛ]
in school zijn (schooljongen zijn)	**chodí za školu**	[xodi: za ʃkolu]
naar school gaan	**jít do školy**	[jiːt do ʃkolɪ]
alfabet (het)	**abeceda** (ž)	[abɛtsɛda]
vak (schoolvak)	**předmět** (m)	[prʃɛdmnet]
klaslokaal (het)	**třída** (ž)	[trʃiːda]
les (de)	**hodina** (ž)	[hodɪna]
pauze (de)	**přestávka** (ž)	[prʃɛstaːfka]
bel (de)	**zvonění** (s)	[zvoneni:]
schooltafel (de)	**školní lavice** (ž)	[ʃkolni: lavɪtsɛ]
schoolbord (het)	**tabule** (ž)	[tabulɛ]
cijfer (het)	**známka** (ž)	[znaːmka]
goed cijfer (het)	**dobrá známka** (ž)	[dobra: znaːmka]
slecht cijfer (het)	**špatná známka** (ž)	[ʃpatna: znaːmka]
een cijfer geven	**dávat známku**	[da:vat znaːmku]
fout (de)	**chyba** (ž)	[xɪba]
fouten maken	**dělat chyby**	[delat xɪbɪ]
corrigeren (fouten ~)	**opravovat**	[opravovat]
spiekbriefje (het)	**tahák** (m)	[taha:k]
huiswerk (het)	**domácí úloha** (ž)	[doma:tsi: u:loha]
oefening (de)	**cvičení** (s)	[tsvɪtʃɛni:]
aanwezig zijn (ww)	**být přítomen**	[bi:t prʃiːtomɛn]
absent zijn (ww)	**chybět**	[xɪbɛt]
bestraffen (een stout kind ~)	**trestat**	[trɛstat]
bestraffing (de)	**trest** (m)	[trɛst]
gedrag (het)	**chování** (s)	[xova:ni:]

cijferlijst (de)	žákovská knížka (ž)	[ʒaːkovska: kniːʃka]
potlood (het)	tužka (ž)	[tuʃka]
gom (de)	guma (ž)	[guma]
krijt (het)	křída (ž)	[krʃiːda]
pennendoos (de)	penál (m)	[pɛnaːl]

boekentas (de)	brašna (ž)	[braʃna]
pen (de)	pero (s)	[pɛro]
schrift (de)	sešit (m)	[sɛʃɪt]
leerboek (het)	učebnice (ž)	[utʃɛbnɪtsɛ]
passer (de)	kružidlo (s)	[kruʒɪdlo]

technisch tekenen (ww)	rýsovat	[riːsovat]
technische tekening (de)	výkres (m)	[viːkrɛs]

gedicht (het)	báseň (ž)	[baːsɛnʲ]
van buiten (bw)	nazpaměť	[naspamnetʲ]
van buiten leren	učit se nazpaměť	[utʃɪt sɛ naspamnetʲ]

vakantie (de)	prázdniny (ž mn)	[praːzdnɪnɪ]
met vakantie zijn	mít prázdniny	[miːt praːzdnɪnɪ]

toets (schriftelijke ~)	písemka (ž)	[piːsɛmka]
opstel (het)	sloh (m)	[slox]
dictee (het)	diktát (m)	[dɪktaːt]

examen (het)	zkouška (ž)	[skouʃka]
examen afleggen	dělat zkoušky	[delat skouʃkɪ]
experiment (het)	pokus (m)	[pokus]

143. Hogeschool. Universiteit

academie (de)	akademie (ž)	[akadɛmɪe]
universiteit (de)	univerzita (ž)	[unɪvɛrzɪta]
faculteit (de)	fakulta (ž)	[fakulta]

student (de)	student (m)	[studɛnt]
studente (de)	studentka (ž)	[studɛntka]
leraar (de)	vyučující (m)	[vɪutʃujiːtsi:]

collegezaal (de)	posluchárna (ž)	[posluxaːrna]
afgestudeerde (de)	absolvent (m)	[apsolvɛnt]

diploma (het)	diplom (m)	[dɪplom]
dissertatie (de)	disertace (ž)	[dɪsɛrtatsɛ]

onderzoek (het)	bádání (s)	[baːdaːni:]
laboratorium (het)	laboratoř (ž)	[laboratorʃ]

college (het)	přednáška (ž)	[prʃɛdnaːʃka]
medestudent (de)	spolužák (m)	[spoluʒaːk]

studiebeurs (de)	stipendium (s)	[stɪpɛndɪum]
academische graad (de)	akademická hodnost (ž)	[akadɛmɪtska: hodnost]

144. Wetenschappen. Disciplines

wiskunde (de)	matematika (ž)	[matɛmatɪka]
algebra (de)	algebra (ž)	[algɛbra]
meetkunde (de)	geometrie (ž)	[gɛomɛtrɪe]
astronomie (de)	astronomie (ž)	[astronomɪe]
biologie (de)	biologie (ž)	[bɪologɪe]
geografie (de)	zeměpis (m)	[zɛmnepɪs]
geologie (de)	geologie (ž)	[gɛologɪe]
geschiedenis (de)	historie (ž)	[hɪstorɪe]
geneeskunde (de)	lékařství (s)	[lɛːkarʃstvi:]
pedagogiek (de)	pedagogika (ž)	[pɛdagogɪka]
rechten (mv.)	právo (s)	[pra:vo]
fysica, natuurkunde (de)	fyzika (ž)	[fɪzɪka]
scheikunde (de)	chemie (ž)	[xɛmɪe]
filosofie (de)	filozofie (ž)	[fɪlozofɪe]
psychologie (de)	psychologie (ž)	[psɪxologɪe]

145. Schrift. Spelling

grammatica (de)	mluvnice (ž)	[mluvnɪtsɛ]
vocabulaire (het)	slovní zásoba (ž)	[slovni: za:soba]
fonetiek (de)	hláskosloví (s)	[hla:skoslovi:]
zelfstandig naamwoord (het)	podstatné jméno (s)	[potsta:tnɛ: jmɛ:no]
bijvoeglijk naamwoord (het)	přídavné jméno (s)	[prʃi:davnɛ: jmɛ:no]
werkwoord (het)	sloveso (s)	[slovɛso]
bijwoord (het)	příslovce (s)	[prʃi:slovtsɛ]
voornaamwoord (het)	zájmeno (s)	[za:jmɛno]
tussenwerpsel (het)	citoslovce (s)	[tsɪtoslovtsɛ]
voorzetsel (het)	předložka (ž)	[prʃɛdloʃka]
stam (de)	slovní základ (m)	[slovni: za:klat]
achtervoegsel (het)	koncovka (ž)	[kontsofka]
voorvoegsel (het)	předpona (ž)	[prʃɛtpona]
lettergreep (de)	slabika (ž)	[slabɪka]
achtervoegsel (het)	přípona (ž)	[prʃi:pona]
nadruk (de)	přízvuk (m)	[prʃi:zvuk]
afkappingsteken (het)	odsuvník (m)	[otsuvni:k]
punt (de)	tečka (ž)	[tɛtʃka]
komma (de/het)	čárka (ž)	[tʃa:rka]
puntkomma (de)	středník (m)	[strʃɛdni:k]
dubbelpunt (de)	dvojtečka (ž)	[dvojtɛtʃka]
beletselteken (het)	tři tečky (ž mn)	[trʃɪ tɛtʃkɪ]
vraagteken (het)	otazník (m)	[otazni:k]
uitroepteken (het)	vykřičník (m)	[vɪkrʃɪtʃni:k]

aanhalingstekens (mv.)	uvozovky (ž mn)	[uvozofkɪ]
tussen aanhalingstekens (bw)	v uvozovkách	[f uvozofka:x]
haakjes (mv.)	závorky (ž mn)	[za:vorkɪ]
tussen haakjes (bw)	v závorkách	[v za:vorkax]

streepje (het)	spojovník (m)	[spojovni:k]
gedachtestreepje (het)	pomlčka (ž)	[pomlt͡ʃka]
spatie	mezera (ž)	[mɛzɛra]
(~ tussen twee woorden)		

letter (de)	písmeno (s)	[pi:smɛno]
hoofdletter (de)	velké písmeno (s)	[vɛlkɛ: pi:smɛno]

klinker (de)	samohláska (ž)	[samohla:ska]
medeklinker (de)	souhláska (ž)	[souhla:ska]

zin (de)	věta (ž)	[veta]
onderwerp (het)	podmět (m)	[podmnet]
gezegde (het)	přísudek (m)	[prʃi:sudɛk]

regel (in een tekst)	řádek (m)	[rʒa:dɛk]
op een nieuwe regel (bw)	z nového řádku	[z novɛ:ho rʒa:tku]
alinea (de)	odstavec (m)	[otstavɛt͡s]

woord (het)	slovo (s)	[slovo]
woordgroep (de)	slovní spojení (s)	[slovni: spojɛni:]
uitdrukking (de)	výraz (m)	[vi:raz]
synoniem (het)	synonymum (s)	[sɪnonɪmum]
antoniem (het)	antonymum (s)	[antonɪmum]

regel (de)	pravidlo (s)	[pravɪdlo]
uitzondering (de)	výjimka (ž)	[vi:jɪmka]
correct (bijv. ~e spelling)	správný	[spra:vni:]

vervoeging, conjugatie (de)	časování (s)	[t͡ʃasova:ni:]
verbuiging, declinatie (de)	skloňování (s)	[sklon'ova:ni:]
naamval (de)	pád (m)	[pa:t]
vraag (de)	otázka (ž)	[ota:ska]
onderstrepen (ww)	podtrhnout	[podtrhnout]
stippellijn (de)	tečkování (s)	[tɛt͡ʃkova:ni:]

146. Vreemde talen

taal (de)	jazyk (m)	[jazɪk]
vreemde taal (de)	cizí jazyk (m)	[t͡sɪzi: jazɪk]
leren (bijv. van buiten ~)	studovat	[studovat]
studeren (Nederlands ~)	učit se	[ut͡ʃɪt sɛ]

lezen (ww)	číst	[t͡ʃi:st]
spreken (ww)	mluvit	[mluvɪt]
begrijpen (ww)	rozumět	[rozumnet]
schrijven (ww)	psát	[psa:t]
snel (bw)	rychle	[rɪxlɛ]
langzaam (bw)	pomalu	[pomalu]

vloeiend (bw)	**plynně**	[plɪnne]
regels (mv.)	**pravidla** (s mn)	[pravɪdla]
grammatica (de)	**mluvnice** (ž)	[mluvnɪtsɛ]
vocabulaire (het)	**slovní zásoba** (ž)	[slovni: za:soba]
fonetiek (de)	**hláskosloví** (s)	[hla:skoslovi:]
leerboek (het)	**učebnice** (ž)	[utʃɛbnɪtsɛ]
woordenboek (het)	**slovník** (m)	[slovni:k]
leerboek (het) voor zelfstudie	**učebnice** (ž) **pro samouky**	[utʃɛbnɪtsɛ pro samoukɪ]
taalgids (de)	**konverzace** (ž)	[konvɛrzatsɛ]
cassette (de)	**kazeta** (ž)	[kazɛta]
videocassette (de)	**videokazeta** (ž)	[vɪdɛokazɛta]
CD (de)	**CD disk** (m)	[tsɛ:dɛ: dɪsk]
DVD (de)	**DVD** (s)	[dɛvɛdɛ]
alfabet (het)	**abeceda** (ž)	[abɛtsɛda]
spellen (ww)	**hláskovat**	[hla:skovat]
uitspraak (de)	**výslovnost** (ž)	[vi:slovnost]
accent (het)	**cizí přízvuk** (m)	[tsɪzi: prʃi:zvuk]
met een accent (bw)	**s cizím přízvukem**	[s tsɪzi:m prʃi:zvukɛm]
zonder accent (bw)	**bez cizího přízvuku**	[bɛz tsɪzi:ho prʃi:zvuku]
woord (het)	**slovo** (s)	[slovo]
betekenis (de)	**smysl** (m)	[smɪsl]
cursus (de)	**kurzy** (m mn)	[kurzɪ]
zich inschrijven (ww)	**zapsat se**	[zapsat sɛ]
leraar (de)	**vyučující** (m)	[vɪutʃuji:tsi:]
vertaling (een ~ maken)	**překlad** (m)	[prʃɛklat]
vertaling (tekst)	**překlad** (m)	[prʃɛklat]
vertaler (de)	**překladatel** (m)	[prʃɛkladatɛl]
tolk (de)	**tlumočník** (m)	[tlumotʃni:k]
polyglot (de)	**polyglot** (m)	[polɪglot]
geheugen (het)	**paměť** (ž)	[pamnetʲ]

147. Sprookjesfiguren

Sinterklaas (de)	**svatý Mikuláš** (m)	[svati: mɪkula:ʃ]
zeemeermin (de)	**rusalka** (ž)	[rusalka]
magiër, tovenaar (de)	**čaroděj** (m)	[tʃarodej]
goede heks (de)	**čarodějka** (ž)	[tʃarodejka]
magisch (bn)	**čarodějný**	[tʃarodejni:]
toverstokje (het)	**čarovný proutek** (m)	[tʃarovni: proutɛk]
sprookje (het)	**pohádka** (ž)	[pohaɪtlɪa]
wonder (het)	**zázrak** (m)	[za:zrak]
dwerg (de)	**gnóm** (m)	[gno:m]
veranderen in … (anders worden)	**proměnit se**	[promnenɪt sɛ]

geest (de)	přízrak (m)	[prʃiːzrak]
spook (het)	přízrak (m)	[prʃiːzrak]
monster (het)	příšera (ž)	[prʃiːʃɛra]
draak (de)	drak (m)	[drak]
reus (de)	obr (m)	[obr]

148. Dierenriem

Ram (de)	Skopec (m)	[skopɛts]
Stier (de)	Býk (m)	[biːk]
Tweelingen (mv.)	Blíženci (m mn)	[bliːʒentsɪ]
Kreeft (de)	Rak (m)	[rak]
Leeuw (de)	Lev (m)	[lɛf]
Maagd (de)	Panna (ž)	[panna]

Weegschaal (de)	Váhy (ž mn)	[vaːhɪ]
Schorpioen (de)	Štír (m)	[ʃtiːr]
Boogschutter (de)	Střelec (m)	[strʃɛlɛts]
Steenbok (de)	Kozorožec (m)	[kozoroʒets]
Waterman (de)	Vodnář (m)	[vodnaːrʃ]
Vissen (mv.)	Ryby (ž mn)	[rɪbɪ]

karakter (het)	povaha (ž)	[povaha]
karaktertrekken (mv.)	povahové vlastnosti (ž mn)	[povahovɛː vlastnostɪ]
gedrag (het)	chování (s)	[xovaːniː]
waarzeggen (ww)	hádat	[haːdat]
waarzegster (de)	věštkyně (ž)	[veʃtkɪne]
horoscoop (de)	horoskop (m)	[horoskop]

Kunst

149. Theater

theater (het)	divadlo (s)	[dɪvadlo]
opera (de)	opera (ž)	[opɛra]
operette (de)	opereta (ž)	[opɛrɛta]
ballet (het)	balet (m)	[balɛt]

affiche (de/het)	plakát (m)	[plaka:t]
theatergezelschap (het)	soubor (m)	[soubor]
tournee (de)	pohostinská vystoupení (s mn)	[pohostɪnska: vɪstoupɛni:]
op tournee zijn	hostovat	[hostovat]
repeteren (ww)	zkoušet	[skouʃɛt]
repetitie (de)	zkouška (ž)	[skouʃka]
repertoire (het)	repertoár (m)	[rɛpɛrtoa:r]

voorstelling (de)	představení (s)	[prʃɛtstavɛni:]
spektakel (het)	hra (ž)	[hra]
toneelstuk (het)	hra (ž)	[hra]

biljet (het)	vstupenka (ž)	[vstupɛŋka]
kassa (de)	pokladna (ž)	[pokladna]
foyer (de)	vestibul (m)	[vɛstɪbul]
garderobe (de)	šatna (ž)	[ʃatna]
garderobe nummer (het)	lístek (m) s číslem	[li:stɛk s tʃi:slem]
verrekijker (de)	kukátko (s)	[kuka:tko]
plaatsaanwijzer (de)	uvaděčka (ž)	[uvadetʃka]

parterre (de)	přízemí (s)	[prʃizɛmi:]
balkon (het)	balkón (m)	[balko:n]
gouden rang (de)	první balkón (m)	[prvni: balko:n]
loge (de)	lóže (ž)	[lo:ʒe]
rij (de)	řada (ž)	[rʒada]
plaats (de)	místo (s)	[mi:sto]

publiek (het)	obecenstvo (s)	[obɛtsɛnstvo]
kijker (de)	divák (m)	[dɪva:k]
klappen (ww)	tleskat	[tlɛskat]
applaus (het)	potlesk (m)	[potlɛsk]
ovatie (de)	ovace (ž)	[ovatsɛ]

toneel (op het ~ staan)	jeviště (s)	[jɛvɪʃte]
gordijn, doek (het)	opona (ž)	[opona]
toneeldecor (het)	dekorace (ž)	[dɛkoratse]
backstage (de)	kulisy (ž mn)	[kulɪsɪ]
scène (de)	scéna (ž)	[stsɛ:na]
bedrijf (het)	jednání (s)	[jɛdna:ni:]
pauze (de)	přestávka (ž)	[prʃesta:fka]

150. Bioscoop

acteur (de)	herec (m)	[hɛrɛʦ]
actrice (de)	herečka (ž)	[hɛrɛʧka]
bioscoop (de)	kinematografie (ž)	[kɪnɛmatografɪe]
speelfilm (de)	film (m)	[fɪlm]
aflevering (de)	díl (m)	[diːl]
detectivefilm (de)	detektivka (ž)	[dɛtɛktɪfka]
actiefilm (de)	akční film (m)	[akʧni: fɪlm]
avonturenfilm (de)	dobrodružný film (m)	[dobrodruʒni: fɪlm]
sciencefictionfilm (de)	vědecko-fantastický film (m)	[vɛdɛʦko-fantastɪʦki: fɪlm]
griezelfilm (de)	horor (m)	[horor]
komedie (de)	filmová komedie (ž)	[fɪlmova: komɛdɪe]
melodrama (het)	melodrama (s)	[mɛlodrama]
drama (het)	drama (s)	[drama]
speelfilm (de)	umělecký film (m)	[umnelɛʦki: fɪlm]
documentaire (de)	dokumentární film (m)	[dokumɛnta:rni: fɪlm]
tekenfilm (de)	kreslený film (m)	[krɛslɛni: fɪlm]
stomme film (de)	němý film (m)	[nemi: fɪlm]
rol (de)	role (ž)	[rolɛ]
hoofdrol (de)	hlavní role (ž)	[hlavni: rolɛ]
spelen (ww)	hrát	[hra:t]
filmster (de)	filmová hvězda (ž)	[fɪlmova: hvezda]
bekend (bn)	slavný	[slavni:]
beroemd (bn)	známý	[zna:mi:]
populair (bn)	oblíbený	[obli:bɛni:]
scenario (het)	scénář (m)	[sʦɛ:na:rʃ]
scenarioschrijver (de)	scenárista (m)	[sʦɛna:rɪsta]
regisseur (de)	režisér (m)	[rɛʒɪsɛ:r]
filmproducent (de)	filmový producent (m)	[fɪlmovi: produʦɛnt]
assistent (de)	asistent (m)	[asɪstɛnt]
cameraman (de)	kameraman (m)	[kamɛraman]
stuntman (de)	kaskadér (m)	[kaskadɛ:r]
een film maken	natáčet film	[nata:ʧɛt fɪlm]
auditie (de)	zkušební natáčení (s)	[skuʃɛbni: nata:ʧɛni:]
opnamen (mv.)	natáčení (s)	[nata:ʧɛni:]
filmploeg (de)	filmová skupina (ž)	[fɪlmova: skupɪna]
filmset (de)	natáčecí prostor (m)	[nata:ʧɛʦi: prostor]
filmcamera (de)	filmová kamera (ž)	[fɪlmova: kamɛra]
bioscoop (de)	biograf (m)	[bɪograf]
scherm (het)	plátno (s)	[pla:tno]
een film vertonen	promítat film	[promi:tat fɪlm]
geluidsspoor (de)	zvuková stopa (ž)	[zvukova: stopa]
speciale effecten (mv.)	triky (m mn)	[trɪkɪ]
ondertiteling (do)	titulky (m mn)	[tɪtulkɪ]

133

voortiteling, aftiteling (de)	titulky (m mn)	[tɪtulkɪ]
vertaling (de)	překlad (m)	[prʃɛklat]

151. Schilderij

kunst (de)	umění (s)	[umneni:]
schone kunsten (mv.)	krásná umění (s mn)	[kra:sna: umneni:]
kunstgalerie (de)	galerie (ž)	[galɛrɪe]
kunsttentoonstelling (de)	výstava (ž) obrazů	[vi:stava obrazu:]

schilderkunst (de)	malířství (s)	[mali:rʃstvi:]
grafiek (de)	grafika (ž)	[grafɪka]
abstracte kunst (de)	abstraktní umění (s)	[apstraktni: umneni:]
impressionisme (het)	impresionismus (m)	[ɪmprɛsɪonɪzmus]

schilderij (het)	obraz (m)	[obraz]
tekening (de)	kresba (ž)	[krɛzba]
poster (de)	plakát (m)	[plaka:t]

illustratie (de)	ilustrace (ž)	[ɪlustratsɛ]
miniatuur (de)	miniatura (ž)	[mɪnɪatura]
kopie (de)	kopie (ž)	[kopɪe]
reproductie (de)	reprodukce (ž)	[rɛproduktsɛ]

mozaïek (het)	mozaika (ž)	[mozaɪka]
gebrandschilderd glas (het)	skleněná mozaika (ž)	[sklɛnena: mozaɪka]
fresco (het)	freska (ž)	[frɛska]
gravure (de)	rytina (ž)	[rɪtɪna]

buste (de)	bysta (ž)	[bɪsta]
beeldhouwwerk (het)	skulptura (ž)	[skulptura]
beeld (bronzen ~)	socha (ž)	[soxa]
gips (het)	sádra (ž)	[sa:dra]
gipsen (bn)	sádrový	[sa:drovi:]

portret (het)	portrét (m)	[portrɛ:t]
zelfportret (het)	autoportrét (m)	[autoportrɛ:t]
landschap (het)	krajina (ž)	[krajɪna]
stilleven (het)	zátiší (s)	[za:tɪʃi:]
karikatuur (de)	karikatura (ž)	[karɪkatura]
schets (de)	náčrt (m)	[na:tʃrt]

verf (de)	barva (ž)	[barva]
aquarel (de)	vodová barva (ž)	[vodova: barva]
olieverf (de)	olejová barva (ž)	[olɛjova: barva]
potlood (het)	tužka (ž)	[tuʃka]
Oost-Indische inkt (de)	tuž (ž)	[tuʃ]
houtskool (de)	uhel (m)	[uhɛl]

tekenen (met krijt)	kreslit	[krɑolɪt]
schilderen (ww)	malovat	[malovat]

poseren (ww)	být modelem	[bi:t modɛlɛm]
naaktmodel (man)	živý model (m)	[ʒɪvi: modɛl]

naaktmodel (vrouw)	modelka (ž)	[modɛlka]
kunstenaar (de)	malíř (m)	[maliːrʃ]
kunstwerk (het)	dílo (s)	[diːlo]
meesterwerk (het)	veledílo (s)	[vɛlɛdiːlo]
studio, werkruimte (de)	dílna (ž)	[diːlna]

schildersdoek (het)	plátno (s)	[plaːtno]
schildersezel (de)	malířský stojan (m)	[malirʒskiː stojan]
palet (het)	paleta (ž)	[palɛta]

lijst (een vergulde ~)	rám (m)	[raːm]
restauratie (de)	restaurace (ž)	[rɛstauratsɛ]
restaureren (ww)	restaurovat	[rɛstaurovat]

152. Literatuur & Poëzie

literatuur (de)	literatura (ž)	[lɪtɛratura]
auteur (de)	autor (m)	[autor]
pseudoniem (het)	pseudonym (m)	[psɛudonɪm]

boek (het)	kniha (ž)	[knɪha]
boekdeel (het)	díl (m)	[diːl]
inhoudsopgave (de)	obsah (m)	[opsax]
pagina (de)	stránka (ž)	[straːŋka]
hoofdpersoon (de)	hlavní hrdina (m)	[hlavniː hrdɪna]
handtekening (de)	autogram (m)	[autogram]

verhaal (het)	povídka (ž)	[poviːtka]
novelle (de)	novela (ž)	[novɛla]
roman (de)	román (m)	[romaːn]
werk (literatuur)	spis (m)	[spɪs]
fabel (de)	bajka (ž)	[bajka]
detectiveroman (de)	detektivka (ž)	[dɛtɛktɪfka]

gedicht (het)	báseň (ž)	[baːsɛɲ]
poëzie (de)	poezie (ž)	[poɛzɪe]
epos (het)	báseň (ž)	[baːsɛɲ]
dichter (de)	básník (m)	[baːsniːk]

fictie (de)	beletrie (ž)	[bɛlɛtrɪe]
sciencefiction (de)	vědecko-fantastická literatura (ž)	[vɛdɛtsko-fantastɪtska lɪtɛratura]
avonturenroman (de)	dobrodružství (s)	[dobrodruʒstviː]
opvoedkundige literatuur (de)	školní literatura (ž)	[ʃkolniː lɪtɛratura]
kinderliteratuur (de)	dětská literatura (ž)	[detska lɪtɛratura]

153. Circus

circus (de/het)	cirkus (m)	[tsɪrkus]
chapiteau circus (de/het)	cirkusový stan (m)	[tsɪrkusoviː stan]
programma (het)	program (m)	[program]
voorstelling (de)	představení (s)	[prʃɛtstavɛniː]

| nummer (circus ~) | výstup (m) | [vi:stup] |
| arena (de) | aréna (ž) | [arɛ:na] |

| pantomime (de) | pantomima (ž) | [pantomɪma] |
| clown (de) | klaun (m) | [klaun] |

acrobaat (de)	akrobat (m)	[akrobat]
acrobatiek (de)	akrobatika (ž)	[akrobatɪka]
gymnast (de)	gymnasta (m)	[gɪmnasta]
gymnastiek (de)	gymnastika (ž)	[gɪmnastɪka]
salto (de)	salto (s)	[salto]

sterke man (de)	atlet (m)	[atlɛt]
temmer (de)	krotitel (m)	[krotɪtɛl]
ruiter (de)	jezdec (m)	[jɛzdɛʦ]
assistent (de)	asistent (m)	[asɪstɛnt]

stunt (de)	trik (m)	[trɪk]
goocheltruc (de)	kouzlo (s)	[kouzlo]
goochelaar (de)	kouzelník (m)	[kouzɛlni:k]

jongleur (de)	žonglér (m)	[ʒonglɛ:r]
jongleren (ww)	žonglovat	[ʒonglovat]
dierentrainer (de)	cvičitel (m)	[ʦvɪʧɪtɛl]
dressuur (de)	drezůra (ž)	[drɛzu:ra]
dresseren (ww)	cvičit	[ʦvɪʧɪt]

154. Muziek. Popmuziek

muziek (de)	hudba (ž)	[hudba]
muzikant (de)	hudebník (m)	[hudɛbni:k]
muziekinstrument (het)	hudební nástroj (m)	[hudɛbni: na:stroj]
spelen (bijv. gitaar ~)	hrát na ...	[hra:t na]

gitaar (de)	kytara (ž)	[kɪtara]
viool (de)	housle (ž mn)	[houslɛ]
cello (de)	violoncello (s)	[vɪolonʧelo]
contrabas (de)	basa (ž)	[basa]
harp (de)	harfa (ž)	[harfa]

piano (de)	pianino (s)	[pɪanɪno]
vleugel (de)	klavír (m)	[klavi:r]
orgel (het)	varhany (ž mn)	[varhanɪ]

blaasinstrumenten (mv.)	dechové nástroje (m mn)	[dɛxovɛ: na:strojɛ]
hobo (de)	hoboj (m)	[hoboj]
saxofoon (de)	saxofon (m)	[saksofon]
klarinet (de)	klarinet (m)	[klarɪnɛt]
fluit (de)	flétna (ž)	[flɛ:tna]
trompet (de)	trubka (ž)	[trupka]

accordeon (de/het)	akordeon (m)	[akordɛon]
trommel (de)	buben (m)	[bubɛn]
duet (het)	duo (s)	[duo]

trio (het)	**trio** (s)	[trɪo]
kwartet (het)	**kvarteto** (s)	[kvartɛto]
koor (het)	**sbor** (m)	[zbor]
orkest (het)	**orchestr** (m)	[orxɛstr]
popmuziek (de)	**populární hudba** (ž)	[popula:rni: hudba]
rockmuziek (de)	**rocková hudba** (ž)	[rokova: hudba]
rockgroep (de)	**roková kapela** (ž)	[rokova: kapɛla]
jazz (de)	**jazz** (m)	[ʤɛs]
idool (het)	**idol** (m)	[ɪdol]
bewonderaar (de)	**ctitel** (m)	[ʦtɪtɛl]
concert (het)	**koncert** (m)	[konʦɛrt]
symfonie (de)	**symfonie** (ž)	[sɪmfonɪe]
compositie (de)	**skladba** (ž)	[skladba]
componeren (muziek ~)	**složit**	[sloʒɪt]
zang (de)	**zpěv** (m)	[spef]
lied (het)	**píseň** (ž)	[pi:sɛnʲ]
melodie (de)	**melodie** (ž)	[mɛlodɪe]
ritme (het)	**rytmus** (m)	[rɪtmus]
blues (de)	**blues** (s)	[blu:s]
bladmuziek (de)	**noty** (ž mn)	[notɪ]
dirigeerstok (baton)	**taktovka** (ž)	[taktofka]
strijkstok (de)	**smyčec** (m)	[smɪʧɛʦ]
snaar (de)	**struna** (ž)	[struna]
koffer (de)	**pouzdro** (s)	[pouzdro]

Rusten. Entertainment. Reizen

155. Trip. Reizen

toerisme (het)	turistika (ž)	[turɪstɪka]
toerist (de)	turista (m)	[turɪsta]
reis (de)	cestování (s)	[ʦɛstovaːni:]
avontuur (het)	příhoda (ž)	[prʃiːhoda]
tocht (de)	cesta (ž)	[ʦɛsta]
vakantie (de)	dovolená (ž)	[dovolɛna:]
met vakantie zijn	mít dovolenou	[mi:t dovolɛnou]
rust (de)	odpočinek (m)	[otpoʧɪnɛk]
trein (de)	vlak (m)	[vlak]
met de trein	vlakem	[vlakɛm]
vliegtuig (het)	letadlo (s)	[lɛtadlo]
met het vliegtuig	letadlem	[lɛtadlɛm]
met de auto	autem	[autɛm]
per schip (bw)	lodí	[lodi:]
bagage (de)	zavazadla (s mn)	[zavazadla]
valies (de)	kufr (m)	[kufr]
bagagekarretje (het)	vozík (m) na zavazadla	[vozi:k na zavazadla]
paspoort (het)	pas (m)	[pas]
visum (het)	vízum (s)	[vi:zum]
kaartje (het)	jízdenka (ž)	[ji:zdɛŋka]
vliegticket (het)	letenka (ž)	[lɛtɛŋka]
reisgids (de)	průvodce (m)	[pru:vodʦɛ]
kaart (de)	mapa (ž)	[mapa]
gebied (landelijk ~)	krajina (ž)	[krajɪna]
plaats (de)	místo (s)	[mi:sto]
exotische bestemming (de)	exotika (ž)	[ɛgzotɪka]
exotisch (bn)	exotický	[ɛgzotɪʦki:]
verwonderlijk (bn)	podivuhodný	[podɪvuhodni:]
groep (de)	skupina (ž)	[skupɪna]
rondleiding (de)	výlet (m)	[vi:lɛt]
gids (de)	průvodce (m)	[pru:vodʦɛ]

156. Hotel

hotel (het)	hotel (m)	[hotɛl]
motel (het)	motel (m)	[motɛl]
3-sterren	tři hvězdy	[trʃɪ hvezdɪ]

| 5-sterren | pět hvězd | [pet hvɛzt] |
| overnachten (ww) | ubytovat se | [ubɪtovat sɛ] |

kamer (de)	pokoj (m)	[pokoj]
eenpersoonskamer (de)	jednolůžkový pokoj (m)	[jɛdnolu:ʃkovi: pokoj]
tweepersoonskamer (de)	dvoulůžkový pokoj (m)	[dvoulu:ʃkovi: pokoj]
een kamer reserveren	rezervovat pokoj	[rɛzɛrvovat pokoj]

| halfpension (het) | polopenze (ž) | [polopɛnzɛ] |
| volpension (het) | plná penze (ž) | [plna: pɛnzɛ] |

met badkamer	s koupelnou	[s koupɛlnou]
met douche	se sprchou	[sɛ sprxou]
satelliet-tv (de)	satelitní televize (ž)	[satɛlɪtni: tɛlɛvɪzɛ]
airconditioner (de)	klimatizátor (m)	[klɪmatɪza:tor]
handdoek (de)	ručník (m)	[rutʃni:k]
sleutel (de)	klíč (m)	[kli:tʃ]

administrateur (de)	recepční (m)	[rɛtsɛptʃni:]
kamermeisje (het)	pokojská (ž)	[pokojska:]
piccolo (de)	nosič (m)	[nosɪtʃ]
portier (de)	vrátný (m)	[vra:tni:]

restaurant (het)	restaurace (ž)	[rɛstauratsɛ]
bar (de)	bar (m)	[bar]
ontbijt (het)	snídaně (ž)	[sni:dane]
avondeten (het)	večeře (ž)	[vɛtʃɛrʒɛ]
buffet (het)	obložený stůl (m)	[oblɔʒeni: stu:l]

| hal (de) | vstupní hala (ž) | [vstupni: hala] |
| lift (de) | výtah (m) | [vi:tax] |

| NIET STOREN | NERUŠIT | [nɛruʃɪt] |
| VERBODEN TE ROKEN! | ZÁKAZ KOUŘENÍ | [za:kaz kourʒɛni:] |

157. Boeken. Lezen

boek (het)	kniha (ž)	[knɪha]
auteur (de)	autor (m)	[autor]
schrijver (de)	spisovatel (m)	[spɪsovatɛl]
schrijven (een boek)	napsat	[napsat]

lezer (de)	čtenář (m)	[tʃtɛna:rʃ]
lezen (ww)	číst	[tʃi:st]
lezen (het)	četba (ž)	[tʃɛtba]

| stil (~ lezen) | pro sebe | [pro sɛbɛ] |
| hardop (~ lezen) | nahlas | [nahlas] |

uitgeven (boek ~)	vydávat	[vɪda:vat]
uitgeven (het)	vydání (s)	[vɪda:ni:]
uitgever (de)	vydavatel (m)	[vɪdavatɛl]
uitgeverij (de)	nakladatelství (s)	[nakladatɛlstvi:]
verschijnen (bijv. boek)	vyjít	[vɪji:t]

| verschijnen (het) | vydání (s) | [vɪdaːniː] |
| oplage (de) | náklad (m) | [naːklat] |

| boekhandel (de) | knihkupectví (s) | [knɪxkupɛtstviː] |
| bibliotheek (de) | knihovna (ž) | [knɪhovna] |

novelle (de)	novela (ž)	[novɛla]
verhaal (het)	povídka (ž)	[poviːtka]
roman (de)	román (m)	[romaːn]
detectiveroman (de)	detektivka (ž)	[dɛtɛktɪfka]

memoires (mv.)	paměti (ž mn)	[pamnetɪ]
legende (de)	legenda (ž)	[lɛgɛnda]
mythe (de)	mýtus (m)	[miːtus]

gedichten (mv.)	básně (ž mn)	[baːsne]
autobiografie (de)	vlastní životopis (m)	[vlastni: ʒɪvotopɪs]
bloemlezing (de)	výbor (m) z díla	[viːbor z diːla]
sciencefiction (de)	fantastika (ž)	[fantastɪka]

naam (de)	název (m)	[naːzɛf]
inleiding (de)	úvod (m)	[uːvot]
voorblad (het)	titulní list (m)	[tɪtulni: lɪst]

hoofdstuk (het)	kapitola (ž)	[kapɪtola]
fragment (het)	úryvek (m)	[uːrɪvɛk]
episode (de)	epizoda (ž)	[ɛpɪzoda]

intrige (de)	námět (m)	[naːmnet]
inhoud (de)	obsah (m)	[opsax]
inhoudsopgave (de)	obsah (m)	[opsax]
hoofdpersonage (het)	hlavní hrdina (m)	[hlavni: hrdɪna]

boekdeel (het)	svazek (m)	[svazɛk]
omslag (de/het)	obálka (ž)	[obaːlka]
boekband (de)	vazba (ž)	[vazba]
bladwijzer (de)	záložka (ž)	[zaːloʃka]

pagina (de)	stránka (ž)	[straːŋka]
bladeren (ww)	listovat	[lɪstovat]
marges (mv.)	okraj (m)	[okraj]
annotatie (de)	poznámka (ž) na okraj	[poznaːmka na okraj]
opmerking (de)	poznámka (ž)	[poznaːmka]

tekst (de)	text (m)	[tɛkst]
lettertype (het)	písmo (s)	[piːsmo]
drukfout (de)	chyba (ž) tisku	[xɪba tɪsku]

vertaling (de)	překlad (m)	[prʃɛklat]
vertalen (ww)	překládat	[prʃɛklaːdat]
origineel (het)	originál (m)	[orɪgɪnaːl]

beroemd (bn)	slavný	[slavniː]
onbekend (bn)	neznámý	[nɛznaːmiː]
interessant (bn)	zajímavý	[zajiːmaviː]
bestseller (de)	bestseller (m)	[bɛstsɛlɛr]

woordenboek (het)	slovník (m)	[slovni:k]
leerboek (het)	učebnice (ž)	[utʃɛbnɪtsɛ]
encyclopedie (de)	encyklopedie (ž)	[ɛntsɪklopɛdɪe]

158. Jacht. Vissen

jacht (de)	lov (m)	[lof]
jagen (ww)	lovit	[lovɪt]
jager (de)	lovec (m)	[lovɛts]

schieten (ww)	střílet	[strʃi:lɛt]
geweer (het)	puška (ž)	[puʃka]
patroon (de)	náboj (m)	[na:boj]
hagel (de)	broky (m mn)	[brokɪ]

val (de)	past (ž)	[past]
valstrik (de)	léčka (ž)	[lɛ:tʃka]
een val zetten	líčit past	[li:tʃɪt past]
stroper (de)	pytlák (m)	[pɪtla:k]
wild (het)	zvěřina (ž)	[zverʒɪna]
jachthond (de)	lovecký pes (m)	[lovɛtski: pɛs]
safari (de)	safari (s)	[safarɪ]
opgezet dier (het)	vycpané zvíře (s)	[vɪtspanɛ: zvi:rʒɛ]

visser (de)	rybář (m)	[rɪba:rʃ]
visvangst (de)	rybaření (s)	[rɪbarʒɛni:]
vissen (ww)	lovit ryby	[lovɪt rɪbɪ]
hengel (de)	udice (ž)	[udɪtsɛ]
vislijn (de)	vlas (m)	[vlas]
haak (de)	háček (m)	[ha:tʃɛk]
dobber (de)	splávek (m)	[spla:vɛk]
aas (het)	návnada (ž)	[na:vnada]

de hengel uitwerpen	hodit udici	[hodɪt udɪtsɪ]
bijten (ov. de vissen)	brát	[bra:t]
vangst (de)	úlovek (m)	[u:lovɛk]
wak (het)	otvor (m) v ledu	[otvor v lɛdu]

net (het)	síť (ž)	[si:tʲ]
boot (de)	loďka (ž)	[lotʲka]
vissen met netten	lovit sítí	[lovɪt si:ti:]
het net uitwerpen	házet síť	[ha:zɛt si:tʲ]
het net binnenhalen	vytahovat síť	[vɪtahovat si:tʲ]

walvisvangst (de)	velrybář (m)	[vɛlrɪba:rʃ]
walvisvaarder (de)	velrybářská loď (ž)	[vɛlrɪba:rʃska: lotʲ]
harpoen (de)	harpuna (ž)	[harpuna]

159. Spellen. Biljart

| biljart (het) | kulečník (m) | [kulɛtʃni:k] |
| biljartzaal (de) | kulečníková herna (ž) | [kulɛtʃni:kova: hɛrna] |

biljartbal (de)	kulečníková koule (ž)	[kulɛtʃniːkova: koulɛ]
een bal in het gat jagen	strefit se koulí	[strɛfɪt sɛ kouliː]
keu (de)	tágo (s)	[taːgo]
gat (het)	otvor (m) v kulečníku	[otvor v kulɛtʃniːku]

160. Spellen. Speelkaarten

ruiten (mv.)	kára (s mn)	[kaːra]
schoppen (mv.)	piky (m mn)	[pɪkɪ]
klaveren (mv.)	srdce (s mn)	[srdtsɛ]
harten (mv.)	kříže (m mn)	[krʃiːʒe]

aas (de)	eso (s)	[ɛso]
koning (de)	král (m)	[kraːl]
dame (de)	dáma (ž)	[daːma]
boer (de)	kluk (m)	[kluk]

speelkaart (de)	karta (ž)	[karta]
kaarten (mv.)	karty (ž mn)	[kartɪ]
troef (de)	trumf (m)	[trumf]
pak (het) kaarten	karty (ž mn)	[kartɪ]

uitdelen (kaarten ~)	rozdávat	[rozda:vat]
schudden (de kaarten ~)	míchat	[mi:xat]
beurt (de)	vynášení (s)	[vɪna:ʃeni:]
valsspeler (de)	falešný hráč (m)	[falɛʃni: hra:tʃ]

161. Casino. Roulette

casino (het)	kasino (s)	[kasi:no]
roulette (de)	ruleta (ž)	[rulɛta]
inzet (de)	sázka (ž)	[sa:ska]
een bod doen	sázet	[sa:zɛt]

rood (de)	červené (s)	[tʃɛrvɛnɛ:]
zwart (de)	černé (s)	[tʃɛrnɛ:]
inzetten op rood	sázet na červené	[sa:zɛt na tʃɛrvɛnɛ:]
inzetten op zwart	sázet na černé	[sa:zɛt na tʃɛrnɛ:]

croupier (de)	krupiér (m)	[krupjɛ:r]
de cilinder draaien	otáčet buben	[ota:tʃet bubɛn]
spelregels (mv.)	pravidla (s mn) hry	[pravɪdla hrɪ]
fiche (pokerfiche, etc.)	žeton (m)	[ʒeton]

winnen (ww)	vyhrát	[vɪhra:t]
winst (de)	výhra (ž)	[vi:hra]

verliezen (ww)	prohrát	[prohra:t]
verlies (het)	prohra (ž)	[prohra]

speler (de)	hráč (m)	[hra:tʃ]
blackjack (kaartspel)	hra (ž) jednadvacet	[hra jɛdnadvatsɛt]

| dobbelspel (het) | hra (ž) v kostky | [hra v kostkɪ] |
| speelautomaat (de) | hrací automat (m) | [hratsi: automat] |

162. Rusten. Spellen. Diversen

wandelen (on.ww.)	procházet se	[proxa:zɛt sɛ]
wandeling (de)	procházka (ž)	[proxa:ska]
trip (per auto)	vyjížďka (ž)	[vɪji:ʒtʲka]
avontuur (het)	příhoda (ž)	[prʃi:hoda]
picknick (de)	piknik (m)	[pɪknɪk]

spel (het)	hra (ž)	[hra]
speler (de)	hráč (m)	[hra:tʃ]
partij (de)	partie (ž)	[partɪe]

collectioneur (de)	sběratel (m)	[zberatɛl]
collectioneren (ww)	sbírat	[zbi:rat]
collectie (de)	sbírka (ž)	[zbi:rka]

kruiswoordraadsel (het)	křížovka (ž)	[krʃi:ʒofka]
hippodroom (de)	hipodrom (m)	[hɪpodrom]
discotheek (de)	diskotéka (ž)	[dɪskotɛ:ka]

| sauna (de) | sauna (ž) | [sauna] |
| loterij (de) | loterie (ž) | [lotɛrɪe] |

trektocht (kampeertocht)	túra (ž)	[tu:ra]
kamp (het)	tábor (m)	[ta:bor]
tent (de)	stan (m)	[stan]
kompas (het)	kompas (m)	[kompas]
rugzaktoerist (de)	turista (m)	[turɪsta]

bekijken (een film ~)	dívat se na ...	[di:vat sɛ na]
kijker (televisie~)	televizní divák (m)	[tɛlɛvɪzni: dɪva:k]
televisie-uitzending (de)	televizní pořad (m)	[tɛlɛvɪzni: porʒat]

163. Fotografie

| fotocamera (de) | fotoaparát (m) | [fotoapara:t] |
| foto (de) | fotografie (ž) | [fotografɪe] |

fotograaf (de)	fotograf (m)	[fotograf]
fotostudio (de)	fotografický salón (m)	[fotografɪtski: salo:n]
fotoalbum (het)	fotoalbum (s)	[fotoalbum]

lens (de), objectief (het)	objektiv (m)	[objɛktɪf]
telelens (de)	teleobjektiv (m)	[tɛlɛobjɛktɪf]
filter (de/het)	filtr (m)	[fɪltr]
lens (de)	čočka (ž)	[tʃotʃka]

| optiek (de) | optika (ž) | [optɪka] |
| diafragma (het) | clona (ž) | [tslona] |

| belichtingstijd (de) | expozice (ž) | [ɛkspozɪtsɛ] |
| zoeker (de) | hledáček (m) | [hlɛda:tʃɛk] |

digitale camera (de)	digitální kamera (ž)	[dɪgɪta:lni: kamɛra]
statief (het)	stativ (m)	[statɪf]
flits (de)	blesk (m)	[blɛsk]

fotograferen (ww)	fotografovat	[fotografovat]
foto's maken	fotografovat	[fotografovat]
zich laten fotograferen	fotografovat se	[fotografovat sɛ]

focus (de)	ostrost (ž)	[ostrost]
scherpstellen (ww)	zaostřovat	[zaostrʃovat]
scherp (bn)	ostrý	[ostri:]
scherpte (de)	ostrost (ž)	[ostrost]

| contrast (het) | kontrast (m) | [kontrast] |
| contrastrijk (bn) | kontrastní | [kontrastni:] |

kiekje (het)	snímek (m)	[sni:mɛk]
negatief (het)	negativ (m)	[nɛgatɪf]
filmpje (het)	film (m)	[fɪlm]
beeld (frame)	záběr (m)	[za:ber]
afdrukken (foto's ~)	tisknout	[tɪsknout]

164. Strand. Zwemmen

strand (het)	pláž (ž)	[pla:ʃ]
zand (het)	písek (m)	[pi:sɛk]
leeg (~ strand)	pustý	[pusti:]

bruine kleur (de)	opálení (s)	[opa:lɛni:]
zonnebaden (ww)	opalovat se	[opalovat sɛ]
gebruind (bn)	opálený	[opa:lɛni:]
zonnecrème (de)	krém (m) na opalování	[krɛ:m na opalova:ni:]

bikini (de)	bikiny (mn)	[bɪkɪnɪ]
badpak (het)	dámské plavky (ž mn)	[damske plafkɪ]
zwembroek (de)	plavky (ž mn)	[plafkɪ]

zwembad (het)	bazén (m)	[bazɛ:n]
zwemmen (ww)	plavat	[plavat]
douche (de)	sprcha (ž)	[sprxa]
zich omkleden (ww)	převlékat se	[prʃɛvlɛ:kat sɛ]
handdoek (de)	ručník (m)	[rutʃni:k]

boot (de)	loďka (ž)	[lotʲka]
motorboot (de)	motorový člun (m)	[motorovi: tʃlun]
waterski's (mv.)	vodní lyže (ž mn)	[vodni: lɪʒe]
waterfiets (de)	vodní bicykl (m)	[vodni: bɪtsɪkl]
surfen (het)	surfování (s)	[surfova:ni:]
surfer (de)	surfař (m)	[surfarʃ]
scuba, aqualong (de)	potápěčský dýchací přístroj (m)	[pota:pɛtʃski: di:xatsi: prʃi:stroj]

zwemvliezen (mv.)	ploutve (ž mn)	[ploutvɛ]
duikmasker (het)	maska (ž)	[maska]
duiker (de)	potápěč (m)	[pota:petʃ]
duiken (ww)	potápět se	[pota:pet sɛ]
onder water (bw)	pod vodou	[pod vodou]

parasol (de)	slunečník (m)	[slunɛtʃni:k]
ligstoel (de)	rozkládací lehátko (s)	[roskla:datsi: lɛha:tko]
zonnebril (de)	sluneční brýle (mn)	[slunɛtʃni: bri:lɛ]
luchtmatras (de/het)	nafukovací matrace (ž)	[nafukovatsi: matratsɛ]

| spelen (ww) | hrát | [hra:t] |
| gaan zwemmen (ww) | koupat se | [koupat sɛ] |

bal (de)	míč (m)	[mi:tʃ]
opblazen (oppompen)	nafukovat	[nafukovat]
lucht-, opblaasbare (bn)	nafukovací	[nafukovatsi:]

golf (hoge ~)	vlna (ž)	[vlna]
boei (de)	bóje (ž)	[bo:jɛ]
verdrinken (ww)	topit se	[topɪt sɛ]

redden (ww)	zachraňovat	[zaxranjovat]
reddingsvest (de)	záchranná vesta (ž)	[za:xranna: vɛsta]
waarnemen (ww)	pozorovat	[pozorovat]
redder (de)	záchranář (m)	[za:xrana:rʃ]

TECHNISCHE APPARATUUR. VERVOER

Technische apparatuur

165. Computer

computer (de)	počítač (m)	[potʃi:tatʃ]
laptop (de)	notebook (m)	[noutbu:k]
aanzetten (ww)	zapnout	[zapnout]
uitzetten (ww)	vypnout	[vɪpnout]
toetsenbord (het)	klávesnice (ž)	[kla:vɛsnɪtsɛ]
toets (enter~)	klávesa (ž)	[kla:vɛsa]
muis (de)	myš (ž)	[mɪʃ]
muismat (de)	podložka (ž) pro myš	[podloʃka pro mɪʃ]
knopje (het)	tlačítko (s)	[tlatʃi:tko]
cursor (de)	kurzor (m)	[kurzor]
monitor (de)	monitor (m)	[monɪtor]
scherm (het)	obrazovka (ž)	[obrazofka]
harde schijf (de)	pevný disk (m)	[pɛvni: dɪsk]
volume (het)	rozměr (m) disku	[rozmner dɪsku]
van de harde schijf		
geheugen (het)	paměť (ž)	[pamnetʲ]
RAM-geheugen (het)	operační paměť (ž)	[opɛratʃni: pamnetʲ]
bestand (het)	soubor (m)	[soubor]
folder (de)	složka (ž)	[sloʃka]
openen (ww)	otevřít	[otɛvrʒi:t]
sluiten (ww)	zavřít	[zavrʒi:t]
opslaan (ww)	uložit	[uloʒɪt]
verwijderen (wissen)	vymazat	[vɪmazat]
kopiëren (ww)	zkopírovat	[skopi:rovat]
sorteren (ww)	uspořádat	[usporʒa:dat]
overplaatsen (ww)	zkopírovat	[skopi:rovat]
programma (het)	program (m)	[program]
software (de)	programové vybavení (s)	[programovɛ: vɪbavɛni:]
programmeur (de)	programátor (m)	[programa:tor]
programmeren (ww)	programovat	[programovat]
hacker (computerkraker)	hacker (m)	[holɪr]
wachtwoord (het)	heslo (s)	[hɛslo]
virus (het)	virus (m)	[vɪrus]
ontdekken (virus ~)	zjistit	[zjɪstɪt]

| byte (de) | byte (m) | [bajt] |
| megabyte (de) | megabyte (m) | [mɛgabajt] |

| data (de) | data (s mn) | [data] |
| databank (de) | databáze (ž) | [databa:zɛ] |

kabel (USB-~, enz.)	kabel (m)	[kabɛl]
afsluiten (ww)	odpojit	[otpojɪt]
aansluiten op (ww)	připojit	[prʃɪpojɪt]

166. Internet. E-mail

internet (het)	internet (m)	[ɪntɛrnɛt]
browser (de)	prohlížeč (m)	[prohli:ʒetʃ]
zoekmachine (de)	vyhledávací zdroj (m)	[vɪhlɛda:vatsi: zdroj]
internetprovider (de)	dodavatel (m)	[dodavatɛl]

webmaster (de)	web-master (m)	[vɛb-mastɛr]
website (de)	webové stránky (ž mn)	[vɛbovɛ: stra:ŋkɪ]
webpagina (de)	webová stránka (ž)	[vɛbova: stra:ŋka]

| adres (het) | adresa (ž) | [adrɛsa] |
| adresboek (het) | adresář (m) | [adrɛsa:rʃ] |

| postvak (het) | e-mailová schránka (ž) | [i:mɛjlova: sxra:ŋka] |
| post (de) | pošta (ž) | [poʃta] |

bericht (het)	zpráva (ž)	[spra:va]
verzender (de)	odesílatel (m)	[odɛsi:latɛl]
verzenden (ww)	odeslat	[odɛslat]
verzending (de)	odeslání (s)	[odɛsla:ni:]

| ontvanger (de) | příjemce (m) | [prʃi:jɛmtsɛ] |
| ontvangen (ww) | dostat | [dostat] |

| correspondentie (de) | korespondence (ž) | [korɛspondɛntsɛ] |
| corresponderen (met …) | korespondovat | [korɛspondovat] |

bestand (het)	soubor (m)	[soubor]
downloaden (ww)	stáhnout	[sta:hnout]
creëren (ww)	vytvořit	[vɪtvorʒɪt]
verwijderen (een bestand ~)	vymazat	[vɪmazat]
verwijderd (bn)	vymazaný	[vɪmazani:]

verbinding (de)	spojení (s)	[spojɛni:]
snelheid (de)	rychlost (ž)	[rɪxlost]
modem (de)	modem (m)	[modɛm]
toegang (de)	přístup (m)	[prʃi:stup]
poort (de)	port (m)	[port]

aansluiting (de)	připojení (s)	[prʃɪpojɛni:]
zich aansluiten (ww)	připojit se	[prʃɪpojɪt sɛ]
selecteren (ww)	vybrat	[vɪbrat]
zoeken (ww)	hledat	[hlɛdat]

167. Elektriciteit

elektriciteit (de)	elektřina (ž)	[ɛlɛktrʃɪna]
elektrisch (bn)	elektrický	[ɛlɛktrɪtski:]
elektriciteitscentrale (de)	elektrárna (ž)	[ɛlɛktra:rna]
energie (de)	energie (ž)	[ɛnɛrgɪe]
elektrisch vermogen (het)	elektrická energie (ž)	[ɛlɛktrɪtska: ɛnɛrgɪe]
lamp (de)	žárovka (ž)	[ʒa:rofka]
zaklamp (de)	baterka (ž)	[batɛrka]
straatlantaarn (de)	pouliční lampa (ž)	[poulɪtʃni: lampa]
licht (elektriciteit)	světlo (s)	[svetlo]
aandoen (ww)	zapínat	[zapi:nat]
uitdoen (ww)	vypínat	[vɪpi:nat]
het licht uitdoen	zhasnout světlo	[zhasnout svetlo]
doorbranden (gloeilamp)	přepálit se	[prʃɛpa:lɪt sɛ]
kortsluiting (de)	krátké spojení (s)	[kra:tkɛ: spojɛni:]
onderbreking (de)	přetržení (s)	[prʃɛtrʒeni:]
contact (het)	kontakt (m)	[kontakt]
schakelaar (de)	vypínač (m)	[vɪpi:natʃ]
stopcontact (het)	zásuvka (ž)	[za:sufka]
stekker (de)	zástrčka (ž)	[za:strtʃka]
verlengsnoer (de)	prodlužovák (m)	[prodluʒova:k]
zekering (de)	pojistka (ž)	[pojɪstka]
kabel (de)	vodič (m)	[vodɪtʃ]
bedrading (de)	vedení (s)	[vɛdɛni:]
ampère (de)	ampér (m)	[ampɛ:r]
stroomsterkte (de)	intenzita (ž) proudu	[ɪntɛnzɪta proudu]
volt (de)	volt (m)	[volt]
spanning (de)	napětí (s)	[napeti:]
elektrisch toestel (het)	elektrický přístroj (m)	[ɛlɛktrɪtski: prʃi:stroj]
indicator (de)	indikátor (m)	[ɪndɪka:tor]
elektricien (de)	elektrotechnik (m)	[ɛlɛktrotɛxnɪk]
solderen (ww)	letovat	[lɛtovat]
soldeerbout (de)	letovačka (ž)	[lɛtovatʃka]
stroom (de)	proud (m)	[prout]

168. Gereedschappen

werktuig (stuk gereedschap)	nářadí (s)	[na:rʒadi:]
gereedschap (het)	nástroje (m mn)	[nastrojɛ]
uitrusting (de)	zařízení (s)	[zarʒi:zɛni:]
hamer (de)	kladivo (s)	[kladɪvo]
schroevendraaier (de)	šroubovák (m)	[ʃroubova:k]
bijl (de)	sekera (ž)	[sɛkɛra]

zaag (de)	pila (ž)	[pɪla]
zagen (ww)	řezat	[rʒɛzat]
schaaf (de)	hoblík (m)	[hobli:k]
schaven (ww)	hoblovat	[hoblovat]
soldeerbout (de)	letovačka (ž)	[lɛtovatʃka]
solderen (ww)	letovat	[lɛtovat]
vijl (de)	pilník (m)	[pɪlni:k]
nijptang (de)	kleště (ž mn)	[klɛʃte]
combinatietang (de)	ploché kleště (ž mn)	[ploxɛ: klɛʃte]
beitel (de)	dláto (s)	[dla:to]
boorkop (de)	vrták (m)	[vrta:k]
boormachine (de)	svidřík (m)	[svɪdrʒi:k]
boren (ww)	vrtat	[vrtat]
mes (het)	nůž (m)	[nu:ʃ]
lemmet (het)	čepel (ž)	[ʧɛpɛl]
scherp (bijv. ~ mes)	ostrý	[ostri:]
bot (bn)	tupý	[tupi:]
bot raken (ww)	ztupit se	[stupɪt sɛ]
slijpen (een mes ~)	ostřit	[ostrʃɪt]
bout (de)	šroub (m)	[ʃroup]
moer (de)	matice (ž)	[matɪtsɛ]
schroefdraad (de)	závit (m)	[za:vɪt]
houtschroef (de)	vrut (m)	[vrut]
spijker (de)	hřebík (m)	[hrʒɛbi:k]
kop (de)	hlavička (ž)	[hlavɪʧka]
liniaal (de/het)	pravítko (s)	[pravi:tko]
rolmeter (de)	měřicí pásmo (s)	[mnerʒɪtsi: pa:smo]
waterpas (de/het)	libela (ž)	[lɪbɛla]
loep (de)	lupa (ž)	[lupa]
meetinstrument (het)	měřicí přístroj (m)	[mnerʒɪtsi: prʃi:stroj]
opmeten (ww)	měřit	[mnerʒɪt]
schaal (meetschaal)	stupnice (ž)	[stupnɪtsɛ]
gegevens (mv.)	údaje (m mn)	[u:dajɛ]
compressor (de)	kompresor (m)	[komprɛsor]
microscoop (de)	mikroskop (m)	[mɪkroskop]
pomp (de)	pumpa (ž)	[pumpa]
robot (de)	robot (m)	[robot]
laser (de)	laser (m)	[lɛjzr]
moersleutel (de)	maticový klíč (m)	[matɪtsovi: kli:ʧ]
plakband (de)	lepicí páska (ž)	[lɛpɪtsi: pa:ska]
lijm (de)	lepidlo (s)	[lɛpɪdlo]
schuurpapier (het)	smirkový papír (m)	[smɪrkovi: papi:r]
veer (de)	pružina (ž)	[pruʒɪna]
magneet (de)	magnet (m)	[magnɛt]

handschoenen (mv.)	rukavice (ž mn)	[rukavɪtsɛ]
touw (bijv. henneptouw)	provaz (m)	[provaz]
snoer (het)	šňůra (ž)	[ʃnu:ra]
draad (de)	vodič (m)	[vodɪtʃ]
kabel (de)	kabel (m)	[kabɛl]

moker (de)	palice (ž)	[palɪtsɛ]
breekijzer (het)	sochor (m)	[soxor]
ladder (de)	žebřík (m)	[ʒebrʒi:k]
trapje (inklapbaar ~)	dvojitý žebřík (m)	[dvojɪti: ʒebrʒi:k]

aanschroeven (ww)	zakroutit	[zakroutɪt]
losschroeven (ww)	odšroubovávat	[otʃroubova:vat]
dichtpersen (ww)	svírat	[svi:rat]
vastlijmen (ww)	přilepit	[prʃɪlɛpɪt]
snijden (ww)	řezat	[rʒɛzat]

defect (het)	porucha (ž)	[poruxa]
reparatie (de)	oprava (ž)	[oprava]
repareren (ww)	opravovat	[opravovat]
regelen (een machine ~)	seřizovat	[sɛrʒɪzovat]

checken (ww)	zkoušet	[skouʃɛt]
controle (de)	kontrola (ž)	[kontrola]
gegevens (mv.)	údaj (m)	[u:daj]

degelijk (bijv. ~ machine)	spolehlivý	[spolɛhlɪvi:]
ingewikkeld (bn)	složitý	[sloʒɪti:]

roesten (ww)	rezavět	[rɛzavet]
roestig (bn)	rezavý	[rɛzavi:]
roest (de/het)	rez (ž)	[rɛz]

Vervoer

169. Vliegtuig

vliegtuig (het)	letadlo (s)	[lɛtadlo]
vliegticket (het)	letenka (ž)	[lɛtɛŋka]
luchtvaartmaatschappij (de)	letecká společnost (ž)	[lɛtɛtska: spolɛt͡ʃnost]
luchthaven (de)	letiště (s)	[lɛtɪʃtɛ]
supersonisch (bn)	nadzvukový	[nadzvukovi:]
gezagvoerder (de)	velitel (m) posádky	[vɛlɪtɛl posa:tkɪ]
bemanning (de)	posádka (ž)	[posa:tka]
piloot (de)	pilot (m)	[pɪlot]
stewardess (de)	letuška (ž)	[lɛtuʃka]
stuurman (de)	navigátor (m)	[navɪga:tor]
vleugels (mv.)	křídla (s mn)	[krʃi:dla]
staart (de)	ocas (m)	[otsas]
cabine (de)	kabina (ž)	[kabɪna]
motor (de)	motor (m)	[motor]
landingsgestel (het)	podvozek (m)	[podvozɛk]
turbine (de)	turbína (ž)	[turbi:na]
propeller (de)	vrtule (ž)	[vrtulɛ]
zwarte doos (de)	černá skříňka (ž)	[t͡ʃɛrna: skrʃi:nʲka]
stuur (het)	řídicí páka (ž)	[rʒi:dɪtsi: pa:ka]
brandstof (de)	palivo (s)	[palɪvo]
veiligheidskaart (de)	předpis (m)	[prʃɛtpɪs]
zuurstofmasker (het)	kyslíková maska (ž)	[kɪsli:kova: maska]
uniform (het)	uniforma (ž)	[unɪforma]
reddingsvest (de)	záchranná vesta (ž)	[za:xranna: vɛsta]
parachute (de)	padák (m)	[pada:k]
opstijgen (het)	start (m) letadla	|start lɛtadla]
opstijgen (ww)	vzlétat	[vzlɛ:tat]
startbaan (de)	rozjezdová dráha (ž)	[rozjɛzdova: dra:ha]
zicht (het)	viditelnost (ž)	[vɪdɪtɛlnost]
vlucht (de)	let (m)	[lɛt]
hoogte (de)	výška (ž)	[vi:ʃka]
luchtzak (de)	vzdušná jáma (ž)	[vzduʃna: jama]
plaats (de)	místo (s)	[mi:sto]
koptelefoon (de)	sluchátka (s mn)	[sluxa:tka]
tafeltje (het)	odklápěcí stolek (m)	[otkla:pɛtsi: stolɛk]
venster (het)	okénko (s)	[okɛ:ŋko]
gangpad (het)	chodba (ž)	[xodba]

170. Trein

trein (de)	vlak (m)	[vlak]
elektrische trein (de)	elektrický vlak (m)	[ɛlɛktrɪtski: vlak]
sneltrein (de)	rychlík (m)	[rɪxli:k]
diesellocomotief (de)	motorová lokomotiva (ž)	[motorova: lokomotɪva]
stoomlocomotief (de)	parní lokomotiva (ž)	[parni: lokomotɪva]
rijtuig (het)	vůz (m)	[vu:z]
restauratierijtuig (het)	jídelní vůz (m)	[ji:dɛlni: vu:z]
rails (mv.)	koleje (ž mn)	[kolɛjɛ]
spoorweg (de)	železnice (ž mn)	[ʒelɛznɪtsɛ]
dwarsligger (de)	pražec (m)	[praʒets]
perron (het)	nástupiště (s)	[na:stupɪʃte]
spoor (het)	kolej (ž)	[kolɛj]
semafoor (de)	návěstidlo (s)	[na:vestɪdlo]
halte (bijv. kleine treinhalte)	stanice (ž)	[stanɪtsɛ]
machinist (de)	strojvůdce (m)	[strojvu:dtsɛ]
kruier (de)	nosič (m)	[nosɪtʃ]
conducteur (de)	průvodčí (m)	[pru:vodtʃi:]
passagier (de)	cestující (m)	[tsɛstuji:tsi:]
controleur (de)	revizor (m)	[rɛvɪzor]
gang (in een trein)	chodba (ž)	[xodba]
noodrem (de)	záchranná brzda (ž)	[za:xranna: brzda]
coupé (de)	oddělení (s)	[oddelɛni:]
bed (slaapplaats)	lůžko (s)	[lu:ʃko]
bovenste bed (het)	horní lůžko (s)	[horni: lu:ʃko]
onderste bed (het)	dolní lůžko (s)	[dolni: lu:ʃko]
beddengoed (het)	lůžkoviny (ž mn)	[lu:ʃkovɪnɪ]
kaartje (het)	jízdenka (ž)	[ji:zdɛŋka]
dienstregeling (de)	jízdní řád (m)	[ji:zdni: rʒa:t]
informatiebord (het)	tabule (ž)	[tabulɛ]
vertrekken	odjíždět	[odji:ʒdet]
(De trein vertrekt …)		
vertrek (ov. een trein)	odjezd (m)	[odjɛst]
aankomen (ov. de treinen)	přijíždět	[prʃɪji:ʒdet]
aankomst (de)	příjezd (m)	[prʃi:jɛst]
aankomen per trein	přijet vlakem	[prʃɪɛt vlakɛm]
in de trein stappen	nastoupit do vlaku	[nastoupɪt do vlaku]
uit de trein stappen	vystoupit z vlaku	[vɪstoupɪt z vlaku]
treinwrak (het)	železniční neštěstí (s)	[ʒelɛznɪtʃni: nɛʃtesti:]
stoomlocomotief (de)	parní lokomotiva (ž)	[parni: lokomotɪva]
stoker (de)	topič (m)	[topɪtʃ]
stookplaats (de)	topeniště (s)	[topɛnɪʃte]
steenkool (de)	uhlí (s)	[uhli:]

171. Schip

schip (het)	loď (ž)	[loťʲ]
vaartuig (het)	loď (ž)	[loťʲ]
stoomboot (de)	parník (m)	[parni:k]
motorschip (het)	říční loď (ž)	[riťʃni loťʲ]
lijnschip (het)	linková loď (ž)	[lɪŋkova: loťʲ]
kruiser (de)	křižník (m)	[krʒɪʒni:k]
jacht (het)	jachta (ž)	[jaxta]
sleepboot (de)	vlek (m)	[vlɛk]
duwbak (de)	vlečná nákladní loď (ž)	[vlɛtʃna: na:kladni: loťʲ]
ferryboot (de)	prám (m)	[pra:m]
zeilboot (de)	plachetnice (ž)	[plaxɛtnɪtsɛ]
brigantijn (de)	brigantina (ž)	[brɪganti:na]
ijsbreker (de)	ledoborec (m)	[lɛdoborɛts]
duikboot (de)	ponorka (ž)	[ponorka]
boot (de)	loďka (ž)	[loťʲka]
sloep (de)	člun (m)	[tʃlun]
reddingssloep (de)	záchranný člun (m)	[za:xranni: tʃlun]
motorboot (de)	motorový člun (m)	[motorovi: tʃlun]
kapitein (de)	kapitán (m)	[kapɪta:n]
zeeman (de)	námořník (m)	[na:morʒni:k]
matroos (de)	námořník (m)	[na:morʒni:k]
bemanning (de)	posádka (ž)	[posa:tka]
bootsman (de)	loďmistr (m)	[loďʲmɪstr]
scheepsjongen (de)	plavčík (m)	[plavtʃi:k]
kok (de)	lodní kuchař (m)	[lodni: kuxarʃ]
scheepsarts (de)	lodní lékař (m)	[lodni: lɛ:karʃ]
dek (het)	paluba (ž)	[paluba]
mast (de)	stěžeň (m)	[stɛʒenʲ]
zeil (het)	plachta (ž)	[plaxta]
ruim (het)	podpalubí (s)	[potpalʊhiˑ]
voorsteven (de)	příď (ž)	[prʃi:ťʲ]
achtersteven (de)	záď (ž)	[za:ťʲ]
roeispaan (de)	veslo (s)	[vɛslo]
schroef (de)	lodní šroub (m)	[lodni: ʃroup]
kajuit (de)	kajuta (ž)	[kajuta]
officierskamer (de)	společenská místnost (ž)	[spolɛtʃɛnska: mi:stnost]
machinekamer (de)	strojovna (ž)	[strojovna]
brug (de)	kapitánský můstek (m)	[kapɪta:nski: mu:stɛk]
radiokamer (de)	rádiová kabina (ž)	[ra:dɪova: kabɪna]
radiogolf (de)	vlna (ž)	[vlna]
logboek (het)	lodní deník (m)	[lodni: dɛni:k]
verrekijker (de)	dalekohled (m)	[dalɛkohlet]
klok (de)	zvon (m)	[zvon]

vlag (de)	vlajka (ž)	[vlajka]
kabel (de)	lano (s)	[lano]
knoop (de)	uzel (m)	[uzɛl]

leuning (de)	zábradlí (s)	[za:bradli:]
trap (de)	schůdky (m mn)	[sxu:tkɪ]

anker (het)	kotva (ž)	[kotva]
het anker lichten	zvednout kotvy	[zvɛdnout kotvɪ]
het anker neerlaten	spustit kotvy	[spustɪt kotvɪ]
ankerketting (de)	kotevní řetěz (m)	[kotɛvni: rʒɛtez]

haven (bijv. containerhaven)	přístav (m)	[prʃi:staf]
kaai (de)	přístaviště (s)	[prʃi:stavɪʃte]
aanleggen (ww)	přistávat	[prʃɪsta:vat]
wegvaren (ww)	vyplouvat	[vɪplouvat]

reis (de)	cestování (s)	[tsɛstova:ni:]
cruise (de)	výletní plavba (ž)	[vi:letni: plavba]
koers (de)	kurz (m)	[kurs]
route (de)	trasa (ž)	[trasa]

vaarwater (het)	plavební dráha (ž)	[plavɛbni: dra:ha]
zandbank (de)	mělčina (ž)	[mneltʃɪna]
stranden (ww)	najet na mělčinu	[najɛt na mneltʃɪnu]

storm (de)	bouřka (ž)	[bourʃka]
signaal (het)	signál (m)	[sɪgna:l]
zinken (ov. een boot)	potápět se	[pota:pet sɛ]
SOS (noodsignaal)	SOS	[ɛs o: ɛs]
reddingsboei (de)	záchranný kruh (m)	[za:xranni: krux]

172. Vliegveld

luchthaven (de)	letiště (s)	[lɛtɪʃte]
vliegtuig (het)	letadlo (s)	[lɛtadlo]
luchtvaartmaatschappij (de)	letecká společnost (ž)	[lɛtɛtska: spolɛtʃnost]
luchtverkeersleider (de)	dispečer (m)	[dɪspɛtʃɛr]

vertrek (het)	odlet (m)	[odlɛt]
aankomst (de)	přílet (m)	[prʃi:lɛt]
aankomen (per vliegtuig)	přiletět	[prʃɪlɛtet]

vertrektijd (de)	čas (m) odletu	[tʃas odlɛtu]
aankomstuur (het)	čas (m) příletu	[tʃas prʃilɛtu]

vertraagd zijn (ww)	mít zpoždění	[mi:t spoʒdɛni:]
vluchtvertraging (de)	zpoždění (s) odletu	[spoʒdeni: odlɛtu]

informatiebord (het)	informační tabule (ž)	[ɪnformatʃni: tabulɛ]
informatie (de)	informace (ž)	[ɪnformatsɛ]
aankondigen (ww)	hlásit	[hla:sɪt]
vlucht (bijv. KLM ~)	let (m)	[lɛt]
douane (de)	celnice (ž)	[tsɛlnɪtsɛ]

douanier (de)	celník (m)	[ʦɛlni:k]
douaneaangifte (de)	prohlášení (s)	[prohla:ʃɛni:]
een douaneaangifte invullen	vyplnit prohlášení	[vɪplnɪt prohla:ʃɛni:]
paspoortcontrole (de)	pasová kontrola (ž)	[pasova: kontrola]

bagage (de)	zavazadla (s mn)	[zavazadla]
handbagage (de)	příruční zavazadlo (s)	[prʃi:rutʃni: zavazadlo]
bagagekarretje (het)	vozík (m) na zavazadla	[vozi:k na zavazadla]

landing (de)	přistání (s)	[prʃɪsta:ni:]
landingsbaan (de)	přistávací dráha (ž)	[prʃɪsta:vaisi: dra:ha]
landen (ww)	přistávat	[prʃɪsta:vat]
vliegtuigtrap (de)	pojízdné schůdky (m mn)	[poji:zdnɛ: sxu:tkɪ]

inchecken (het)	registrace (ž)	[rɛgɪstraʦɛ]
incheckbalie (de)	přepážka (ž) registrace	[prʃɛpa:ʃka rɛgɪstraʦɛ]
inchecken (ww)	zaregistrovat se	[zarɛgɪstrovat sɛ]
instapkaart (de)	palubní lístek (m)	[palubni: li:stɛk]
gate (de)	příchod (m) k nástupu	[prʃi:xot k na:stupu]

transit (de)	tranzit (m)	[tranzɪt]
wachten (ww)	čekat	[tʃɛkat]
wachtzaal (de)	čekárna (ž)	[tʃɛka:rna]
begeleiden (uitwuiven)	doprovázet	[doprova:zɛt]
afscheid nemen (ww)	loučit se	[loutʃɪt sɛ]

173. Fiets. Motorfiets

fiets (de)	kolo (s)	[kolo]
bromfiets (de)	skútr (m)	[sku:tr]
motorfiets (de)	motocykl (m)	[mototsɪkl]

met de fiets rijden	jet na kole	[jɛt na kolɛ]
stuur (het)	řídítka (s mn)	[rʒi:di:tka]
pedaal (de/het)	pedál (m)	[pɛda:l]
remmen (mv.)	brzdy (ž mn)	[brzdɪ]
fietszadel (de/het)	sedlo (s)	[sɛdlo]

pomp (de)	pumpa (ž)	[pumpa]
bagagedrager (de)	nosič (ııı)	[nosɪtʃ]
fietslicht (het)	světlo (s)	[svetlo]
helm (de)	helma (ž)	[hɛlma]

wiel (het)	kolo (s)	[kolo]
spatbord (het)	blatník (m)	[blatni:k]
velg (de)	věnec (m)	[venɛʦ]
spaak (de)	paprsek (m)	[paprsɛk]

Auto's

174. Soorten auto's

auto (de)	auto (s)	[auto]
sportauto (de)	sportovní auto (s)	[sportovni: auto]
limousine (de)	limuzína (ž)	[lɪmuzi:na]
terreinwagen (de)	terénní vozidlo (s)	[tɛrɛ:nni: vozɪdlo]
cabriolet (de)	kabriolet (m)	[kabrɪolɛt]
minibus (de)	mikrobus (m)	[mɪkrobus]
ambulance (de)	sanitka (ž)	[sanɪtka]
sneeuwruimer (de)	sněžný pluh (m)	[sneʒni: plux]
vrachtwagen (de)	náklaďák (m)	[na:kladʲa:k]
tankwagen (de)	cisterna (ž)	[ʦɪstɛrna]
bestelwagen (de)	dodávka (ž)	[doda:fka]
trekker (de)	tahač (m)	[tahatʃ]
aanhangwagen (de)	přívěs (m)	[prʃi:ves]
comfortabel (bn)	komfortní	[komfortni:]
tweedehands (bn)	ojetý	[oeti:]

175. Auto's. Carrosserie

motorkap (de)	kapota (ž)	[kapota]
spatbord (het)	blatník (m)	[blatni:k]
dak (het)	střecha (ž)	[strʃɛxa]
voorruit (de)	ochranné sklo (s)	[oxrannɛ: sklo]
achterruit (de)	zpětné zrcátko (s)	[spetnɛ: zrʦa:tko]
ruitensproeier (de)	ostřikovač (m)	[ostrʃɪkovatʃ]
wisserbladen (mv.)	stírače (m mn)	[sti:ratʃɛ]
zijruit (de)	boční sklo (s)	[botʃni: sklo]
raamlift (de)	stahování okna (s)	[stahova:ni: okna]
antenne (de)	anténa (ž)	[antɛ:na]
zonnedak (het)	střešní okno (s)	[strʃɛʃni: okno]
bumper (de)	nárazník (m)	[na:razni:k]
koffer (de)	kufr (m)	[kufr]
imperiaal (de/het)	nosič (m)	[nosɪtʃ]
portier (het)	dveře (ž mn)	[dvɛrʒɛ]
handvat (het)	klika (ž)	[klɪka]
slot (het)	zámek (m)	[za:mɛk]
nummerplaat (de)	statní poznávací značka (ž)	[statni: pozna:vaʦi: znatʃka]
knalpot (de)	tlumič (m)	[tlumɪtʃ]

benzinetank (de)	nádržka (ž) na benzín	[na:drʃka na bɛnzi:n]
uitlaatpijp (de)	výfuková trubka (ž)	[vi:fukova: trupka]
gas (het)	plyn (m)	[plɪn]
pedaal (de/het)	pedál (m)	[pɛda:l]
gaspedaal (de/het)	plynový pedál (m)	[plɪnovi: pɛda:l]
rem (de)	brzda (ž)	[brzda]
rempedaal (de/het)	brzdový pedál (m)	[brzdovi: pɛda:l]
remmen (ww)	brzdit	[brzdɪt]
handrem (de)	parkovací brzda (ž)	[parkovaʦi: brzda]
koppeling (de)	spojka (ž)	[spojka]
koppelingspedaal (de/het)	spojkový pedál (m)	[spojkovi: pɛda:l]
koppelingsschijf (de)	spojkový kotouč (m)	[spojkovi: kotouʧ]
schokdemper (de)	tlumič (m)	[tlumɪʧ]
wiel (het)	kolo (s)	[kolo]
reservewiel (het)	náhradní kolo (s)	[na:hradni: kolo]
wieldop (de)	poklice (ž)	[poklɪʦɛ]
aandrijfwielen (mv.)	hnací kola (s mn)	[hnaʦi: kola]
met voorwielaandrijving	s pohonem předních kol	[s pohonɛm prʃɛdni:x kol]
met achterwielaandrijving	s pohonem zadních kol	[s pohonɛm zadni:x kol]
met vierwielaandrijving	s pohonem všech kol	[s pohonɛm vʃɛx kol]
versnellingsbak (de)	převodová skříň (ž)	[prʃɛvodova: skrʃi:nʲ]
automatisch (bn)	samočinný	[samoʧɪnni:]
mechanisch (bn)	mechanický	[mɛxanɪtski:]
versnellingspook (de)	převodová páka (ž)	[prʃɛvodova: pa:ka]
voorlicht (het)	světlo (s)	[svetlo]
voorlichten (mv.)	světla (s mn)	[svetla]
dimlicht (het)	potkávací světla (s mn)	[potka:vatsi: svetla]
grootlicht (het)	dálková světla (s mn)	[da:lkova: svetla]
stoplicht (het)	brzdová světla (s mn)	[brzdova: svetla]
standlichten (mv.)	obrysová světla (s mn)	[obrɪsova: svetla]
noodverlichting (de)	havarijní světla (s mn)	[havarɪjni: svetla]
mistlichten (mv.)	mlhovky (ž mn)	[mlhofkɪ]
pinker (de)	směrové světlo (s)	[smnɛrovɛ: svetlo]
achteruitrijdlicht (het)	zpětné světlo (s)	[spetnɛ svetlo]

176. Auto's. Passagiersruimte

interieur (het)	interiér (m)	[ɪntɛrjɛ:r]
leren (van leer gemaak)	kožený	[koʒeni:]
fluwelen (abn)	velurový	[vɛlurovi:]
bekleding (de)	potah (m)	[potax]
toestel (het)	přístroj (m)	[prʃi:stroj]
instrumentenbord (het)	přístrojová deska (ž)	[prʃi:strojova: dɛska]
snelheidsmeter (de)	rychloměr (m)	[rɪxlomnɛr]

pijltje (het)	ručička (ž)	[rutʃɪtʃka]
kilometerteller (de)	počítač (m) kilometrů	[potʃiːtatʃ kɪlomɛtruː]
sensor (de)	snímač (m)	[sniːmatʃ]
niveau (het)	hladina (ž)	[hladɪna]
controlelampje (het)	lampička (ž)	[lampɪtʃka]

stuur (het)	volant (m)	[volant]
toeter (de)	houkačka (ž)	[houkatʃka]
knopje (het)	tlačítko (s)	[tlatʃiːtko]
schakelaar (de)	přepínač (m)	[prʃɛpiːnatʃ]

stoel (bestuurders~)	sedadlo (s)	[sɛdadlo]
rugleuning (de)	opěradlo (m)	[operadlo]
hoofdsteun (de)	podhlavník (m)	[pothlavniːk]
veiligheidsgordel (de)	bezpečnostní pás (m)	[bɛzpɛtʃnostniː paːs]
de gordel aandoen	připásat se	[prʃɪpaːsat sɛ]
regeling (de)	regulování (s)	[rɛgulovaːniː]

| airbag (de) | nafukovací vak (m) | [nafukovatsiː vak] |
| airconditioner (de) | klimatizátor (m) | [klɪmatɪzaːtor] |

radio (de)	rádio (s)	[raːdɪo]
CD-speler (de)	CD přehrávač (m)	[tsɛːdɛː prʃɛhraːvatʃ]
aanzetten (bijv. radio ~)	zapnout	[zapnout]
antenne (de)	anténa (ž)	[antɛːna]
handschoenenkastje (het)	přihrádka (ž)	[prʃɪhraːtka]
asbak (de)	popelník (m)	[popɛlniːk]

177. Auto's. Motor

motor (de)	motor (m)	[motor]
diesel- (abn)	dieselový	[dɪzɪlovi:]
benzine- (~motor)	benzínový	[bɛnziːnovi:]

motorinhoud (de)	obsah (m) motoru	[opsax motoru]
vermogen (het)	výkon (m)	[viːkon]
paardenkracht (de)	koňská síla (ž)	[konˈska: siːla]
zuiger (de)	píst (m)	[piːst]
cilinder (de)	cylindr (m)	[tsɪlɪndr]
klep (de)	ventil (m)	[vɛntɪl]

injectie (de)	injektor (m)	[ɪnjɛktor]
generator (de)	generátor (m)	[genera:tor]
carburator (de)	karburátor (m)	[karbura:tor]
motorolie (de)	motorový olej (m)	[motorovi: olɛj]

radiator (de)	chladič (m)	[xladɪtʃ]
koelvloeistof (de)	chladicí kapalina (ž)	[xladɪtsi: kapalɪna]
ventilator (de)	ventilátor (m)	[vɛntɪla:tor]

accu (de)	akumulátor (m)	[akumula:tor]
starter (de)	startér (m)	[startɛ:r]
contact (ontsteking)	zapalování (s)	[zapalova:ni:]
bougie (de)	zapalovací svíčka (ž)	[zapalovatsi: svi:tʃka]

pool (de)	svorka (ž)	[svorka]
positieve pool (de)	plus (m)	[plus]
negatieve pool (de)	minus (m)	[mi:nus]
zekering (de)	pojistka (ž)	[pojɪstka]

luchtfilter (de)	vzduchový filtr (m)	[vzduxovi: fɪltr]
oliefilter (de)	olejový filtr (m)	[olɛjovi: fɪltr]
benzinefilter (de)	palivový filtr (m)	[palɪvovi: fɪltr]

178. Auto's. Botsing. Reparatie

auto-ongeval (het)	havárie (ž)	[hava:rɪe]
verkeersongeluk (het)	dopravní nehoda (ž)	[dopravni: nɛhoda]
aanrijden	narazit	[narazɪt]
(tegen een boom, enz.)		
verongelukken (ww)	rozbít se	[rozbi:t sɛ]
beschadiging (de)	poškození (s)	[poʃkozɛni:]
heelhuids (bn)	celý	[ʦɛli:]

pech (de)	porucha (ž)	[poruxa]
kapot gaan (zijn gebroken)	porouchat se	[porouxat sɛ]
sleeptouw (het)	vlečné lano (s)	[vlɛtʃnɛ: lano]

lek (het)	píchnutí (s)	[pi:xnuti:]
lekke krijgen (band)	splasknout	[splasknout]
oppompen (ww)	nafukovat	[nafukovat]
druk (de)	tlak (m)	[tlak]
checken (ww)	prověřit	[provɛrʒɪt]

reparatie (de)	oprava (ž)	[oprava]
garage (de)	opravna (ž)	[opravna]
wisselstuk (het)	náhradní díl (m)	[na:hradni: di:l]
onderdeel (het)	díl (m)	[di:l]

bout (de)	šroub (m)	[ʃroup]
schroef (de)	šroub (m)	[ʃroup]
moer (de)	matice (ž)	[matɪʦɛ]
sluitring (de)	podložka (ž)	[podloʃka]
kogellager (de/het)	ložisko (s)	[loʒɪsko]

pijp (de)	trubka (ž)	[trupka]
pakking (de)	vložka (ž)	[vloʃka]
kabel (de)	vodič (m)	[vodɪtʃ]

dommekracht (de)	zvedák (m)	[zvɛda:k]
moersleutel (de)	francouzský klíč (m)	[franʦouski: kli:tʃ]
hamer (de)	kladivo (s)	[kladɪvo]
pomp (de)	pumpa (ž)	[pumpa]
schroevendraaier (de)	šroubovák (m)	[ʃroubova:k]

brandblusser (de)	hasicí přístroj (m)	[hasɪʦi: prʃi:stroj]
gevarendriehoek (de)	výstražný trojúhelník (ž)	[vi:straʒni: troju:hɛlnik]
afslaan	zhasínat	[zhasi:nat]
(ophouden te werken)		

| uitvallen (het) | zastavení (s) | [zastavɛni:] |
| zijn gebroken | být porouchaný | [bi:t porouxani:] |

oververhitten (ww)	přehřát se	[prʃɛhrʒa:t sɛ]
bevriezen (autodeur, enz.)	zamrznout	[zamrznout]
barsten (leidingen, enz.)	puknout	[puknout]

druk (de)	tlak (m)	[tlak]
niveau (bijv. olieniveau)	hladina (ž)	[hladɪna]
slap (de drijfriem is ~)	slabý	[slabi:]

deuk (de)	promáčknutí (s)	[proma:tʃknuti:]
geklop (vreemde geluiden)	klapot (m)	[klapot]
barst (de)	prasklina (ž)	[prasklɪna]
kras (de)	rýha (ž)	[ri:ha]

179. Auto's. Weg

weg (de)	cesta (ž)	[tsɛsta]
snelweg (de)	dálnice (ž)	[da:lnɪtsɛ]
autoweg (de)	silnice (ž)	[sɪlnɪtsɛ]
richting (de)	směr (m)	[smner]
afstand (de)	vzdálenost (ž)	[vzda:lɛnost]

brug (de)	most (m)	[most]
parking (de)	parkoviště (s)	[parkovɪʃte]
plein (het)	náměstí (s)	[na:mnesti:]
verkeersknooppunt (het)	nadjezd (m)	[nadjɛzt]
tunnel (de)	podjezd (m)	[podjɛzt]

benzinestation (het)	benzínová stanice (ž)	[bɛnzi:nova: stanɪtsɛ]
parking (de)	parkoviště (s)	[parkovɪʃte]
benzinepomp (de)	benzínová pumpa (ž)	[bɛnzi:nova: pumpa]
garage (de)	autoopravna (ž)	[autoopravna]
tanken (ww)	natankovat	[nataŋkovat]
brandstof (de)	palivo (s)	[palɪvo]
jerrycan (de)	kanystr (m)	[kanɪstr]

asfalt (het)	asfalt (m)	[asfalt]
markering (de)	označení (s)	[oznatʃɛni:]
trottoirband (de)	obrubník (m)	[obrubni:k]
geleiderail (de)	ochranné zábradlí (s)	[oxrannɛ za:bradli:]
greppel (de)	příkop (m)	[prʃi:kop]
vluchtstrook (de)	krajnice (ž)	[krajnɪtsɛ]
lichtmast (de)	sloup (m)	[sloup]

besturen (een auto ~)	řídit	[rʒi:dɪt]
afslaan (naar rechts ~)	zatáčet	[zata:tʃet]
U-bocht maken (ww)	otáčet se	[ota:tʃet sɛ]
achteruit (de)	zpáteční rychlost (ž)	[spa:tɛtʃni: rɪxlost]

toeteren (ww)	houkat	[houkat]
toeter (de)	houkání (s)	[houka:ni:]
vastzitten (in modder)	uváznout	[uva:znout]

| spinnen (wielen gaan ~) | prokluzovat | [prokluzovat] |
| uitzetten (ww) | zastavovat | [zastavovat] |

snelheid (de)	rychlost (ž)	[rɪxlost]
een snelheidsovertreding maken	překročit dovolenou rychlost	[prʃɛkrotʃrɪt dovolɛnou rɪxlost]
bekeuren (ww)	pokutovat	[pokutovat]
verkeerslicht (het)	semafor (m)	[sɛmafor]
rijbewijs (het)	řidičský průkaz (m)	[rʒɪdɪtʃski: pru:kaz]

overgang (de)	přejezd (m)	[prʃɛjɛzt]
kruispunt (het)	křižovatka (ž)	[krʃɪʒovatka]
zebrapad (oversteekplaats)	přechod (m) pro chodce	[prʃɛxot pro xodtsɛ]
bocht (de)	zatáčka (ž)	[zata:tʃka]
voetgangerszone (de)	pěší zóna (ž)	[peʃi: zo:na]

180. Verkeersborden

verkeersregels (mv.)	dopravní předpisy (m mn)	[dopravni: prʃɛtpɪsɪ]
verkeersbord (het)	značka (ž)	[znatʃka]
inhalen (het)	předjíždění (s)	[prʃɛdji:ʒdeni:]
bocht (de)	zatáčka (ž)	[zata:tʃka]
U-bocht, kering (de)	otáčení (s)	[ota:tʃɛni:]
Rotonde (de)	kruhový objezd (m)	[kruhovi: objɛzt]

Verboden richting	zákaz vjezdu	[za:kaz vjɛzdu]
Verboden toegang	zákaz provozu	[za:kaz provozu]
Inhalen verboden	zákaz předjíždění	[za:kaz prʃɛdji:ʒdeni:]
Parkeerverbod	zákaz stání	[za:kaz sta:ni:]
Verbod stil te staan	zákaz zastavení	[za:kaz zastavɛni:]

Gevaarlijke bocht	ostrá zatáčka (ž)	[ostra: zata:tʃka]
Gevaarlijke daling	nebezpečné klesání (s)	[nebɛspɛtʃnɛ: klesa:ni:]
Eenrichtingsweg	jednosměrný provoz (m)	[jɛdnosmnerni: provoz]
Voetgangers	přechod (m) pro chodce	[prʃɛxot pro xodtsɛ]
Slipgevaar	nebezpečí smyku (ž)	[nɛbɛspɛtʃi: smɪku]
Voorrang verlenen	dej přednost v jízdě	[dɛj prʃɛdnost v ji:zde]

MENSEN. GEBEURTENISSEN IN HET LEVEN

Gebeurtenissen in het leven

181. Vakanties. Evenement

feest (het)	svátek (m)	[sva:tɛk]
nationale feestdag (de)	národní svátek (m)	[na:rodni: sva:tɛk]
feestdag (de)	sváteční den (m)	[sva:tɛtʃni: dɛn]
herdenken (ww)	oslavovat	[oslavovat]
gebeurtenis (de)	událost (ž)	[uda:lost]
evenement (het)	akce (ž)	[aktsɛ]
banket (het)	banket (m)	[baŋkɛt]
receptie (de)	recepce (ž)	[rɛtsɛptsɛ]
feestmaal (het)	hostina (ž)	[hostɪna]
verjaardag (de)	výročí (s)	[vi:rotʃi:]
jubileum (het)	jubileum (s)	[jubɪlɛjum]
vieren (ww)	oslavit	[oslavɪt]
Nieuwjaar (het)	Nový rok (m)	[novi: rok]
Gelukkig Nieuwjaar!	Šťastný nový rok!	[ʃtʲastni: novi: rok]
Kerstfeest (het)	Vánoce (ž mn)	[va:notsɛ]
Vrolijk kerstfeest!	Veselé Vánoce!	[vɛsɛlɛ: va:notsɛ]
kerstboom (de)	vánoční stromek (m)	[va:notʃni: stromɛk]
vuurwerk (het)	ohňostroj (m)	[ohnʲostroj]
bruiloft (de)	svatba (ž)	[svatba]
bruidegom (de)	ženich (m)	[ʒenɪx]
bruid (de)	nevěsta (ž)	[nɛvesta]
uitnodigen (ww)	zvát	[zva:t]
uitnodigingskaart (de)	pozvánka (ž)	[pozva:ŋka]
gast (de)	host (m)	[host]
op bezoek gaan	jít na návštěvu	[ji:t na na:vʃtevu]
gasten verwelkomen	vítat hosty	[vitat hostɪ]
geschenk, cadeau (het)	dárek (m)	[da:rɛk]
geven (iets cadeau ~)	darovat	[darovat]
geschenken ontvangen	dostávat dárky	[dosta:vat da:rkɪ]
boeket (het)	kytice (ž)	[kɪtɪtsɛ]
felicitaties (mv.)	blahopřání (s)	[blahoprʃa:ni:]
feliciteren (ww)	blahopřát	[blahoprʃa:t]
wenskaart (de)	blahopřejný lístek (m)	[blahoprʃɛjni: li:stɛk]
een kaartje versturen	poslat lístek	[poslat li:stɛk]

een kaartje ontvangen	dostat lístek	[dostat liːstɛk]
toast (de)	přípitek (m)	[prʃiːpɪtɛk]
aanbieden (een drankje ~)	častovat	[tʃastovat]
champagne (de)	šampaňské (s)	[ʃampanʲskɛː]

plezier hebben (ww)	bavit se	[bavɪt sɛ]
plezier (het)	zábava (ž)	[zaːbava]
vreugde (de)	radost (ž)	[radost]

| dans (de) | tanec (m) | [tanɛts] |
| dansen (ww) | tančit | [tantʃɪt] |

| wals (de) | valčík (m) | [valtʃiːk] |
| tango (de) | tango (s) | [tango] |

182. Begrafenissen. Begrafenis

kerkhof (het)	hřbitov (m)	[hrʒbɪtof]
graf (het)	hrob (m)	[hrop]
kruis (het)	kříž (m)	[krʃiːʃ]
grafsteen (de)	náhrobek (m)	[naːhrobɛk]
omheining (de)	ohrádka (ž)	[ohraːtka]
kapel (de)	kaple (ž)	[kaplɛ]

dood (de)	úmrtí (s)	[uːmrtiː]
sterven (ww)	umřít	[umrʒiːt]
overledene (de)	zemřelý (m)	[zɛmrʒɛliː]
rouw (de)	smutek (m)	[smutɛk]

begraven (ww)	pohřbívat	[pohrʒbiːvat]
begrafenisonderneming (de)	pohřební ústav (m)	[pohrʒɛbni uːstaf]
begrafenis (de)	pohřeb (m)	[pohrʒɛp]

krans (de)	věnec (m)	[venɛts]
doodskist (de)	rakev (ž)	[rakɛf]
lijkwagen (de)	katafalk (m)	[katafalk]
lijkkleed (de)	pohřební roucho (m)	[pohrʒɛbni rouxo]

| urn (de) | popelnice (ž) | [popɛlnɪtsɛ] |
| crematorium (het) | krematorium (ɛ) | [krɛmatorɪum] |

overlijdensbericht (het)	nekrolog (m)	[nɛkrolog]
huilen (wenen)	plakat	[plakat]
snikken (huilen)	vzlykat	[vzlɪkat]

183. Oorlog. Soldaten

peloton (het)	četa (ž)	[tʃɛta]
compagnie (de)	rota (ž)	[rota]
regiment (het)	pluk (m)	[pluk]
leger (armee)	armáda (ž)	[armaːda]
divisie (de)	divize (ž)	[dɪvɪzɛ]

sectie (de)	oddíl (m)	[oddi:l]
troep (de)	vojsko (s)	[vojsko]

soldaat (militair)	voják (m)	[voja:k]
officier (de)	důstojník (m)	[du:stojni:k]

soldaat (rang)	vojín (m)	[voji:n]
sergeant (de)	seržant (m)	[sɛrʒant]
luitenant (de)	poručík (m)	[porutʃi:k]
kapitein (de)	kapitán (m)	[kapɪta:n]
majoor (de)	major (m)	[major]
kolonel (de)	plukovník (m)	[plukovni:k]
generaal (de)	generál (m)	[gɛnɛra:l]

matroos (de)	námořník (m)	[na:morʒni:k]
kapitein (de)	kapitán (m)	[kapɪta:n]
bootsman (de)	loďmistr (m)	[lodʲmɪstr]

artillerist (de)	dělostřelec (m)	[delostrʃɛlɛts]
valschermjager (de)	výsadkář (m)	[vi:satka:rʃ]
piloot (de)	letec (m)	[lɛtɛts]
stuurman (de)	navigátor (m)	[navɪga:tor]
mecanicien (de)	mechanik (m)	[mɛxanɪk]

sappeur (de)	ženista (m)	[ʒenɪsta]
parachutist (de)	parašutista (m)	[paraʃutɪsta]
verkenner (de)	rozvědčík (m)	[rozvedtʃi:k]
scherpschutter (de)	odstřelovač (m)	[otstrʃɛlovatʃ]

patrouille (de)	hlídka (ž)	[hli:tka]
patrouilleren (ww)	hlídkovat	[hli:tkovat]
wacht (de)	strážný (m)	[stra:ʒni:]

krijger (de)	vojín (m)	[voji:n]
patriot (de)	vlastenec (m)	[vlastɛnɛts]
held (de)	hrdina (m)	[hrdɪna]
heldin (de)	hrdinka (ž)	[hrdɪŋka]

verrader (de)	zrádce (m)	[zra:dtsɛ]
deserteur (de)	zběh (m)	[zbex]
deserteren (ww)	dezertovat	[dɛzɛrtovat]

huurling (de)	žoldnéř (m)	[ʒoldnɛ:rʃ]
rekruut (de)	branec (m)	[branɛts]
vrijwilliger (de)	dobrovolník (m)	[dobrovolni:k]

gedode (de)	zabitý (m)	[zabɪti:]
gewonde (de)	raněný (m)	[raneni:]
krijgsgevangene (de)	zajatec (m)	[zajatɛts]

184. Oorlog. Militaire acties. Deel 1

oorlog (de)	válka (ž)	[va:lka]
oorlog voeren (ww)	bojovat	[bojovat]

burgeroorlog (de)	občanská válka (ž)	[obtʃanska: va:lka]
achterbaks (bw)	věrolomně	[verolomne]
oorlogsverklaring (de)	vyhlášení (s)	[vɪhla:ʃɛni:]
verklaren (de oorlog ~)	vyhlásit	[vɪhla:sɪt]
agressie (de)	agrese (ž)	[agrɛsɛ]
aanvallen (binnenvallen)	přepadat	[prʃɛpadat]
binnenvallen (ww)	uchvacovat	[uxvatsovat]
invaller (de)	uchvatitel (m)	[uxvatɪtɛl]
veroveraar (de)	dobyvatel (m)	[dobɪvatɛl]
verdediging (de)	obrana (ž)	[obrana]
verdedigen (je land ~)	bránit	[bra:nɪt]
zich verdedigen (ww)	bránit se	[bra:nɪt sɛ]
vijand, tegenstander (de)	nepřítel (m)	[nɛprʃi:tɛl]
vijandelijk (bn)	nepřátelský	[nɛprʃa:tɛlski:]
strategie (de)	strategie (ž)	[stratɛgɪɛ]
tactiek (de)	taktika (ž)	[taktɪka]
order (de)	rozkaz (m)	[roskas]
bevel (het)	povel (m)	[povɛl]
bevelen (ww)	rozkazovat	[roskazovat]
opdracht (de)	úkol (m)	[u:kol]
geheim (bn)	tajný	[tajni:]
veldslag (de)	bitva (ž)	[bɪtva]
strijd (de)	boj (m)	[boj]
aanval (de)	útok (m)	[u:tok]
bestorming (de)	útok (m)	[u:tok]
bestormen (ww)	dobývat útokem	[dobi:vat u:tokɛm]
bezetting (de)	obležení (s)	[oblɛʒeni:]
aanval (de)	ofenzíva (ž)	[ofɛnzi:va]
in het offensief te gaan	zahájit ofenzivu	[zaha:jɪt ofɛnzivu]
terugtrekking (de)	ústup (m)	[u:stup]
zich terugtrekken (ww)	ustupovat	[ustupovat]
omsingeling (de)	obklíčení (s)	[opkli:tʃɛni:]
omsingelen (ww)	obkličovat	[opklɪtʃovat]
bombardement (het)	bombardování (s)	[bombardova:ni:]
een bom gooien	shodit pumu	[sxodɪt pumu]
bombarderen (ww)	bombardovat	[bombardovat]
ontploffing (de)	výbuch (m)	[vi:bux]
schot (het)	výstřel (m)	[vi:strʃɛl]
een schot lossen	vystřelit	[vɪstrʒɛlɪt]
schieten (het)	střelba (ž)	[strʃɛlba]
mikken op (ww)	mířit	[mi:rʒɪt]
aanleggen (een wapen ~)	zamířit	[zami:rʒɪt]
treffen (doelwit ~)	zasáhnout	[zasa:hnout]

zinken (tot zinken brengen)	potopit	[potopɪt]
kogelgat (het)	trhlina (ž)	[trhlɪna]
zinken (gezonken zijn)	topit se	[topɪt sɛ]

front (het)	fronta (ž)	[fronta]
evacuatie (de)	evakuace (ž)	[ɛvakuaʦɛ]
evacueren (ww)	evakuovat	[ɛvakuovat]

prikkeldraad (de)	ostnatý drát (m)	[ostnati: dra:t]
verdedigingsobstakel (het)	zátaras (m)	[za:taras]
wachttoren (de)	věž (ž)	[veʃ]

hospitaal (het)	vojenská nemocnice (ž)	[vojɛnska: nɛmoʦnɪʦɛ]
verwonden (ww)	zranit	[zranɪt]
wond (de)	rána (ž)	[ra:na]
gewonde (de)	raněný (m)	[raneni:]
gewond raken (ww)	utrpět zranění	[utrpet zraneni:]
ernstig (~e wond)	těžký	[teʃki:]

185. Oorlog. Militaire acties. Deel 2

krijgsgevangenschap (de)	zajetí (s)	[zajɛti:]
krijgsgevangen nemen	zajmout	[zajmout]
krijgsgevangene zijn	být v zajetí	[bi:t v zajɛti:]
krijgsgevangen genomen worden	dostat se do zajetí	[dostat sɛ do zajɛti:]

concentratiekamp (het)	koncentrační tábor (m)	[konʦɛntratʃni: ta:bor]
krijgsgevangene (de)	zajatec (m)	[zajatɛʦ]
vluchten (ww)	utéci	[utɛ:ʦɪ]

verraden (ww)	zradit	[zradɪt]
verrader (de)	zrádce (m)	[zra:dʦɛ]
verraad (het)	zrada (ž)	[zrada]

| fusilleren (executeren) | zastřelit | [zastrʃɛlɪt] |
| executie (de) | smrt (ž) zastřelením | [smrt zastrʃɛlɛni:m] |

uitrusting (de)	výstroj (ž)	[vi:stroj]
schouderstuk (het)	nárameník (m)	[na:ramɛni:k]
gasmasker (het)	plynová maska (ž)	[plɪnova: maska]

portofoon (de)	vysílačka (ž)	[vɪsi:latʃka]
geheime code (de)	šifra (ž)	[ʃɪfra]
samenzwering (de)	konspirace (ž)	[konspɪraʦɛ]
wachtwoord (het)	heslo (s)	[hɛslo]

mijn (landmijn)	mina (ž)	[mɪna]
ondermijnen (legden mijnen)	zaminovat	[zamɪnovat]
mijnenveld (het)	minové pole (s)	[mɪnovɛ: polɛ]

luchtalarm (het)	letecký poplach (m)	[lɛtɛtski: poplax]
alarm (het)	poplach (m)	[poplax]
signaal (het)	signál (m)	[sɪgna:l]

vuurpijl (de)	světlice (ž)	[svetlɪtsɛ]
staf (generale ~)	štáb (m)	[ʃta:p]
verkenning (de)	rozvědka (ž)	[rozvetka]
toestand (de)	situace (ž)	[sɪtuatsɛ]
rapport (het)	hlášení (s)	[hla:ʃɛni:]
hinderlaag (de)	záloha (ž)	[za:loha]
versterking (de)	posila (ž)	[posɪla]

doel (bewegend ~)	terč (m)	[tɛrtʃ]
proefterrein (het)	střelnice (ž)	[strʃɛlnɪtsɛ]
manoeuvres (mv.)	manévry (m mn)	[manɛ:vrɪ]

paniek (de)	panika (ž)	[panɪka]
verwoesting (de)	rozvrat (m)	[rozvrat]
verwoestingen (mv.)	zpustošení (s)	[spustoʃɛni:]
verwoesten (ww)	zpustošit	[spustoʃɪt]

overleven (ww)	přežít	[prʃɛʒi:t]
ontwapenen (ww)	odzbrojit	[odzbrojɪt]
behandelen (een pistool ~)	zacházet	[zaxa:zɛt]

| Geeft acht! | Pozor! | [pozor] |
| Op de plaats rust! | Pohov! | [pohoʃ] |

heldendaad (de)	hrdinský čin (m)	[hrdɪnski: tʃɪn]
eed (de)	přísaha (ž)	[prʃi:saha]
zweren (een eed doen)	přísahat	[prʃi:sahat]

decoratie (de)	vyznamenání (s)	[vɪznamɛna:ni:]
onderscheiden	vyznamenávat	[vɪznamɛna:vat]
(een ereteken geven)		
medaille (de)	medaile (ž)	[mɛdajlɛ]
orde (de)	řád (m)	[rʒa:t]

overwinning (de)	vítězství (s)	[vi:tezstvi:]
verlies (het)	porážka (ž)	[pora:ʃka]
wapenstilstand (de)	příměří (s)	[prʃi:mnerʒi:]

wimpel (vaandel)	prapor (m)	[prapor]
roem (de)	sláva (ž)	[sla:va]
parade (de)	vojenská přehlídka (ž)	[vojɛnska: prʃɛhli:tka]
marcheren (ww)	pochodovat	[poxodovat]

186. Wapens

wapens (mv.)	zbraň (ž)	[zbranʲ]
vuurwapens (mv.)	střelná zbraň (ž)	[strʃɛlna: zbranʲ]
koude wapens (mv.)	bodná a sečná zbraň (ž)	[bodna: a sɛtʃna: zbranʲ]

chemische wapens (mv.)	chemická zbraň (ž)	[xɛmɪtska: zbranʲ]
kern-, nucleair (bn)	jaderný	[jadɛrni:]
kernwapens (mv.)	jaderná zbraň (ž)	[jadɛrna: zbranʲ]
bom (de)	puma (ž)	[puma]
atoombom (de)	atomová puma (ž)	[atomova: puma]

pistool (het)	pistole (ž)	[pɪstolɛ]
geweer (het)	puška (ž)	[puʃka]
machinepistool (het)	samopal (m)	[samopal]
machinegeweer (het)	kulomet (m)	[kulomɛt]

loop (schietbuis)	ústí (s) hlavně	[u:sti: hlavne]
loop (bijv. geweer met kortere ~)	hlaveň (ž)	[hlavɛnʲ]
kaliber (het)	ráž (ž)	[ra:ʃ]

trekker (de)	kohoutek (m)	[kohoutɛk]
korrel (de)	hledí (s)	[hlɛdi:]
magazijn (het)	zásobník (m)	[za:sobni:k]
geweerkolf (de)	pažba (ž)	[paʒba]

granaat (handgranaat)	granát (m)	[grana:t]
explosieven (mv.)	výbušnina (ž)	[vi:buʃnɪna]

kogel (de)	kulka (ž)	[kulka]
patroon (de)	náboj (m)	[na:boj]
lading (de)	nálož (ž)	[na:loʃ]
ammunitie (de)	střelivo (s)	[strʃɛlɪvo]
bommenwerper (de)	bombardér (m)	[bombardɛ:r]
straaljager (de)	stíhačka (ž)	[sti:hatʃka]
helikopter (de)	vrtulník (m)	[vrtulni:k]

afweergeschut (het)	protiletadlové dělo (s)	[protɪlɛtadlovɛ: delo]
tank (de)	tank (m)	[taŋk]
kanon (tank met een ~ van 76 mm)	tankové dělo (s)	[taŋkovɛ: delo]

artillerie (de)	dělostřelectvo (s)	[delostrʃɛlɛtstvo]
kanon (het)	dělo (s)	[delo]
aanleggen (een wapen ~)	zamířit	[zami:rʒɪt]

projectiel (het)	střela (ž)	[strʃɛla]
mortiergranaat (de)	mina (ž)	[mɪna]
mortier (de)	minomet (m)	[mɪnomɛt]
granaatscherf (de)	střepina (ž)	[strʃɛpɪna]

duikboot (de)	ponorka (ž)	[ponorka]
torpedo (de)	torpédo (s)	[torpɛ:do]
raket (de)	raketa (ž)	[rakɛta]

laden (geweer, kanon)	nabíjet	[nabi:jɛt]
schieten (ww)	střílet	[strʃi:lɛt]
richten op (mikken)	mířit	[mi:rʒɪt]
bajonet (de)	bodák (m)	[boda:k]

degen (de)	kord (m)	[kort]
sabel (de)	šavle (ž)	[ʃavlɛ]
speer (de)	kopí (s)	[kopi:]
boog (de)	luk (m)	[luk]
pijl (de)	šíp (m)	[ʃi:p]
musket (de)	mušketa (ž)	[muʃkɛta]
kruisboog (de)	samostříl (m)	[samostrʃi:l]

187. Oude mensen

primitief (bn)	prvobytný	[prvobɪtni:]
voorhistorisch (bn)	prehistorický	[prɛhɪstorɪtski:]
eeuwenoude (~ beschaving)	starobylý	[starobɪli:]
Steentijd (de)	Doba (ž) kamenná	[doba kamɛnna:]
Bronstijd (de)	Doba (ž) bronzová	[doba bronzova:]
IJstijd (de)	Doba (ž) ledová	[doba lɛdova:]
stam (de)	kmen (m)	[kmɛn]
menseneter (de)	lidojed (m)	[lɪdojɛt]
jager (de)	lovec (m)	[lovɛts]
jagen (ww)	lovit	[lovɪt]
mammoet (de)	mamut (m)	[mamut]
grot (de)	jeskyně (ž)	[jɛskɪne]
vuur (het)	oheň (m)	[ohɛnj]
kampvuur (het)	táborák (m)	[taborak]
rotstekening (de)	jeskynní malba (ž)	[jɛskɪnni: malba]
werkinstrument (het)	pracovní nástroje (m mn)	[pratsovni: na:strojɛ]
speer (de)	oštěp (m)	[oʃtep]
stenen bijl (de)	kamenná sekera (ž)	[kamɛnna: sɛkɛra]
oorlog voeren (ww)	bojovat	[bojovat]
temmen (bijv. wolf ~)	ochočovat	[oxoʧovat]
idool (het)	modla (ž)	[modla]
aanbidden (ww)	klaět se	[klanet sɛ]
bijgeloof (het)	pověra (ž)	[povera]
evolutie (de)	evoluce (ž)	[ɛvoluʦɛ]
ontwikkeling (de)	rozvoj (m)	[rozvoj]
verdwijning (de)	vymizení (s)	[vɪmɪzɛni:]
zich aanpassen (ww)	přizpůsobovat se	[prʃɪspu:sobovat sɛ]
archeologie (de)	archeologie (ž)	[arxɛologɪe]
archeoloog (de)	archeolog (m)	[arxɛolog]
archeologisch (bn)	archeologický	[arxɛologɪtski:]
opgravingsplaats (de)	vykopávky (ž mn)	[vɪkopa·fkɪ]
opgravingen (mv.)	vykopávky (ž mn)	[vɪkopa:fkɪ]
vondst (de)	objev (m)	[objɛf]
fragment (het)	část (ž)	[ʧa:st]

188. Middeleeuwen

volk (het)	lid, národ (m)	[lɪt], [na:rot]
volkeren (mv.)	národy (m mn)	[na:rodɪ]
stam (de)	kmen (m)	[kmɛn]
stammen (mv.)	kmeny (m mn)	[kmɛnɪ]
barbaren (mv.)	barbaři (m mn)	[barbarʒɪ]
Galliërs (mv.)	Galové (m mn)	[galove:]

Goten (mv.)	Gótové (m mn)	[go:tovɛ:]
Slaven (mv.)	Slované (m mn)	[slovanɛ:]
Vikings (mv.)	Vikingové (m mn)	[vɪkɪngovɛ:]

| Romeinen (mv.) | Římané (m mn) | [rʒi:manɛ:] |
| Romeins (bn) | římský | [rʒi:mski:] |

Byzantijnen (mv.)	obyvatelé (m mn) Byzantské říše	[obɪvatɛlɛ: bɪzantskɛ: rʃi:ʃɛ]
Byzantium (het)	Byzantská říše (ž)	[bɪzantska: rʃi:ʃɛ]
Byzantijns (bn)	byzantský	[bɪzantski:]

keizer (bijv. Romeinse ~)	císař (m)	[ʦi:sarʃ]
opperhoofd (het)	vůdce (m)	[vu:dʦɛ]
machtig (bn)	mocný	[moʦni:]
koning (de)	král (m)	[kra:l]
heerser (de)	vladař (m)	[vladarʃ]

ridder (de)	rytíř (m)	[rɪti:rʃ]
feodaal (de)	feudál (m)	[fɛuda:l]
feodaal (bn)	feudální	[fɛuda:lni:]
vazal (de)	vasal (m)	[vasal]

hertog (de)	vévoda (m)	[vɛ:voda]
graaf (de)	hrabě (m)	[hrabe]
baron (de)	barel (m)	[barɛl]
bisschop (de)	biskup (m)	[bɪskup]

harnas (het)	brnění (s)	[brneni:]
schild (het)	štít (m)	[ʃti:t]
zwaard (het)	meč (m)	[mɛtʃ]
vizier (het)	hledí (s)	[hlɛdi:]
maliënkolder (de)	kroužková košile (ž)	[krouʃkova: koʃɪlɛ]

| kruistocht (de) | křižácká výprava (ž) | [krʃɪʒa:ʦka: vi:prava] |
| kruisvaarder (de) | křižák (m) | [krʃɪʒa:k] |

gebied (bijv. bezette ~en)	území (s)	[u:zɛmi:]
aanvallen (binnenvallen)	přepadat	[prʃɛpadat]
veroveren (ww)	dobýt	[dobi:t]
innemen (binnenvallen)	zmocnit se	[zmoʦnɪt sɛ]

bezetting (de)	obležení (s)	[oblɛʒeni:]
belegerd (bn)	obklíčený	[opkli:tʃɛni:]
belegeren (ww)	obkličovat	[opklɪtʃovat]

inquisitie (de)	inkvizice (ž)	[ɪŋkvɪzɪʦɛ]
inquisiteur (de)	inkvizitor (m)	[ɪŋkvɪzɪtor]
foltering (de)	mučení (s)	[mutʃɛni:]
wreed (bn)	krutý	[kruti:]
ketter (de)	kacíř (m)	[kaʦi:rʃ]
ketterij (de)	bludařství (s)	[bludarʃstvi:]

zeevaart (de)	mořeplavba (ž)	[morʒɛplavba]
piraat (de)	pirát (m)	[pɪra:t]
piraterij (de)	pirátství (s)	[pɪra:tstvi:]

enteren (het)	abordáž (ž)	[aborda:ʃ]
buit (de)	kořist (ž)	[korʒɪst]
schatten (mv.)	bohatství (s)	[bohatstvi:]

ontdekking (de)	objevení (s)	[objɛvɛni:]
ontdekken (bijv. nieuw land)	objevit	[objɛvɪt]
expeditie (de)	výprava (ž)	[vi:prava]

musketier (de)	mušketýr (m)	[muʃkɛti:r]
kardinaal (de)	kardinál (m)	[kardɪna:l]
heraldiek (de)	heraldika (ž)	[hɛraldɪka]
heraldisch (bn)	heraldický	[hɛraldɪtski:]

189. Leider. Baas. Autoriteiten

koning (de)	král (m)	[kra:l]
koningin (de)	královna (ž)	[kra:lovna]
koninklijk (bn)	královský	[kra:lovski:]
koninkrijk (het)	království (s)	[kra:lovstvi:]

| prins (de) | princ (m) | [prɪnts] |
| prinses (de) | princezna (ž) | [prɪntsɛzna] |

president (de)	prezident (m)	[prɛzɪdɛnt]
vicepresident (de)	viceprezident (m)	[vɪtsɛprɛzɪdɛnt]
senator (de)	senátor (m)	[sɛna:tor]

monarch (de)	monarcha (m)	[monarxa]
heerser (de)	vladař (m)	[vladarʃ]
dictator (de)	diktátor (m)	[dɪkta:tor]
tiran (de)	tyran (m)	[tɪran]
magnaat (de)	magnát (m)	[magna:t]

directeur (de)	ředitel (m)	[rʒɛdɪtɛl]
chef (de)	šéf (m)	[ʃɛ:f]
beheerder (de)	správce (m)	[spra:vtsɛ]
baas (de)	bos (m)	[bos]
eigenaar (de)	majitel (m)	[majɪtɛl]

hoofd (bijv. ~ van de delegatie)	hlava (m)	[hlava]
autoriteiten (mv.)	úřady (m mn)	[u:rʒadɪ]
superieuren (mv.)	vedení (s)	[vɛdɛni:]

gouverneur (de)	gubernátor (m)	[gubɛrna:tor]
consul (de)	konzul (m)	[konzul]
diplomaat (de)	diplomat (m)	[dɪplomat]
burgemeester (de)	primátor (m)	[prɪma:tor]
sheriff (de)	šerif (m)	[ʃɛrɪf]

keizer (bijv. Romeinse ~)	císař (m)	[tsi:sarʃ]
tsaar (de)	car (m)	[tsar]
farao (de)	faraón (m)	[farao:n]
kan (de)	chán (m)	[xa:n]

190. Weg. Weg. Routebeschrijving

| weg (de) | cesta (ž) | [ʦɛsta] |
| route (de kortste ~) | cesta (ž) | [ʦɛsta] |

autoweg (de)	silnice (ž)	[sɪlnɪʦɛ]
snelweg (de)	dálnice (ž)	[daːlnɪʦɛ]
rijksweg (de)	národní trasa (ž)	[naːrodniː trasa]

| hoofdweg (de) | hlavní silnice (ž) | [hlavniː sɪlnɪʦɛ] |
| landweg (de) | polní cesta (ž) | [polniː ʦɛsta] |

| pad (het) | stezka (ž) | [stɛska] |
| paadje (het) | stezka (ž) | [stɛska] |

Waar?	Kde?	[gdɛ]
Waarheen?	Kam?	[kam]
Waarvandaan?	Odkud?	[otkut]

| richting (de) | směr (m) | [smner] |
| aanwijzen (de weg ~) | ukázat | [ukaːzat] |

naar links (bw)	vlevo	[vlɛvo]
naar rechts (bw)	vpravo	[vpravo]
rechtdoor (bw)	rovně	[rovne]
terug (bijv. ~ keren)	zpátky	[spaːtkɪ]

bocht (de)	zatáčka (ž)	[zataːʧka]
afslaan (naar rechts ~)	zatáčet	[zataːʧɛt]
U-bocht maken (ww)	otáčet se	[otaːʧɛt sɛ]

| zichtbaar worden (ww) | být vidět | [biːt vɪdet] |
| verschijnen (in zicht komen) | ukázat se | [ukaːzat sɛ] |

stop (korte onderbreking)	zastávka (ž)	[zastaːfka]
zich verpozen (uitrusten)	odpočinout	[otpoʧɪnout]
rust (de)	odpočinek (m)	[otpoʧɪnɛk]

verdwalen (de weg kwijt zijn)	zabloudit	[zabloudɪt]
leiden naar ... (de weg)	vést k ...	[vɛːst k]
bereiken (ergens aankomen)	dostat se k ...	[dostat sɛ k]
deel (~ van de weg)	úsek (m)	[uːsɛk]

asfalt (het)	asfalt (m)	[asfalt]
trottoirband (de)	obrubník (m)	[obrubniːk]
greppel (de)	příkop (m)	[prʃiːkop]
putdeksel (het)	poklop (m)	[poklop]
vluchtstrook (de)	krajnice (ž)	[krajnɪʦɛ]
kuil (de)	jáma (ž)	[jaːma]

| gaan (te voet) | jít | [jiːt] |
| inhalen (voorbijgaan) | předejít | [prʃɛdɛjiːt] |

| stap (de) | krok (m) | [krok] |
| te voet (bw) | pěšky | [peʃkɪ] |

blokkeren (de weg ~)	zatarasit	[zatarasɪt]
slagboom (de)	závory (ž mn)	[za:vorɪ]
doodlopende straat (de)	slepá ulice (ž)	[slɛpa: ulɪtsɛ]

191. De wet overtreden. Criminelen. Deel 1

bandiet (de)	bandita (m)	[bandɪta]
misdaad (de)	zločin (m)	[zlotʃɪn]
misdadiger (de)	zločinec (m)	[zlotʃɪnɛts]

dief (de)	zloděj (m)	[zlodej]
stelen (ww)	krást	[kra:st]
stelen (de)	loupež (ž)	[loupɛʃ]
diefstal (de)	krádež (ž)	[kra:dɛʃ]

kidnappen (ww)	unést	[unɛ:st]
kidnapping (de)	únos (m)	[u:nos]
kidnapper (de)	únosce (m)	[u:nostsɛ]

| losgeld (het) | výkupné (s) | [vi:kupnɛ:] |
| eisen losgeld (ww) | žádat výkupné | [ʒa:dat vi:kupnɛ:] |

overvallen (ww)	loupit	[loupɪt]
overval (de)	loupež (ž)	[loupɛʃ]
overvaller (de)	lupič (m)	[lupɪtʃ]

afpersen (ww)	vydírat	[vɪdi:rat]
afperser (de)	vyděrač (m)	[vɪderatʃ]
afpersing (de)	vyděračství (s)	[vɪderatʃstvi:]

vermoorden (ww)	zabít	[zabi:t]
moord (de)	vražda (ž)	[vraʒda]
moordenaar (de)	vrah (m)	[vrax]

schot (het)	výstřel (m)	[vi:strʃɛl]
een schot lossen	vystřelit	[vɪstrʒɛlɪt]
neerschieten (ww)	zastřelit	[zastrʃɛlɪt]
schieten (ww)	střílet	[strʃi:lɛt]
schieten (het)	střelba (ž)	[strʃɛlba]

ongeluk (gevecht, enz.)	nehoda (ž)	[nɛhoda]
gevecht (het)	rvačka (ž)	[rvatʃka]
Help!	Pomoc!	[pomots]
slachtoffer (het)	oběť (ž)	[obetʲ]

beschadigen (ww)	poškodit	[poʃkodɪt]
schade (de)	škoda (ž)	[ʃkoda]
lijk (het)	mrtvola (ž)	[mrtvola]
zwaar (~ misdrijf)	těžký	[teʃki:]

aanvallen (ww)	napadnout	[napadnout]
slaan (iemand ~)	bít	[bi:t]
in elkaar slaan (toetakelen)	zbít	[zbi:t]
ontnemen (beroven)	odebrat	[odɛbrat]

22

steken (met een mes)	zabít	[zabi:t]
verminken (ww)	zmrzačit	[zmrzatʃɪt]
verwonden (ww)	zranit	[zranɪt]

chantage (de)	vyděračství (s)	[vɪderatʃstvi:]
chanteren (ww)	vydírat	[vɪdi:rat]
chanteur (de)	vyděrač (m)	[vɪderatʃ]

afpersing (de)	vyděračství (s)	[vɪderatʃstvi:]
afperser (de)	vyděrač (m)	[vɪderatʃ]
gangster (de)	gangster (m)	[gangstɛr]
maffia (de)	mafie (ž)	[mafɪe]

kruimeldief (de)	kapsář (m)	[kapsa:rʃ]
inbreker (de)	kasař (m)	[kasarʃ]
smokkelen (het)	pašování (s)	[paʃova:ni:]
smokkelaar (de)	pašerák (m)	[paʃɛra:k]

namaak (de)	padělání (s)	[padela:ni:]
namaken (ww)	padělat	[padelat]
namaak-, vals (bn)	padělaný	[padelani:]

192. De wet overtreden. Criminelen. Deel 2

verkrachting (de)	znásilnění (s)	[zna:sɪlneni:]
verkrachten (ww)	znásilnit	[zna:sɪlnɪt]
verkrachter (de)	násilník (m)	[na:sɪlni:k]
maniak (de)	maniak (m)	[manɪak]

prostituee (de)	prostitutka (ž)	[prostɪtutka]
prostitutie (de)	prostituce (ž)	[prostɪtutsɛ]
pooier (de)	kuplíř (m)	[kupli:rʃ]

drugsverslaafde (de)	narkoman (m)	[narkoman]
drugshandelaar (de)	drogový dealer (m)	[drogovi: di:lɛr]

opblazen (ww)	vyhodit do povětří	[vɪhodɪt do povetrʃi:]
explosie (de)	výbuch (m)	[vi:bux]
in brand steken (ww)	zapálit	[zapa:lɪt]
brandstichter (de)	žhář (m)	[ʒha:rʃ]

terrorisme (het)	terorismus (m)	[tɛrorɪzmus]
terrorist (de)	terorista (m)	[tɛrorɪsta]
gijzelaar (de)	rukojmí (m)	[rukojmi:]

bedriegen (ww)	oklamat	[oklamat]
bedrog (het)	podvod (m)	[podvot]
oplichter (de)	podvodník (m)	[podvodni:k]

omkopen (ww)	podplatit	[potplatɪt]
omkoperij (de)	podplacení (s)	[potplaɪtsɛni:]
smeergeld (het)	úplatek (m)	[u:platɛk]
vergif (het)	jed (m)	[jɛt]
vergiftigen (ww)	otrávit	[otra:vɪt]

vergif innemen (ww)	otrávit se	[otra:vɪt sɛ]
zelfmoord (de)	sebevražda (ž)	[sɛbɛvraʒda]
zelfmoordenaar (de)	sebevrah (m)	[sɛbɛvrax]

bedreigen (bijv. met een pistool)	vyhrožovat	[vɪhroʒovat]
bedreiging (de)	vyhrůžka (ž)	[vɪhru:ʃka]
een aanslag plegen	páchat atentát	[pa:xat atenta:t]
aanslag (de)	atentát (m)	[atɛnta:t]

| stelen (een auto) | unést | [unɛ:st] |
| kapen (een vliegtuig) | unést | [unɛ:st] |

| wraak (de) | pomsta (ž) | [pomsta] |
| wreken (ww) | mstít se | [msti:t sɛ] |

martelen (gevangenen)	mučit	[mutʃɪt]
foltering (de)	mučení (s)	[mutʃɛni:]
folteren (ww)	trápit	[tra:pɪt]

piraat (de)	pirát (m)	[pɪra:t]
straatschender (de)	chuligán (m)	[xulɪga:n]
gewapend (bn)	ozbrojený	[ozbrojɛni:]
geweld (het)	násilí (s)	[na:sɪli:]

| spionage (de) | špionáž (ž) | [ʃpɪona:ʃ] |
| spioneren (ww) | špehovat | [ʃpɛhovat] |

193. Politie. Wet. Deel 1

| justitie (de) | justice (ž) | [justɪtsɛ] |
| gerechtshof (het) | soud (m) | [sout] |

rechter (de)	soudce (m)	[soudtsɛ]
jury (de)	porotci (m mn)	[porottsɪ]
juryrechtspraak (de)	porota (ž)	[porota]
berechten (ww)	soudit	[soudɪt]

advocaat (de)	advokát (m)	[advoka:t]
beklaagde (de)	obžalovaný (m)	[obʒalovani:]
beklaagdenbank (de)	lavice (ž) obžalovaných	[lavɪtsɛ obʒalovani:x]

| beschuldiging (de) | žaloba (ž) | [ʒaloba] |
| beschuldigde (de) | obžalovaný (m) | [obʒalovani:] |

| vonnis (het) | rozsudek (m) | [rozsudɛk] |
| veroordelen (in een rechtszaak) | odsoudit | [otsoudɪt] |

schuldige (de)	viník (m)	[vɪni:k]
straffen (ww)	potrestat	[potrɛstat]
bestraffing (de)	trest (m)	[trɛst]
boete (de)	pokuta (ž)	[pokuta]
levenslange opsluiting (de)	doživotní vězení (s)	[doʒɪvotni: vezɛni:]

doodstraf (de)	trest (m) smrti	[trɛst smrtɪ]
elektrische stoel (de)	elektrické křeslo (s)	[ɛlɛktrɪtskɛ: krʃɛslo]
schavot (het)	šibenice (ž)	[ʃɪbɛnɪtsɛ]

| executeren (ww) | popravit | [popravɪt] |
| executie (de) | poprava (ž) | [poprava] |

| gevangenis (de) | vězení (s) | [vezɛni:] |
| cel (de) | cela (ž) | [tsɛla] |

konvooi (het)	ozbrojený doprovod (m)	[ozbrojɛni: doprovot]
gevangenisbewaker (de)	dozorce (m)	[dozortsɛ]
gedetineerde (de)	vězeň (m)	[vezɛnʲ]

| handboeien (mv.) | pouta (s mn) | [pouta] |
| handboeien omdoen | nasadit pouta | [nasadɪt pouta] |

ontsnapping (de)	útěk (m)	[u:tek]
ontsnappen (ww)	uprchnout	[uprxnout]
verdwijnen (ww)	zmizet	[zmɪzɛt]
vrijlaten (uit de gevangenis)	propustit	[propustɪt]
amnestie (de)	amnestie (ž)	[amnɛstɪe]

politie (de)	policie (ž)	[polɪtsɪe]
politieagent (de)	policista (m)	[polɪtsɪsta]
politiebureau (het)	policejní stanice (ž)	[polɪtsɛjni: stanɪtsɛ]
knuppel (de)	gumový obušek (m)	[gumovi: obuʃɛk]
megafoon (de)	hlásná trouba (ž)	[hla:sna: trouba]

patrouilleerwagen (de)	policejní vůz (m)	[polɪtsɛjni: vu:z]
sirene (de)	houkačka (ž)	[houkatʃka]
de sirene aansteken	zapnout houkačku	[zapnout houkatʃku]
geloei (het) van de sirene	houkání (s)	[houka:ni:]

plaats delict (de)	místo (s) činu	[mi:sto tʃɪnu]
getuige (de)	svědek (m)	[svedɛk]
vrijheid (de)	svoboda (ž)	[svoboda]
handlanger (de)	spolupachatel (m)	[spolupaxatɛl]
ontvluchten (ww)	zmizet	[zmɪzɛt]
spoor (het)	stopa (ž)	[stopa]

194. Politie. Wet. Deel 2

opsporing (de)	pátrání (s)	[pa:tra:ni:]
opsporen (ww)	pátrat	[pa:trat]
verdenking (de)	podezření (s)	[podɛzrʒɛni:]
verdacht (bn)	podezřelý	[podɛzrʒɛli:]
aanhouden (stoppen)	zastavit	[zastavɪt]
tegenhouden (ww)	zadržet	[zadrʒet]

strafzaak (de)	případ (m)	[prʃi:pat]
onderzoek (het)	vyšetřování (s)	[vɪʃɛtrʃova:ni:]
detective (de)	detektiv (m)	[dɛtɛktɪf]
onderzoeksrechter (de)	vyšetřovatel (m)	[vɪʃɛtrʃovatɛl]

versie (de)	verze (ž)	[vɛrzɛ]
motief (het)	motiv (m)	[motɪf]
verhoor (het)	výslech (m)	[vi:slɛx]
ondervragen (door de politie)	vyslýchat	[vɪsli:xat]
ondervragen (omstanders ~)	vyslýchat	[vɪsli:xat]
controle (de)	kontrola (ž)	[kontrola]

razzia (de)	zátah (m)	[za:tax]
huiszoeking (de)	prohlídka (ž)	[prohli:tka]
achtervolging (de)	stíhání (s)	[sti:ha:ni:]
achtervolgen (ww)	pronásledovat	[prona:slɛdovat]
opsporen (ww)	sledovat	[slɛdovat]

arrest (het)	zatčení (s)	[zatʃɛni:]
arresteren (ww)	zatknout	[zatknout]
vangen, aanhouden (een dief, enz.)	chytit	[xɪtɪt]
aanhouding (de)	chycení (s)	[xɪtsɛni:]

document (het)	dokument (m)	[dokumɛnt]
bewijs (het)	důkaz (m)	[du:kaz]
bewijzen (ww)	dokazovat	[dokazovat]
voetspoor (het)	stopa (ž)	[stopa]
vingerafdrukken (mv.)	otisky (m mn) prstů	[otɪskɪ prstu:]
bewijs (het)	důkaz (m)	[du:kaz]

alibi (het)	alibi (s)	[alɪbɪ]
onschuldig (bn)	nevinný	[nɛvɪnni:]
onrecht (het)	nespravedlivost (ž)	[nɛspravɛdlɪvost]
onrechtvaardig (bn)	nespravedlivý	[nɛspra:vɛdlɪvi:]

crimineel (bn)	kriminální	[krɪmɪna:lni:]
confisqueren (in beslag nemen)	konfiskovat	[konfɪskovat]
drug (de)	droga (ž)	[droga]
wapen (het)	zbraň (ž)	[zbranʲ]
ontwapenen (ww)	odzbrojit	[odzbrojɪt]
bevelen (ww)	rozkazovat	[roskazovat]
verdwijnen (ww)	zmizet	[zmɪzɛt]

wet (de)	zákon (m)	[za:kon]
wettelijk (bn)	zákonný	[za·konni:]
onwettelijk (bn)	nezákonný	[nɛza:konni:]

| verantwoordelijkheid (de) | odpovědnost (ž) | [otpovednost] |
| verantwoordelijk (bn) | odpovědný | [otpovedni:] |

177

NATUUR

De Aarde. Deel 1

195. De kosmische ruimte

kosmos (de)	kosmos (m)	[kosmos]
kosmisch (bn)	kosmický	[kosmɪtski:]
kosmische ruimte (de)	kosmický prostor (m)	[kosmɪtski: prostor]
wereld (de), heelal (het)	vesmír (m)	[vɛsmi:r]
sterrenstelsel (het)	galaxie (ž)	[galaksɪe]
ster (de)	hvězda (ž)	[hvezda]
sterrenbeeld (het)	souhvězdí (s)	[souhvezdi:]
planeet (de)	planeta (ž)	[planɛta]
satelliet (de)	družice (ž)	[druʒɪtsɛ]
meteoriet (de)	meteorit (m)	[mɛtɛorɪt]
komeet (de)	kometa (ž)	[komɛta]
asteroïde (de)	asteroid (m)	[astɛroɪt]
baan (de)	oběžná dráha (ž)	[obeʒna: dra:ha]
draaien (om de zon, enz.)	otáčet se	[ota:tʃɛt sɛ]
atmosfeer (de)	atmosféra (ž)	[atmosfɛ:ra]
Zon (de)	Slunce (s)	[sluntsɛ]
zonnestelsel (het)	sluneční soustava (ž)	[slunɛtʃni: soustava]
zonsverduistering (de)	sluneční zatmění (s)	[slunɛtʃni: zatmneni:]
Aarde (de)	Země (ž)	[zɛmnɛ]
Maan (de)	Měsíc (m)	[mnesi:ts]
Mars (de)	Mars (m)	[mars]
Venus (de)	Venuše (ž)	[vɛnuʃɛ]
Jupiter (de)	Jupiter (m)	[jupɪtɛr]
Saturnus (de)	Saturn (m)	[saturn]
Mercurius (de)	Merkur (m)	[mɛrkur]
Uranus (de)	Uran (m)	[uran]
Neptunus (de)	Neptun (m)	[nɛptun]
Pluto (de)	Pluto (s)	[pluto]
Melkweg (de)	Mléčná dráha (ž)	[mlɛ:tʃna: dra:ha]
Grote Beer (de)	Velká medvědice (ž)	[vɛlka: mɛdvedɪtsɛ]
Poolster (de)	Polárka (ž)	[pola:rka]
marsmannetje (het)	Marťan (m)	[martʲan]
buitenaards wezen (het)	mimozemšťan (m)	[mɪmozɛmʃtʲan]

bovenaards (het)	vetřelec (m)	[vɛtr̝ɛlɛts]
vliegende schotel (de)	létající talíř (m)	[lɛ:taji:tsi: tali:r̝]
ruimtevaartuig (het)	kosmická loď (ž)	[kosmɪtska: lotʲ]
ruimtestation (het)	orbitální stanice (ž)	[orbɪta:lni: stanɪtsɛ]
start (de)	start (m)	[start]
motor (de)	motor (m)	[motor]
straalpijp (de)	tryska (ž)	[trɪska]
brandstof (de)	palivo (s)	[palɪvo]
cabine (de)	kabina (ž)	[kabɪna]
antenne (de)	anténa (ž)	[antɛ:na]
patrijspoort (de)	okénko (s)	[okɛ:ŋko]
zonnebatterij (de)	sluneční baterie (ž)	[slunɛtʃni: batɛrɪe]
ruimtepak (het)	skafandr (m)	[skafandr]
gewichtloosheid (de)	beztížný stav (m)	[bɛzti:ʒni: staf]
zuurstof (de)	kyslík (m)	[kɪsli:k]
koppeling (de)	spojení (s)	[spojɛni:]
koppeling maken	spojovat se	[spojovat sɛ]
observatorium (het)	observatoř (ž)	[opsɛrvatorʃ]
telescoop (de)	teleskop (m)	[tɛlɛskop]
waarnemen (ww)	pozorovat	[pozorovat]
exploreren (ww)	zkoumat	[skoumat]

196. De Aarde

Aarde (de)	Země (ž)	[zɛmnɛ]
aardbol (de)	zeměkoule (ž)	[zɛmnekoulɛ]
planeet (de)	planeta (ž)	[planɛta]
atmosfeer (de)	atmosféra (ž)	[atmosfɛ:ra]
aardrijkskunde (de)	zeměpis (m)	[zɛmnepɪs]
natuur (de)	příroda (ž)	[prʃi:roda]
wereldbol (de)	glóbus (m)	[glo:bus]
kaart (de)	mapa (ž)	[mapa]
atlas (de)	atlas (m)	[atlas]
Europa (het)	Evropa (ž)	[ɛvropa]
Azië (het)	Asie (ž)	[azɪe]
Afrika (het)	Afrika (ž)	[afrɪka]
Australië (het)	Austrálie (ž)	[austra:lɪe]
Amerika (het)	Amerika (ž)	[amɛrɪka]
Noord-Amerika (het)	Severní Amerika (ž)	[sɛvɛrni: amɛrɪka]
Zuid-Amerika (het)	Jižní Amerika (ž)	[jɪʒni: amɛrɪka]
Antarctica (het)	Antarktida (ž)	[antarkti:da]
Arctis (de)	Arktida (ž)	[arktɪda]

197. Windrichtingen

noorden (het)	sever (m)	[sɛvɛr]
naar het noorden	na sever	[na sɛvɛr]
in het noorden	na severu	[na sɛvɛru]
noordelijk (bn)	severní	[sɛvɛrni:]
zuiden (het)	jih (m)	[jɪx]
naar het zuiden	na jih	[na jɪx]
in het zuiden	na jihu	[na jɪhu]
zuidelijk (bn)	jižní	[jɪʒni:]
westen (het)	západ (m)	[za:pat]
naar het westen	na západ	[na za:pat]
in het westen	na západě	[na za:pade]
westelijk (bn)	západní	[za:padni:]
oosten (het)	východ (m)	[vi:xot]
naar het oosten	na východ	[na vi:xot]
in het oosten	na východě	[na vi:xode]
oostelijk (bn)	východní	[vi:xodni:]

198. Zee. Oceaan

zee (de)	moře (s)	[morʒɛ]
oceaan (de)	oceán (m)	[otsɛa:n]
golf (baai)	záliv (m)	[za:lɪf]
straat (de)	průliv (m)	[pru:lɪf]
continent (het)	pevnina (ž)	[pɛvnɪna]
eiland (het)	ostrov (m)	[ostrof]
schiereiland (het)	poloostrov (m)	[poloostrof]
archipel (de)	souostroví (s)	[souostrovi:]
baai, bocht (de)	zátoka (ž)	[za:toka]
haven (de)	přístav (m)	[prʃi:staf]
lagune (de)	laguna (ž)	[lagu:na]
kaap (de)	mys (m)	[mɪs]
atol (de)	atol (m)	[atol]
rif (het)	útes (m)	[u:tɛs]
koraal (het)	korál (m)	[kora:l]
koraalrif (het)	korálový útes (m)	[kora:lovi: u:tɛs]
diep (bn)	hluboký	[hluboki:]
diepte (de)	hloubka (ž)	[hloupka]
diepzee (de)	hlubina (ž)	[hlubɪna]
trog (bijv. Marianentrog)	prohlubeň (ž)	[prohlubɛnʲ]
stroming (de)	proud (m)	[prout]
omspoelen (ww)	omývat	[omi:vat]
oever (de)	břeh (m)	[brʒɛx]
kust (de)	pobřeží (s)	[pobrʒɛʒi:]

vloed (de)	příliv (m)	[prʃiːlɪf]
eb (de)	odliv (m)	[odlɪf]
ondiepte (ondiep water)	mělčina (ž)	[mneltʃɪna]
bodem (de)	dno (s)	[dno]

golf (hoge ~)	vlna (ž)	[vlna]
golfkam (de)	hřbet (m) vlny	[hrʒbɛt vlnɪ]
schuim (het)	pěna (ž)	[pena]

orkaan (de)	hurikán (m)	[hurɪkaːn]
tsunami (de)	tsunami (s)	[tsunamɪ]
windstilte (de)	bezvětří (s)	[bɛzvetrʃiː]
kalm (bijv. ~e zee)	klidný	[klɪdniː]

| pool (de) | pól (m) | [poːl] |
| polair (bn) | polární | [polaːrniː] |

breedtegraad (de)	šířka (ž)	[ʃiːrʃka]
lengtegraad (de)	délka (ž)	[dɛːlka]
parallel (de)	rovnoběžka (ž)	[rovnobeʃka]
evenaar (de)	rovník (m)	[rovniːk]

hemel (de)	obloha (ž)	[obloha]
horizon (de)	horizont (m)	[horɪzont]
lucht (de)	vzduch (m)	[vzdux]

vuurtoren (de)	maják (m)	[majaːk]
duiken (ww)	potápět se	[potaːpet sɛ]
zinken (ov. een boot)	potopit se	[potopɪt sɛ]
schatten (mv.)	bohatství (s)	[bohatstviː]

199. Namen van zeeën en oceanen

Atlantische Oceaan (de)	Atlantický oceán (m)	[atlantɪtski: oʦɛaːn]
Indische Oceaan (de)	Indický oceán (m)	[ɪndɪtski: oʦɛaːn]
Stille Oceaan (de)	Tichý oceán (m)	[tɪxi: oʦɛaːn]
Noordelijke IJszee (de)	Severní ledový oceán (m)	[sɛvɛrni: lɛdovi: oʦɛaːn]

Zwarte Zee (de)	Černé moře (s)	[tʃɛrnɛ: morʒɛ]
Rode Zee (de)	Rudé moře (s)	[rudɛ: morʒɛ]
Gele Zee (de)	Žluté moře (s)	[ʒlutɛ: morʒɛ]
Witte Zee (de)	Bílé moře (s)	[bi:lɛ: morʒɛ]

Kaspische Zee (de)	Kaspické moře (s)	[kaspɪtskɛ: morʒɛ]
Dode Zee (de)	Mrtvé moře (s)	[mrtvɛ: morʒɛ]
Middellandse Zee (de)	Středozemní moře (s)	[strʃɛdozɛmni: morʒɛ]

| Egeïsche Zee (de) | Egejské moře (s) | [ɛgɛjskɛ: morʒɛ] |
| Adriatische Zee (de) | Jaderské moře (s) | [jadɛrskɛ: morʒɛ] |

Arabische Zee (de)	Arabské moře (s)	[arapskɛ: morʒɛ]
Japanse Zee (de)	Japonské moře (s)	[japonskɛ: morʒɛ]
Beringzee (de)	Beringovo moře (s)	[bɛrɪngovo morʒɛ]
Zuid-Chinese Zee (de)	Jihočínské moře (s)	[jɪhotʃi:nskɛ: morʒɛ]

Koraalzee (de)	Korálové moře (s)	[kora:lovɛ: morʒɛ]
Tasmanzee (de)	Tasmanovo moře (s)	[tasmanovo morʒɛ]
Caribische Zee (de)	Karibské moře (s)	[karɪpskɛ: morʒɛ]

| Barentszzee (de) | Barentsovo moře (s) | [barɛntsovo morʒɛ] |
| Karische Zee (de) | Karské moře (s) | [karskɛ: morʒɛ] |

Noordzee (de)	Severní moře (s)	[sɛvɛrni: morʒɛ]
Baltische Zee (de)	Baltské moře (s)	[baltskɛ: morʒɛ]
Noorse Zee (de)	Norské moře (s)	[norskɛ: morʒɛ]

200. Bergen

berg (de)	hora (ž)	[hora]
bergketen (de)	horské pásmo (s)	[horskɛ: pa:smo]
gebergte (het)	horský hřbet (m)	[horski: hrʒbɛt]

bergtop (de)	vrchol (m)	[vrxol]
bergpiek (de)	štít (m)	[ʃti:t]
voet (ov. de berg)	úpatí (s)	[u:pati:]
helling (de)	svah (m)	[svax]

vulkaan (de)	sopka (ž)	[sopka]
actieve vulkaan (de)	činná sopka (ž)	[tʃɪnna: sopka]
uitgedoofde vulkaan (de)	vyhaslá sopka (ž)	[vɪhasla: sopka]

uitbarsting (de)	výbuch (m)	[vi:bux]
krater (de)	kráter (m)	[kra:tɛr]
magma (het)	magma (ž)	[magma]
lava (de)	láva (ž)	[la:va]
gloeiend (~e lava)	rozžhavený	[rozʒhavɛni:]

kloof (canyon)	kaňon (m)	[kanʲon]
bergkloof (de)	soutěska (ž)	[souteska]
spleet (de)	rozsedlina (ž)	[rozsɛdlɪna]

bergpas (de)	průsmyk (m)	[pru:smɪk]
plateau (het)	plató (s)	[plato:]
klip (de)	skála (ž)	[ska:la]
heuvel (de)	kopec (m)	[kopɛts]

gletsjer (de)	ledovec (m)	[lɛdovɛts]
waterval (de)	vodopád (m)	[vodopa:t]
geiser (de)	vřídlo (s)	[vrʒi:dlo]
meer (het)	jezero (s)	[jɛzɛro]

vlakte (de)	rovina (ž)	[rovɪna]
landschap (het)	krajina (ž)	[krajɪna]
echo (de)	ozvěna (ž)	[ozvena]

alpinist (de)	horolezec (m)	[horolɛzɛts]
bergbeklimmer (de)	horolezec (m)	[horolɛzɛts]
trotseren (berg ~)	dobývat	[dobi:vat]
beklimming (de)	výstup (m)	[vi:stup]

201. Bergen namen

Alpen (de)	**Alpy** (mn)	[alpɪ]
Mont Blanc (de)	**Mont Blanc** (m)	[monblaŋ]
Pyreneeën (de)	**Pyreneje** (mn)	[pɪrɛnɛjɛ]
Karpaten (de)	**Karpaty** (mn)	[karpatɪ]
Oeralgebergte (het)	**Ural** (m)	[ural]
Kaukasus (de)	**Kavkaz** (m)	[kafkaz]
Elbroes (de)	**Elbrus** (m)	[ɛlbrus]
Altaj (de)	**Altaj** (m)	[altaj]
Tiensjan (de)	**Ťan-šan** (ž)	[tʲan-ʃan]
Pamir (de)	**Pamír** (m)	[pami:r]
Himalaya (de)	**Himaláje** (mn)	[hɪmala:jɛ]
Everest (de)	**Mount Everest** (m)	[mount ɛvɛrɛst]
Andes (de)	**Andy** (mn)	[andɪ]
Kilimanjaro (de)	**Kilimandžáro** (s)	[kɪlɪmandʒa:ro]

202. Rivieren

rivier (de)	**řeka** (ž)	[rʒɛka]
bron (~ van een rivier)	**pramen** (m)	[pramɛn]
rivierbedding (de)	**koryto** (s)	[korɪto]
rivierbekken (het)	**povodí** (s)	[povodi:]
uitmonden in ...	**vlévat se**	[vlɛ:vat sɛ]
zijrivier (de)	**přítok** (m)	[prʃi:tok]
oever (de)	**břeh** (m)	[brʒɛx]
stroming (de)	**proud** (m)	[prout]
stroomafwaarts (bw)	**po proudu**	[po proudu]
stroomopwaarts (bw)	**proti proudu**	[protɪ proudu]
overstroming (de)	**povodeň** (ž)	[povodɛnʲ]
overstroming (de)	**záplava** (ž)	[za:plava]
buiten zijn oevers treden	**rozlévat se**	[rozlɛ:vat sɛ]
overstromen (ww)	**zaplavovat**	[zaplavovat]
zandbank (de)	**mělčina** (ž)	[mnɛltʃɪna]
stroomversnelling (de)	**peřej** (ž)	[pɛrʒɛj]
dam (de)	**přehrada** (ž)	[prʃɛhrada]
kanaal (het)	**průplav** (m)	[pru:plaf]
spaarbekken (het)	**vodní nádrž** (ž)	[vodni: na:drʃ]
sluis (de)	**zdymadlo** (s)	[zdɪmadlo]
waterlichaam (het)	**vodojem** (m)	[vodojɛm]
moeras (het)	**bažina** (ž)	[baʒɪna]
broek (het)	**slať** (ž)	[slatʲ]
draaikolk (de)	**vír** (m)	[vi:r]
stroom (de)	**potok** (m)	[potok]

drink- (abn)   **pitný**   [pɪtni:]
zoet (~ water)   **sladký**   [slatki:]

ijs (het)   **led** (m)   [lɛt]
bevriezen (rivier, enz.) **zamrznout**   [zamrznout]

203. Namen van rivieren

Seine (de)   **Seina** (ž)   [se:na]
Loire (de)   **Loira** (ž)   [loa:ra]

Theems (de)   **Temže** (ž)   [tɛmʒe]
Rijn (de)   **Rýn** (m)   [ri:n]
Donau (de)   **Dunaj** (m)   [dunaj]

Wolga (de)   **Volha** (ž)   [volha]
Don (de)   **Don** (m)   [don]
Lena (de)   **Lena** (ž)   [lɛna]

Gele Rivier (de)   **Chuang-chež** (ž)   [xuan-xɛ]
Blauwe Rivier (de)   **Jang-c'-tʼiang** (ž) [jang-ʦɛ-tʼang]
Mekong (de)   **Mekong** (m)   [mɛkong]
Ganges (de)   **Ganga** (ž)   [ganga]

Nijl (de)   **Nil** (m)   [nɪl]
Kongo (de)   **Kongo** (s)   [kongo]
Okavango (de)   **Okavango** (s)   [okavango]
Zambezi (de)   **Zambezi** (ž)   [zambɛzɪ]
Limpopo (de)   **Limpopo** (s)   [lɪmpopo]
Mississippi (de)   **Mississippi** (ž)   [mɪsɪsɪpɪ]

204. Bos

bos (het)   **les** (m)   [lɛs]
bos- (abn)   **lesní**   [lɛsni:]

oerwoud (dicht bos)   **houština** (ž)   [houʃtɪna]
bosje (klein bos)   **háj** (m)   [ha:j]
open plek (de)   **mýtina** (ž)   [mi:tɪna]

struikgewas (het)   **houští** (s)   [houʃti:]
struiken (mv.)   **křoví** (s)   [krʃovi:]

paadje (het)   **stezka** (ž)   [stɛska]
ravijn (het)   **rokle** (ž)   [roklɛ]

boom (de)   **strom** (m)   [strom]
blad (het)   **list** (m)   [lɪst]
gebladerte (het)   **lIstI** (š)   [lɪštɪ:]

vallende bladeren (mv.) **padání** (s) **listí** [pada:ni: lɪsti:]
vallen (ov. de bladeren) **opadávat**   [opada:vat]

boomtop (de)	vrchol (m)	[vrxol]
tak (de)	větev (ž)	[vetɛf]
ent (de)	suk (m)	[suk]
knop (de)	pupen (m)	[pupɛn]
naald (de)	jehla (ž)	[jɛhla]
dennenappel (de)	šiška (ž)	[ʃɪʃka]
boom holte (de)	dutina (ž)	[dutɪna]
nest (het)	hnízdo (s)	[hni:zdo]
hol (het)	doupě (s)	[doupe]
stam (de)	kmen (m)	[kmɛn]
wortel (bijv. boom~s)	kořen (m)	[korʒɛn]
schors (de)	kůra (ž)	[ku:ra]
mos (het)	mech (m)	[mɛx]
ontwortelen (een boom)	klučit	[kluʧɪt]
kappen (een boom ~)	kácet	[ka:ʦɛt]
ontbossen (ww)	odlesnit	[odlesnɪt]
stronk (de)	pařez (m)	[parʒɛz]
kampvuur (het)	oheň (m)	[ohɛnʲ]
bosbrand (de)	požár (m)	[poʒa:r]
blussen (ww)	hasit	[hasɪt]
boswachter (de)	hajný (m)	[hajni:]
bescherming (de)	ochrana (ž)	[oxrana]
beschermen (bijv. de natuur ~)	chránit	[xra:nɪt]
stroper (de)	pytlák (m)	[pɪtla:k]
val (de)	past (ž)	[past]
plukken (vruchten, enz.)	sbírat	[zbi:rat]
verdwalen (de weg kwijt zijn)	zabloudit	[zabloudɪt]

205. Natuurlijke hulpbronnen

natuurlijke rijkdommen (mv.)	přírodní zdroje (m mn)	[prʃi:rodni: zdrojɛ]
delfstoffen (mv.)	užitkové nerosty (m mn)	[uʒɪtkovɛ: nɛrostɪ]
lagen (mv)	ložisko (s)	[loʒɪsko]
veld (bijv. olie~)	naleziště (s)	[nalezɪʃte]
winnen (uit erts ~)	dobývat	[dobi:vat]
winning (de)	těžba (ž)	[teʒba]
erts (het)	ruda (ž)	[ruda]
mijn (bijv. kolenmijn)	důl (m)	[du:l]
mijnschacht (de)	šachta (ž)	[ʃaxta]
mijnwerker (de)	horník (m)	[horni:k]
gas (het)	plyn (m)	[plɪn]
gasleiding (de)	plynovod (m)	[plɪnovot]
olie (aardolie)	ropa (ž)	[ropa]
olieleiding (de)	ropovod (m)	[ropovot]

oliebron (de)	ropová věž (ž)	[ropova: veʃ]
boortoren (de)	vrtná věž (ž)	[vrtna: veʃ]
tanker (de)	tanková loď (ž)	[taŋkova: lotʲ]

zand (het)	písek (m)	[pi:sɛk]
kalksteen (de)	vápenec (m)	[va:pɛnɛts]
grind (het)	štěrk (m)	[ʃterk]
veen (het)	rašelina (ž)	[raʃɛlɪna]
klei (de)	hlína (ž)	[hli:na]
steenkool (de)	uhlí (s)	[uhli:]

ijzer (het)	železo (s)	[ʒelɛzo]
goud (het)	zlato (s)	[zlato]
zilver (het)	stříbro (s)	[strʃi:bro]
nikkel (het)	nikl (m)	[nɪkl]
koper (het)	měď (ž)	[mnetʲ]

zink (het)	zinek (m)	[zɪnɛk]
mangaan (het)	mangan (m)	[mangan]
kwik (het)	rtuť (ž)	[rtutʲ]
lood (het)	olovo (s)	[olovo]

mineraal (het)	minerál (m)	[mɪnɛra:l]
kristal (het)	krystal (m)	[krɪstal]
marmer (het)	mramor (m)	[mramor]
uraan (het)	uran (m)	[uran]

De Aarde. Deel 2

206. Weer

weer (het)	počasí (s)	[poʧasi:]
weersvoorspelling (de)	předpověď (ž) počasí	[prʃɛtpovetⁱ poʧasi:]
temperatuur (de)	teplota (ž)	[tɛplota]
thermometer (de)	teploměr (m)	[tɛplomner]
barometer (de)	barometr (m)	[baromɛtr]
vochtigheid (de)	vlhkost (ž)	[vlxkost]
hitte (de)	horko (s)	[horko]
heet (bn)	horký	[horki:]
het is heet	horko	[horko]
het is warm	teplo	[tɛplo]
warm (bn)	teplý	[tɛpli:]
het is koud	je zima	[jɛ zɪma]
koud (bn)	studený	[studɛni:]
zon (de)	slunce (s)	[sluntsɛ]
schijnen (de zon)	svítit	[svi:tɪt]
zonnig (~e dag)	slunečný	[slunɛʧni:]
opgaan (ov. de zon)	vzejít	[vzɛji:t]
ondergaan (ww)	zapadnout	[zapadnout]
wolk (de)	mrak (m)	[mrak]
bewolkt (bn)	oblačný	[oblaʧni:]
regenwolk (de)	mračno (s)	[mraʧno]
somber (bn)	pochmurný	[poxmurni:]
regen (de)	déšť (m)	[dɛ:ʃtⁱ]
het regent	prší	[prʃi:]
regenachtig (bn)	deštivý	[dɛʃtɪvi:]
motregenen (ww)	mrholit	[mrholɪt]
plensbui (de)	liják (m)	[lɪja:k]
stortbui (de)	liják (m)	[lɪja:k]
hard (bn)	silný	[sɪlni:]
plas (de)	kaluž (ž)	[kaluʃ]
nat worden (ww)	moknout	[moknout]
mist (de)	mlha (ž)	[mlha]
mistig (bn)	mlhavý	[mlhavi:]
sneeuw (de)	sníh (m)	[sni:x]
het sneeuwt	sněží	[snɛʒi:]

207. Zwaar weer. Natuurrampen

noodweer (storm)	bouřka (ž)	[bourʃka]
bliksem (de)	blesk (m)	[blɛsk]
flitsen (ww)	blýskat se	[bliːskat sɛ]
donder (de)	hřmění (s)	[hrʒmneni:]
donderen (ww)	hřmít	[hrʒmiːt]
het dondert	hřmí	[hrʒmiː]
hagel (de)	kroupy (ž mn)	[kroupɪ]
het hagelt	padají kroupy	[padaji: kroupɪ]
overstromen (ww)	zaplavit	[zaplavɪt]
overstroming (de)	povodeň (ž)	[povodɛnʲ]
aardbeving (de)	zemětřesení (s)	[zɛmnetrʃɛsɛni:]
aardschok (de)	otřes (m)	[otrʃɛs]
epicentrum (het)	epicentrum (s)	[ɛpɪtsɛntrum]
uitbarsting (de)	výbuch (m)	[viːbux]
lava (de)	láva (ž)	[laːva]
wervelwind (de)	smršť (ž)	[smrʃtʲ]
windhoos (de)	tornádo (s)	[tornaːdo]
tyfoon (de)	tajfun (m)	[tajfun]
orkaan (de)	hurikán (m)	[hurɪkaːn]
storm (de)	bouřka (ž)	[bourʃka]
tsunami (de)	tsunami (s)	[tsunamɪ]
cycloon (de)	cyklón (m)	[tsiklo:n]
onweer (het)	nečas (m)	[nɛtʃas]
brand (de)	požár (m)	[poʒaːr]
ramp (de)	katastrofa (ž)	[katastrofa]
meteoriet (de)	meteorit (m)	[mɛtɛorɪt]
lawine (de)	lavina (ž)	[lavɪna]
sneeuwverschuiving (de)	lavina (ž)	[lavɪna]
sneeuwjacht (de)	metelice (ž)	[mɛtɛlɪtsɛ]
sneeuwstorm (de)	vánice (ž)	[vaːnɪtsɛ]

208. Geluiden. Geluiden

stilte (de)	ticho (s)	[tɪxo]
geluid (het)	zvuk (m)	[zvuk]
lawaai (het)	hluk (m)	[hluk]
lawaai maken (ww)	hlučet	[hlutʃɛt]
lawaaierig (bn)	hlučný	[hlutʃni:]
luid (~ spreken)	hlasitě	[hlasɪte]
luid (bijv. ~e stem)	hlasitý	[hlasɪti:]
aanhoudend (voortdurend)	neustálý	[nɛustaːli:]

schreeuw (de)	křik (m)	[krʃɪk]
schreeuwen (ww)	křičet	[krʃɪtʃɛt]
gefluister (het)	šepot (m)	[ʃɛpot]
fluisteren (ww)	šeptat	[ʃɛptat]

geblaf (het)	štěkot (m)	[ʃtekot]
blaffen (ww)	štěkat	[ʃtekat]

gekreun (het)	sténání (s)	[stɛ:na:ni:]
kreunen (ww)	sténat	[stɛ:nat]
hoest (de)	kašel (m)	[kaʃɛl]
hoesten (ww)	kašlat	[kaʃlat]

gefluit (het)	hvízdání (s)	[hvi:zda:ni:]
fluiten (op het fluitje blazen)	hvízdat	[hvi:zdat]
geklop (het)	klepání (s)	[klɛpa:ni:]
kloppen (aan een deur)	klepat	[klɛpat]

kraken (hout, ijs)	cvrčet	[tsvrtʃɛt]
gekraak (het)	třesk (m)	[trʃɛsk]

sirene (de)	houkačka (ž)	[houkatʃka]
fluit (stoom ~)	houkání (s)	[houka:ni:]
fluiten (schip, trein)	hučet	[hutʃɛt]
toeter (de)	houkačka (ž)	[houkatʃka]
toeteren (ww)	houkat	[houkat]

209. Winter

winter (de)	zima (ž)	[zɪma]
winter- (abn)	zimní	[zɪmni:]
in de winter (bw)	v zimě	[v zɪmne]

sneeuw (de)	sníh (m)	[sni:x]
het sneeuwt	sněží	[sneʒi:]
sneeuwval (de)	sněžení (s)	[sneʒeni:]
sneeuwhoop (de)	závěj (ž)	[za:vej]

sneeuwvlok (de)	sněhová vločka (ž)	[snehova: vlotʃka]
sneeuwbal (de)	sněhová koule (ž)	[snehova: koulɛ]
sneeuwman (de)	sněhulák (m)	[snehula:k]
ijspegel (de)	rampouch (m)	[rampoux]

december (de)	prosinec (m)	[prosɪnɛts]
januari (de)	leden (m)	[lɛdɛn]
februari (de)	únor (m)	[u:nor]

vorst (de)	mráz (m)	[mra:z]
vries- (abn)	mrazivý	[mrazɪvi:]

onder nul (bw)	pod nulou	[pod nulou]
eerste vorst (de)	mrazíky (m mn)	[mrazi:kɪ]
rijp (de)	jinovatka (ž)	[jɪnovatka]
koude (de)	chlad (m)	[xlat]

het is koud	chladno	[xladno]
bontjas (de)	kožich (m)	[koʒɪx]
wanten (mv.)	palčáky (m mn)	[palt͡ʃaːkɪ]

ziek worden (ww)	onemocnět	[onɛmot͡snet]
verkoudheid (de)	nachlazení (s)	[naxlazɛniː]
verkouden raken (ww)	nachladit se	[naxladɪt sɛ]

ijs (het)	led (m)	[lɛt]
ijzel (de)	náledí (s)	[naːlɛdiː]
bevriezen (rivier, enz.)	zamrznout	[zamrznout]
ijsschol (de)	kra (ž)	[kra]

ski's (mv.)	lyže (ž mn)	[lɪʒe]
skiër (de)	lyžař (m)	[lɪʒarʃ]
skiën (ww)	lyžovat	[lɪʒovat]
schaatsen (ww)	bruslit	[bruslɪt]

Fauna

210. Zoogdieren. Roofdieren

roofdier (het)	šelma (ž)	[ʃɛlma]
tijger (de)	tygr (m)	[tɪgr]
leeuw (de)	lev (m)	[lɛf]
wolf (de)	vlk (m)	[vlk]
vos (de)	liška (ž)	[lɪʃka]
jaguar (de)	jaguár (m)	[jagua:r]
luipaard (de)	levhart (m)	[lɛvhart]
jachtluipaard (de)	gepard (m)	[gɛpart]
panter (de)	panter (m)	[pantɛr]
poema (de)	puma (ž)	[puma]
sneeuwluipaard (de)	pardál (m)	[parda:l]
lynx (de)	rys (m)	[rɪs]
coyote (de)	kojot (m)	[kojot]
jakhals (de)	šakal (m)	[ʃakal]
hyena (de)	hyena (ž)	[hɪena]

211. Wilde dieren

dier (het)	zvíře (s)	[zvi:rʒɛ]
beest (het)	zvíře (s)	[zvi:rʒɛ]
eekhoorn (de)	veverka (ž)	[vɛvɛrka]
egel (de)	ježek (m)	[jɛʒek]
haas (de)	zajíc (m)	[zaji:ts]
konijn (het)	králík (m)	[kra:li:k]
das (de)	jezevec (m)	[jɛzɛvɛts]
wasbeer (de)	mýval (m)	[mi:val]
hamster (de)	křeček (m)	[krʃɛtʃɛk]
marmot (de)	svišť (m)	[svɪʃtʲ]
mol (de)	krtek (m)	[krtɛk]
muis (de)	myš (ž)	[mɪʃ]
rat (de)	krysa (ž)	[krɪsa]
vleermuis (de)	netopýr (m)	[nɛtopi:r]
hermelijn (de)	hranostaj (m)	[hranostaj]
sabeldier (het)	sobol (m)	[sobol]
marter (de)	kuna (ž)	[kuna]
wezel (de)	lasice (ž)	[lasɪtsɛ]
nerts (de)	norek (m)	[norɛk]

bever (de)	bobr (m)	[bobr]
otter (de)	vydra (ž)	[vɪdra]

paard (het)	kůň (m)	[kuːnʲ]
eland (de)	los (m)	[los]
hert (het)	jelen (m)	[jɛlɛn]
kameel (de)	velbloud (m)	[vɛlblout]

bizon (de)	bizon (m)	[bɪzon]
wisent (de)	zubr (m)	[zubr]
buffel (de)	buvol (m)	[buvol]

zebra (de)	zebra (ž)	[zɛbra]
antilope (de)	antilopa (ž)	[antɪlopa]
ree (de)	srnka (ž)	[srŋka]
damhert (het)	daněk (m)	[danek]
gems (de)	kamzík (m)	[kamziːk]
everzwijn (het)	vepř (m)	[vɛprʃ]

walvis (de)	velryba (ž)	[vɛlrɪba]
rob (de)	tuleň (m)	[tulɛnʲ]
walrus (de)	mrož (m)	[mroʃ]
zeebeer (de)	lachtan (m)	[laxtan]
dolfijn (de)	delfín (m)	[dɛlfiːn]

beer (de)	medvěd (m)	[mɛdvet]
ijsbeer (de)	bílý medvěd (m)	[biːli: mɛdvet]
panda (de)	panda (ž)	[panda]

aap (de)	opice (ž)	[opɪtsɛ]
chimpansee (de)	šimpanz (m)	[ʃɪmpanz]
orang-oetan (de)	orangutan (m)	[orangutan]
gorilla (de)	gorila (ž)	[gorɪla]
makaak (de)	makak (m)	[makak]
gibbon (de)	gibon (m)	[gɪbon]

olifant (de)	slon (m)	[slon]
neushoorn (de)	nosorožec (m)	[nosoroʒɛts]
giraffe (de)	žirafa (ž)	[ʒɪrafa]
nijlpaard (het)	hroch (m)	[hrox]

kangoeroe (de)	klokan (m)	[klokan]
koala (de)	koala (ž)	[koala]

mangoest (de)	promyka (ž) indická	[promɪka ɪndɪtska:]
chinchilla (de)	činčila (ž)	[ʧɪnʧɪla]
stinkdier (het)	skunk (m)	[skuŋk]
stekelvarken (het)	dikobraz (m)	[dɪkobras]

212. Huisdieren

poes (de)	kočka (ž)	[koʧka]
kater (de)	kocour (m)	[kotsour]
hond (de)	pes (m)	[pɛs]

paard (het)	kůň (m)	[kuːnʲ]
hengst (de)	hřebec (m)	[hrʒɛbɛts]
merrie (de)	kobyla (ž)	[kobɪla]

koe (de)	kráva (ž)	[kraːva]
bul, stier (de)	býk (m)	[biːk]
os (de)	vůl (m)	[vuːl]

schaap (het)	ovce (ž)	[ovtsɛ]
ram (de)	beran (m)	[bɛran]
geit (de)	koza (ž)	[koza]
bok (de)	kozel (m)	[kozɛl]

| ezel (de) | osel (m) | [osɛl] |
| muilezel (de) | mul (m) | [mul] |

varken (het)	prase (s)	[prasɛ]
biggetje (het)	prasátko (s)	[prasaːtko]
konijn (het)	králík (m)	[kraːliːk]

| kip (de) | slepice (ž) | [slɛpɪtsɛ] |
| haan (de) | kohout (m) | [kohout] |

eend (de)	kachna (ž)	[kaxna]
woerd (de)	kačer (m)	[katʃɛr]
gans (de)	husa (ž)	[husa]

| kalkoen haan (de) | krocan (m) | [krotsan] |
| kalkoen (de) | krůta (ž) | [kruːta] |

huisdieren (mv.)	domácí zvířata (s mn)	[domaːtsi: zviːrʒata]
tam (bijv. hamster)	ochočený	[oxotʃɛni:]
temmen (tam maken)	ochočovat	[oxotʃovat]
fokken (bijv. paarden ~)	chovat	[xovat]

boerderij (de)	farma (ž)	[farma]
gevogelte (het)	drůbež (ž)	[druːbɛʃ]
rundvee (het)	dobytek (m)	[dobɪtɛk]
kudde (de)	stádo (s)	[staːdo]

paardenstal (de)	stáj (ž)	[staːj]
zwijnenstal (de)	vepřín (m)	[vɛprʃiːn]
koeienstal (de)	kravín (m)	[kraviːn]
konijnenhok (het)	králíkárna (ž)	[kraːliːkaːrna]
kippenhok (het)	kurník (m)	[kurniːk]

213. Honden. Hondenrassen

hond (de)	pes (m)	[pɛs]
herdershond (de)	vlčák (m)	[vltʃaːk]
poedel (de)	pudl (m)	[pudl]
teckel (de)	jezevčík (m)	[ezɛvtʃiːk]
buldog (de)	buldok (m)	[buldok]
boxer (de)	boxer (m)	[boksɛr]

mastiff (de)	mastif (m)	[mastɪf]
rottweiler (de)	rotvajler (m)	[rotvajlɛr]
doberman (de)	dobrman (m)	[dobrman]

basset (de)	basset (m)	[basɛt]
bobtail (de)	bobtail (m)	[bobtɛjl]
dalmatiër (de)	dalmatin (m)	[dalmatɪn]
cockerspaniël (de)	kokršpaněl (m)	[kokrʃpanel]

| Newfoundlander (de) | novofoundlandský pes (m) | [novofaundlɛndski: pɛs] |
| sint-bernard (de) | bernardýn (m) | [bɛrnardi:n] |

husky (de)	husky (m)	[haskɪ]
chowchow (de)	Čau-čau (m)	[tʃau-tʃau]
spits (de)	špic (m)	[ʃpɪts]
mopshond (de)	mopsl (m)	[mopsl]

214. Dierengeluiden

geblaf (het)	štěkot (m)	[ʃtekot]
blaffen (ww)	štěkat	[ʃtekat]
miauwen (ww)	mňoukat	[mnʲoukat]
spinnen (katten)	mručet	[mrutʃɛt]

loeien (ov. een koe)	bučet	[butʃɛt]
brullen (stier)	řvát	[rʒva:t]
grommen (ov. de honden)	vrčet	[vrtʃɛt]

gehuil (het)	vytí (s)	[vɪti:]
huilen (wolf, enz.)	výt	[vi:t]
janken (ov. een hond)	skučet	[skutʃɛt]

mekkeren (schapen)	blekotat	[blɛkotat]
knorren (varkens)	chrochtat	[xroxtat]
gillen (bijv. varken)	vřískat	[vrʒi:skat]

kwaken (kikvorsen)	kuňkat	[kunʲkat]
zoemen (hommel, enz.)	bzučet	[bzutʃɛt]
tjirpen (sprinkhanen)	cvrčet	[tsvrtʃɛt]

215. Jonge dieren

jong (het)	mládě (s)	[mla:de]
poesje (het)	kotě (s)	[kote]
muisje (het)	myší mládě (s)	[mɪʃi: mla:de]
puppy (de)	štěně (s)	[ʃtene]

jonge haas (de)	zajíček (m)	[zai:tʃɛk]
konijntje (het)	králíček (m)	[kra:li:tʃɛk]
wolfje (het)	vlče (s)	[vltʃɛ]
vosje (het)	liščí mládě (s)	[lɪʃtʃi: mla:de]
beertje (het)	medvídě (s)	[mɛdvi:de]

leeuwenjong (het)	lvíče (s)	[lvi:tʃɛ]
tijgertje (het)	tygří mládě (s)	[tɪgrʒi: mla:de]
olifantenjong (het)	slůně (s)	[slu:ne]

biggetje (het)	prasátko (s)	[prasa:tko]
kalf (het)	tele (s)	[tɛlɛ]
geitje (het)	kůzle (s)	[ku:zlɛ]
lam (het)	jehně (s)	[jɛhne]
reekalf (het)	jelení mládě (s)	[jɛlɛni: mla:de]
jonge kameel (de)	velbloudí mládě (s)	[vɛlbloudi: mla:de]

| slangenjong (het) | hádě (s) | [ha:de] |
| kikkertje (het) | žabička (ž) | [ʒabɪtʃka] |

vogeltje (het)	ptáče (s)	[pta:tʃɛ]
kuiken (het)	kuře (s)	[kurʒɛ]
eendje (het)	kačátko (s)	[katʃa:tko]

216. Vogels

vogel (de)	pták (m)	[pta:k]
duif (de)	holub (m)	[holup]
mus (de)	vrabec (m)	[vrabɛts]
koolmees (de)	sýkora (ž)	[si:kora]
ekster (de)	straka (ž)	[straka]

raaf (de)	havran (m)	[havran]
kraai (de)	vrána (ž)	[vra:na]
kauw (de)	kavka (ž)	[kafka]
roek (de)	polní havran (m)	[polni: havran]

eend (de)	kachna (ž)	[kaxna]
gans (de)	husa (ž)	[husa]
fazant (de)	bažant (m)	[baʒant]

arend (de)	orel (m)	[orɛl]
havik (de)	jestřáb (m)	[jɛstrʃa:p]
valk (de)	sokol (m)	[sokol]
gier (de)	sup (m)	[sup]
condor (de)	kondor (m)	[kondor]

zwaan (de)	labuť (ž)	[labutj]
kraanvogel (de)	jeřáb (m)	[jɛrʒa:p]
ooievaar (de)	čáp (m)	[tʃa:p]

papegaai (de)	papoušek (m)	[papouʃɛk]
kolibrie (de)	kolibřík (m)	[kolɪbrʒi:k]
pauw (de)	páv (m)	[pa:f]

struisvogel (de)	pštros (m)	[pʃtros]
reiger (de)	volavka (ž)	[volafka]
flamingo (de)	plameňák (m)	[plamɛnja:k]
pelikaan (de)	pelikán (m)	[pɛlɪka:n]
nachtegaal (de)	slavík (m)	[slavi:k]

zwaluw (de)	vlaštovka (ž)	[vlaʃtofka]
lijster (de)	drozd (m)	[drozt]
zanglijster (de)	zpěvný drozd (m)	[spevni: drozt]
merel (de)	kos (m)	[kos]

gierzwaluw (de)	rorejs (m)	[rorɛjs]
leeuwerik (de)	skřivan (m)	[skrʃɪvan]
kwartel (de)	křepel (m)	[krʃɛpɛl]

specht (de)	datel (m)	[datɛl]
koekoek (de)	kukačka (ž)	[kukatʃka]
uil (de)	sova (ž)	[sova]
oehoe (de)	výr (m)	[vi:r]
auerhoen (het)	tetřev (m) hlušec	[tɛtrʃɛv hluʃɛts]
korhoen (het)	tetřev (m)	[tɛtrʃɛf]
patrijs (de)	koroptev (ž)	[koroptɛf]

spreeuw (de)	špaček (m)	[ʃpatʃɛk]
kanarie (de)	kanár (m)	[kana:r]
hazelhoen (het)	jeřábek (m)	[jɛrʒa:bɛk]
vink (de)	pěnkava (ž)	[peŋkava]
goudvink (de)	hejl (m)	[hɛjl]

meeuw (de)	racek (m)	[ratsɛk]
albatros (de)	albatros (m)	[albatros]
pinguïn (de)	tučňák (m)	[tutʃnʲa:k]

217. Vogels. Zingen en geluiden

fluiten, zingen (ww)	zpívat	[spi:vat]
schreeuwen (dieren, vogels)	křičet	[krʃɪtʃɛt]
kraaien (ov. een haan)	kokrhat	[kokrhat]
kukeleku	kykyryký	[kɪkɪrɪki:]

klokken (hen)	kdákat	[gda:kat]
krassen (kraai)	krákat	[kra:kat]
kwaken (eend)	káchat	[ka:xat]
piepen (kuiken)	kvičet	[kvɪtʃɛt]
tjilpen (bijv. een mus)	cvrlikat	[tsvrlɪkat]

218. Vis. Zeedieren

brasem (de)	cejn (m)	[tsɛjn]
karper (de)	kapr (m)	[kapr]
baars (de)	okoun (m)	[okoun]
meerval (de)	sumec (m)	[sumɛts]
snoek (de)	štika (ž)	[ʃtɪka]

zalm (de)	losos (m)	[losos]
steur (de)	jeseter (m)	[jɛsɛtɛr]
haring (de)	sleď (ž)	[slɛtʲ]
atlantische zalm (de)	losos (m)	[losos]

makreel (de)	makrela (ž)	[makrɛla]
platvis (de)	platýs (m)	[plati:s]
snoekbaars (de)	candát (m)	[ʦandaːt]
kabeljauw (de)	treska (ž)	[trɛska]
tonijn (de)	tuňák (m)	[tunʲaːk]
forel (de)	pstruh (m)	[pstrux]
paling (de)	úhoř (m)	[uːhorʃ]
sidderrog (de)	rejnok (m) elektrický	[rɛjnok ɛlɛktrɪtski:]
murene (de)	muréna (ž)	[murɛːna]
piranha (de)	piraňa (ž)	[pɪranʲja]
haai (de)	žralok (m)	[ʒralok]
dolfijn (de)	delfín (m)	[dɛlfiːn]
walvis (de)	velryba (ž)	[vɛlrɪba]
krab (de)	krab (m)	[krap]
kwal (de)	medúza (ž)	[mɛduːza]
octopus (de)	chobotnice (ž)	[xobotnɪʦɛ]
zeester (de)	hvězdice (ž)	[hvezdɪʦɛ]
zee-egel (de)	ježovka (ž)	[jɛʒofka]
zeepaardje (het)	mořský koníček (m)	[morʃski: koniːtʃɛk]
oester (de)	ústřice (ž)	[uːstrʃɪʦɛ]
garnaal (de)	kreveta (ž)	[krɛvɛta]
kreeft (de)	humr (m)	[humr]
langoest (de)	langusta (ž)	[langusta]

219. Amfibieën. Reptielen

slang (de)	had (m)	[hat]
giftig (slang)	jedovatý	[jɛdovati:]
adder (de)	zmije (ž)	[zmɪjɛ]
cobra (de)	kobra (ž)	[kobra]
python (de)	krajta (ž)	[krajta]
boa (de)	hroznýš (m)	[hrozni:ʃ]
ringslang (de)	užovka (ž)	[uʒofka]
ratelslang (de)	chřestýš (m)	[xrʃɛsti:ʃ]
anaconda (de)	anakonda (ž)	[anakonda]
hagedis (de)	ještěrka (ž)	[jɛʃterka]
leguaan (de)	leguán (m)	[lɛguaːn]
varaan (de)	varan (m)	[varan]
salamander (de)	mlok (m)	[mlok]
kameleon (de)	chameleón (m)	[xamɛlɛoːn]
schorpioen (de)	štír (m)	[ʃtiːr]
schildpad (de)	želva (ž)	[ʒelva]
kikker (de)	žába (ž)	[ʒaːba]
pad (de)	ropucha (ž)	[ropuxa]
krokodil (de)	krokodýl (m)	[krokodiːl]

220. Insecten

insect (het)	hmyz (m)	[hmɪz]
vlinder (de)	motýl (m)	[moti:l]
mier (de)	mravenec (m)	[mravɛnɛts]
vlieg (de)	moucha (ž)	[mouxa]
mug (de)	komár (m)	[koma:r]
kever (de)	brouk (m)	[brouk]
wesp (de)	vosa (ž)	[vosa]
bij (de)	včela (ž)	[vtʃɛla]
hommel (de)	čmelák (m)	[tʃmɛla:k]
horzel (de)	střeček (m)	[strʃɛtʃɛk]
spin (de)	pavouk (m)	[pavouk]
spinnenweb (het)	pavučina (ž)	[pavutʃɪna]
libel (de)	vážka (ž)	[va:ʃka]
sprinkhaan (de)	kobylka (ž)	[kobɪlka]
nachtvlinder (de)	motýl (m)	[moti:l]
kakkerlak (de)	šváb (m)	[ʃva:p]
teek (de)	klíště (s)	[kli:ʃte]
vlo (de)	blecha (ž)	[blɛxa]
kriebelmug (de)	muška (ž)	[muʃka]
treksprinkhaan (de)	saranče (ž)	[sarantʃɛ]
slak (de)	hlemýžď (m)	[hlɛmi:ʒtʲ]
krekel (de)	cvrček (m)	[tsvrtʃɛk]
glimworm (de)	svatojánská muška (ž)	[svatoja:nska: muʃka]
lieveheersbeestje (het)	slunéčko (s) sedmitečné	[slunɛ:tʃko sɛdmɪtɛtʃnɛ:]
meikever (de)	chroust (m)	[xroust]
bloedzuiger (de)	piavice (ž)	[pɪavɪtsɛ]
rups (de)	housenka (ž)	[housɛŋka]
aardworm (de)	červ (m)	[tʃɛrʃ]
larve (de)	larva (ž)	[larva]

221. Dieren. Lichaamsdelen

snavel (de)	zobák (m)	[zoba:k]
vleugels (mv.)	křídla (s mn)	[krʃi:dla]
poot (ov. een vogel)	běhák (m)	[beha:k]
verenkleed (het)	opeření (s)	[opɛrʒɛni:]
veer (de)	pero (s)	[pɛro]
kuifje (het)	chochol (m)	[xoxol]
kieuwen (mv.)	žábry (ž mn)	[ʒa:brɪ]
kuit, dril (de)	jikry (ž mn)	[jɪkrɪ]
larve (de)	larva (ž)	[larva]
vin (de)	ploutev (ž)	[ploutɛf]
schubben (mv.)	šupiny (ž mn)	[ʃupɪnɪ]
slagtand (de)	kel (m)	[kɛl]

poot (bijv. ~ van een kat)	tlapa (ž)	[tlapa]
muil (de)	čumák (m)	[ʧuma:k]
bek (mond van dieren)	tlama (ž)	[tlama]
staart (de)	ocas (m)	[oʦas]
snorharen (mv.)	vousy (m mn)	[vousɪ]

| hoef (de) | kopyto (s) | [kopɪto] |
| hoorn (de) | roh (m) | [rox] |

schild (schildpad, enz.)	krunýř (m)	[kruni:rʃ]
schelp (de)	škeble (ž)	[ʃkɛblɛ]
eierschaal (de)	skořápka (ž)	[skorʒa:pka]

| vacht (de) | srst (ž) | [srst] |
| huid (de) | kůže (ž) | [ku:ʒe] |

222. Acties van de dieren

vliegen (ww)	létat	[lɛ:tat]
cirkelen (vogel)	kroužit	[krouʒɪt]
wegvliegen (ww)	odletět	[odlɛtet]
klapwieken (ww)	mávat	[ma:vat]

pikken (vogels)	zobat	[zobat]
broeden (de eend zit te ~)	sedět na vejcích	[sɛdet na vɛjʦi:x]
uitbroeden (ww)	vyklubávat se	[vɪkluba:vat sɛ]
een nest bouwen	hnízdit	[hni:zdɪt]

kruipen (ww)	plazit se	[plazɪt sɛ]
steken (bij)	štípat	[ʃti:pat]
bijten (de hond, enz.)	kousat	[kousat]

snuffelen (ov. de dieren)	čenichat	[ʧɛnɪxat]
blaffen (ww)	štěkat	[ʃtekat]
sissen (slang)	syčet	[sɪʧɛt]
doen schrikken (ww)	strašit	[straʃɪt]
aanvallen (ww)	útočit	[u:toʧɪt]

knagen (ww)	hryzat	[hrɪzat]
schrammen (ww)	škrábat	[ʃkra:bat]
zich verbergen (ww)	schovávat se	[sxova:vat sɛ]

spelen (ww)	hrát si	[hra:t sɪ]
jagen (ww)	lovit	[lovɪt]
winterslapen	být v spánku	[bi:t v spa:ŋku]
uitsterven (dinosauriërs, enz.)	vymřít	[vɪmrʒi:t]

223. Dieren. Leefomgevingen

leefgebied (het)	životní prostředí (s)	[ʒɪvotni: prostrʃɛdi:]
migratie (de)	stěhování (s)	[stehova:ni:]
berg (de)	hora (ž)	[hora]

199

| rif (het) | útes (m) | [u:tɛs] |
| klip (de) | skála (ž) | [ska:la] |

bos (het)	les (m)	[lɛs]
jungle (de)	džungle (ž)	[dʒunglɛ]
savanne (de)	savana (ž)	[savana]
toendra (de)	tundra (ž)	[tundra]

steppe (de)	step (ž)	[stɛp]
woestijn (de)	poušť (ž)	[pouʃtʲ]
oase (de)	oáza (ž)	[oa:za]

zee (de)	moře (s)	[morʒɛ]
meer (het)	jezero (s)	[jɛzɛro]
oceaan (de)	oceán (m)	[otsɛa:n]

moeras (het)	bažina (ž)	[baʒɪna]
zoetwater- (abn)	sladkovodní	[slatkovodni:]
vijver (de)	rybník (m)	[rɪbni:k]
rivier (de)	řeka (ž)	[rʒɛka]

berenhol (het)	brloh (m)	[brlox]
nest (het)	hnízdo (s)	[hni:zdo]
boom holte (de)	dutina (ž)	[dutɪna]
hol (het)	doupě (s)	[doupe]
mierenhoop (de)	mraveniště (s)	[mravɛnɪʃte]

224. Dierverzorging

| dierentuin (de) | zoologická zahrada (ž) | [zoologɪtska: zahrada] |
| natuurreservaat (het) | přírodní rezervace (ž) | [prʃi:rodni: rɛzɛrvatsɛ] |

fokkerij (de)	obora (ž)	[obora]
openluchtkooi (de)	voliéra (ž)	[volɪe:ra]
kooi (de)	klec (ž)	[klɛts]
hondenhok (het)	bouda (ž)	[bouda]

duiventil (de)	holubník (m)	[holubni:k]
aquarium (het)	akvárium (s)	[akva:rɪum]
dolfinarium (het)	delfinárium (s)	[dɛlfɪna:rum]

fokken (bijv. honden ~)	chovat	[xovat]
nakomelingen (mv.)	potomstvo (s)	[potomstvo]
temmen (tam maken)	ochočovat	[oxotʃovat]
dresseren (ww)	cvičit	[tsvɪtʃɪt]

| voeding (de) | krmivo (s) | [krmɪvo] |
| voederen (ww) | krmit | [krmɪt] |

dierenwinkel (de)	obchod (m) se zvířaty	[obxot sɛ zvi:rʒatɪ]
muilkorf (de)	košík (m)	[koʃi:k]
halsband (de)	obojek (m)	[obojɛk]
naam (ov. een dier)	jméno (s)	[jmɛ:no]
stamboom (honden met ~)	rodokmen (m)	[rodokmɛn]

225. Dieren. Diversen

meute (wolven)	smečka (ž)	[smɛtʃka]
zwerm (vogels)	hejno (s)	[hɛjno]
school (vissen)	hejno (s)	[hɛjno]
kudde (wilde paarden)	stádo (s)	[sta:do]
mannetje (het)	samec (m)	[samɛts]
vrouwtje (het)	samice (ž)	[samɪtsɛ]
hongerig (bn)	hladový	[hladovi:]
wild (bn)	divoký	[dɪvoki:]
gevaarlijk (bn)	nebezpečný	[nɛbɛzpɛtʃni:]

226. Paarden

paard (het)	kůň (m)	[ku:nʲ]
ras (het)	plemeno (s)	[plɛmɛno]
veulen (het)	hříbě (s)	[hrʒi:be]
merrie (de)	kobyla (ž)	[kobɪla]
mustang (de)	mustang (m)	[mustaŋg]
pony (de)	pony (m)	[ponɪ]
koudbloed (de)	tahoun (m)	[tahoun]
manen (mv.)	hříva (ž)	[hrʒi:va]
staart (de)	ocas (m)	[otsas]
hoef (de)	kopyto (s)	[kopɪto]
hoefijzer (het)	podkova (ž)	[potkova]
beslaan (ww)	okovat	[okovat]
paardensmid (de)	kovář (m)	[kova:rʃ]
zadel (het)	sedlo (s)	[sɛdlo]
stijgbeugel (de)	třmen (m)	[trʃmɛn]
breidel (de)	uzda (ž)	[uzda]
leidsels (mv.)	opratě (ž mn)	[oprate]
zweep (de)	bičík (ııı)	[bɪtʃi:k]
ruiter (de)	jezdec (m)	[jɛzdɛts]
zadelen (ww)	osedlat	[osɛdlat]
een paard bestijgen	vsednout	[vsɛdnout]
galop (de)	cval (m)	[tsval]
galopperen (ww)	jet cvalem	[jɛt tsvalɛm]
draf (de)	klus (m)	[klus]
in draf (bw)	klusem	[klusɛm]
renpaard (het)	dostihový kůň (m)	[dostɪhovi: ku:nʲ]
paardenrace (de)	dostihy (m mn)	[dostɪhɪ]
paardenstal (de)	stáj (ž)	[sta:j]
voederen (ww)	krmit	[krmɪt]

hooi (het)	seno (s)	[sɛno]
water geven (ww)	napájet	[napaːjɛt]
wassen (paard ~)	hřebelcovat	[hrʒɛbɛltsovat]

grazen (gras eten)	pást se	[paːst sɛ]
hinniken (ww)	řehtat	[rʒɛxtat]
een trap geven	kopnout	[kopnout]

Flora

227. Bomen

boom (de)	strom (m)	[strom]
loof- (abn)	listnatý	[lɪstnati:]
dennen- (abn)	jehličnatý	[jɛhlɪtʃnati:]
groenblijvend (bn)	stálezelená	[sta:lɛzɛlɛna:]

appelboom (de)	jabloň (ž)	[jablonⁱ]
perenboom (de)	hruška (ž)	[hruʃka]
zoete kers (de)	třešně (ž)	[trʃɛʃne]
zure kers (de)	višně (ž)	[vɪʃne]
pruimelaar (de)	švestka (ž)	[ʃvɛstka]

berk (de)	bříza (ž)	[brʒi:za]
eik (de)	dub (m)	[dup]
linde (de)	lípa (ž)	[li:pa]
esp (de)	osika (ž)	[osɪka]
esdoorn (de)	javor (m)	[javor]
spar (de)	smrk (m)	[smrk]
den (de)	borovice (ž)	[borovɪtsɛ]
lariks (de)	modřín (m)	[modrʒi:n]
zilverspar (de)	jedle (ž)	[jɛdlɛ]
ceder (de)	cedr (m)	[tsɛdr]

populier (de)	topol (m)	[topol]
lijsterbes (de)	jeřáb (m)	[jɛrʒa:p]
wilg (de)	jíva (ž)	[ji:va]
els (de)	olše (ž)	[olʃɛ]
beuk (de)	buk (m)	[buk]
iep (de)	jilm (m)	[jɪlm]
es (de)	jasan (m)	[jasan]
kastanje (de)	kaštan (m)	[kaʃtan]

magnolia (de)	magnólie (ž)	[maɡno:lɪe]
palm (de)	palma (ž)	[palma]
cipres (de)	cypřiš (m)	[tsɪprʃɪʃ]

mangrove (de)	mangróvie (ž)	[mangro:vɪe]
baobab (apenbroodboom)	baobab (m)	[baobap]
eucalyptus (de)	eukalypt (m)	[ɛukalɪpt]
mammoetboom (de)	sekvoje (ž)	[sɛkvojɛ]

228. Heesters

| struik (de) | keř (m) | [kɛrʃ] |
| heester (de) | křoví (s) | [krʃovi:] |

wijnstok (de)	vinná réva (s)	[vɪnna: reːva]
wijngaard (de)	vinice (ž)	[vɪnɪʦɛ]

frambozenstruik (de)	maliny (ž mn)	[malɪnɪ]
rode bessenstruik (de)	červený rybíz (m)	[ʧɛrvɛni: rɪbiːz]
kruisbessenstruik (de)	angrešt (m)	[angrɛʃt]

acacia (de)	akácie (ž)	[aka:ʦɪe]
zuurbes (de)	dřišťál (m)	[drʒɪʃtʲa:l]
jasmijn (de)	jasmín (m)	[jasmi:n]

jeneverbes (de)	jalovec (m)	[jalovɛʦ]
rozenstruik (de)	růžový keř (m)	[ru:ʒovi kɛrʃ]
hondsroos (de)	šípek (m)	[ʃi:pɛk]

229. Champignons

paddenstoel (de)	houba (ž)	[houba]
eetbare paddenstoel (de)	jedlá houba (ž)	[jɛdla: houba]
giftige paddenstoel (de)	jedovatá houba (ž)	[jɛdovata: houba]
hoed (de)	klobouk (m)	[klobouk]
steel (de)	nožička (ž)	[noʒɪʧka]

eekhoorntjesbrood (het)	hřib (m)	[hrʒɪp]
rosse populierboleet (de)	křemenáč (m)	[krʃɛmɛna:ʧ]
berkenboleet (de)	kozák (m)	[koza:k]
cantharel (de)	liška (ž)	[lɪʃka]
russula (de)	holubinka (ž)	[holubɪŋka]

morielje (de)	smrž (m)	[smrʃ]
vliegenzwam (de)	muchomůrka (ž) červená	[muxomu:rka ʧɛrvɛna:]
groene knolamaniet (de)	prašivka (ž)	[praʃɪfka]

230. Vruchten. Bessen

appel (de)	jablko (s)	[jablko]
peer (de)	hruška (ž)	[hruʃka]
pruim (de)	švestka (ž)	[ʃvɛstka]

aardbei (de)	zahradní jahody (ž mn)	[zahradni: jahodɪ]
zure kers (de)	višně (ž)	[vɪʃne]
zoete kers (de)	třešně (ž mn)	[trʃɛʃne]
druif (de)	hroznové víno (s)	[hroznovɛ: vi:no]

framboos (de)	maliny (ž mn)	[malɪnɪ]
zwarte bes (de)	černý rybíz (m)	[ʧɛrni: rɪbi:z]
rode bes (de)	červený rybíz (m)	[ʧɛrvɛni: rɪbi:z]
kruisbes (de)	angrešt (m)	[angrɛʃt]
veenbes (de)	klikva (ž)	[klɪkva]

sinaasappel (de)	pomeranč (m)	[pomɛranʧ]
mandarijn (de)	mandarinka (ž)	[mandarɪŋka]

ananas (de)	ananas (m)	[ananas]
banaan (de)	banán (m)	[bana:n]
dadel (de)	datle (ž)	[datlɛ]

citroen (de)	citrón (m)	[tsɪtro:n]
abrikoos (de)	meruňka (ž)	[mɛrunʲka]
perzik (de)	broskev (ž)	[broskɛf]
kiwi (de)	kiwi (s)	[kɪvɪ]
grapefruit (de)	grapefruit (m)	[grɛjpfru:t]

bes (de)	bobule (ž)	[bobulɛ]
bessen (mv.)	bobule (ž mn)	[bobulɛ]
vossenbes (de)	brusinky (ž mn)	[brusɪŋkɪ]
bosaardbei (de)	jahody (ž mn)	[jahodɪ]
blauwe bosbes (de)	borůvky (ž mn)	[boru:fkɪ]

231. Bloemen. Planten

| bloem (de) | květina (ž) | [kvetɪna] |
| boeket (het) | kytice (ž) | [kɪtɪtsɛ] |

roos (de)	růže (ž)	[ru:ʒe]
tulp (de)	tulipán (m)	[tulɪpa:n]
anjer (de)	karafiát (m)	[karafɪa:t]
gladiool (de)	mečík (m)	[mɛtʃi:k]

korenbloem (de)	chrpa (ž)	[xrpa]
klokje (het)	zvoneček (m)	[zvonɛtʃɛk]
paardenbloem (de)	pampeliška (ž)	[pampɛlɪʃka]
kamille (de)	heřmánek (m)	[hɛrʒma:nɛk]

aloë (de)	aloe (s)	[aloɛ]
cactus (de)	kaktus (m)	[kaktus]
ficus (de)	fíkus (m)	[fi:kus]

lelie (de)	lilie (ž)	[lɪlɪe]
geranium (de)	geránie (ž)	[gera:nɪe]
hyacint (de)	hyacint (m)	[hɪatsɪnt]

mimosa (de)	citlivka (ž)	[tsɪtlɪfka]
narcis (de)	narcis (m)	[nartsɪs]
Oost-Indische kers (de)	potočnice (ž)	[pototʃnɪtsɛ]

orchidee (de)	orchidej (ž)	[orxɪdɛj]
pioenroos (de)	pivoňka (ž)	[pɪvonʲka]
viooltje (het)	fialka (ž)	[fɪalka]

driekleurig viooltje (het)	maceška (ž)	[matsɛʃka]
vergeet-mij-nietje (het)	pomněnka (ž)	[pomneŋka]
madeliefje (het)	sedmikráska (ž)	[sɛdmɪkra:ska]

papaver (de)	mák (m)	[ma:k]
hennep (de)	konopě (ž)	[konope]
munt (de)	máta (ž)	[ma:ta]

lelietje-van-dalen (het)	konvalinka (ž)	[konvalɪŋka]
sneeuwklokje (het)	sněženka (ž)	[sneʒeŋka]
brandnetel (de)	kopřiva (ž)	[koprʃɪva]
veldzuring (de)	šťovík (m)	[ʃtʲoviːk]
waterlelie (de)	leknín (m)	[lɛkniːn]
varen (de)	kapradí (s)	[kapradiː]
korstmos (het)	lišejník (m)	[lɪʃɛjniːk]
oranjerie (de)	oranžérie (ž)	[oranʒeːrɪe]
gazon (het)	trávník (m)	[traːvniːk]
bloemperk (het)	květinový záhonek (m)	[kvetɪnoviː zaːhonɛk]
plant (de)	rostlina (ž)	[rostlɪna]
gras (het)	tráva (ž)	[traːva]
grasspriet (de)	stéblo (s) trávy	[stɛːblo traːvɪ]
blad (het)	list (m)	[lɪst]
bloemblad (het)	okvětní lístek (m)	[okvetni liːstɛk]
stengel (de)	stéblo (s)	[stɛːblo]
knol (de)	hlíza (ž)	[hliːza]
scheut (de)	výhonek (m)	[viːhonɛk]
doorn (de)	osten (m)	[ostɛn]
bloeien (ww)	kvést	[kvɛːst]
verwelken (ww)	vadnout	[vadnout]
geur (de)	vůně (ž)	[vuːne]
snijden (bijv. bloemen ~)	uříznout	[urʒiːznout]
plukken (bloemen ~)	utrhnout	[utrhnout]

232. Granen, graankorrels

graan (het)	obilí (s)	[obɪliː]
graangewassen (mv.)	obilniny (ž mn)	[obɪlnɪnɪ]
aar (de)	klas (m)	[klas]
tarwe (de)	pšenice (ž)	[pʃɛnɪtsɛ]
rogge (de)	žito (s)	[ʒɪto]
haver (de)	oves (m)	[ovɛs]
gierst (de)	jáhly (ž mn)	[jaːhlɪ]
gerst (de)	ječmen (m)	[jɛtʃmɛn]
maïs (de)	kukuřice (ž)	[kukurʒɪtsɛ]
rijst (de)	rýže (ž)	[riːʒe]
boekweit (de)	pohanka (ž)	[pohaŋka]
erwt (de)	hrách (m)	[hraːx]
nierboon (de)	fazole (ž)	[fazolɛ]
soja (de)	sója (ž)	[soːja]
linze (de)	čočka (ž)	[tʃotʃka]
bonen (mv.)	boby (m mn)	[bobɪ]

233. Groenten. Groene groenten

groenten (mv.)	zelenina (ž)	[zɛlɛnɪna]
verse kruiden (mv.)	zelenina (ž)	[zɛlɛnɪna]
tomaat (de)	rajské jablíčko (s)	[rajskɛ: jabli:ʧko]
augurk (de)	okurka (ž)	[okurka]
wortel (de)	mrkev (ž)	[mrkɛf]
aardappel (de)	brambory (ž mn)	[bramborɪ]
ui (de)	cibule (ž)	[ʦɪbulɛ]
knoflook (de)	česnek (m)	[ʧɛsnɛk]
kool (de)	zelí (s)	[zɛli:]
bloemkool (de)	květák (m)	[kveta:k]
spruitkool (de)	růžičková kapusta (ž)	[ru:ʒɪʧkova: kapusta]
rode biet (de)	červená řepa (ž)	[ʧɛrvena: rʒɛpa]
aubergine (de)	lilek (m)	[lɪlɛk]
courgette (de)	cukina, cuketa (ž)	[ʦukɪna], [ʦuketa]
pompoen (de)	tykev (ž)	[tɪkɛf]
knolraap (de)	vodní řepa (ž)	[vodni: rʒɛpa]
peterselie (de)	petržel (ž)	[pɛtrʒel]
dille (de)	kopr (m)	[kopr]
sla (de)	salát (m)	[sala:t]
selderij (de)	celer (m)	[ʦɛlɛr]
asperge (de)	chřest (m)	[xrʃɛst]
spinazie (de)	špenát (m)	[ʃpɛna:t]
erwt (de)	hrách (m)	[hra:x]
bonen (mv.)	boby (m mn)	[bobɪ]
maïs (de)	kukuřice (ž)	[kukurʒɪʦɛ]
nierboon (de)	fazole (ž)	[fazolɛ]
peper (de)	pepř (m)	[pɛprʃ]
radijs (de)	ředkvička (ž)	[rʒɛtkvɪʧka]
artisjok (de)	artyčok (m)	[artɪʧok]

REGIONALE AARDRIJKSKUNDE

Landen. Nationaliteiten

234. West-Europa

Europa (het)	Evropa (ž)	[ɛvropa]
Europese Unie (de)	Evropská unie (ž)	[ɛuropska: unɪe]
Europeaan (de)	Evropan (m)	[ɛvropan]
Europees (bn)	evropský	[ɛvropski:]
Oostenrijk (het)	Rakousko (s)	[rakousko]
Oostenrijker (de)	Rakušan (m)	[rakuʃan]
Oostenrijkse (de)	Rakušanka (ž)	[rakuʃaŋka]
Oostenrijks (bn)	rakouský	[rakouski:]
Groot-Brittannië (het)	Velká Británie (ž)	[vɛlka: brɪta:nɪe]
Engeland (het)	Anglie (ž)	[anglɪe]
Engelsman (de)	Angličan (m)	[anglɪtʃan]
Engelse (de)	Angličanka (ž)	[anglɪtʃanka]
Engels (bn)	anglický	[anglɪtski:]
België (het)	Belgie (ž)	[bɛlgɪe]
Belg (de)	Belgičan (m)	[bɛlgɪtʃan]
Belgische (de)	Belgičanka (ž)	[bɛlgɪtʃaŋka]
Belgisch (bn)	belgický	[bɛlgɪtski:]
Duitsland (het)	Německo (s)	[nemɛtsko]
Duitser (de)	Němec (m)	[nemɛts]
Duitse (de)	Němka (ž)	[nemka]
Duits (bn)	německý	[nemɛtski:]
Nederland (het)	Nizozemí (s)	[nɪzozɛmi:]
Holland (het)	Holandsko (s)	[holandsko]
Nederlander (de)	Holanďan (m)	[holandʲan]
Nederlandse (de)	Holanďanka (ž)	[holandʲaŋka]
Nederlands (bn)	holandský	[holandski:]
Griekenland (het)	Řecko (s)	[rʒɛtsko]
Griek (de)	Řek (m)	[rʒɛk]
Griekse (de)	Řekyně (ž)	[rʒɛkɪne]
Grieks (bn)	řecký	[rʒɛtski:]
Denemarken (het)	Dánsko (s)	[da:nsko]
Deen (de)	Dán (m)	[da:n]
Deense (de)	Dánka (ž)	[da:ŋka]
Deens (bn)	dánský	[da:nski:]
Ierland (het)	Irsko (s)	[ɪrsko]
Ier (de)	Ir (m)	[ɪr]

| Ierse (de) | Irka (ž) | [ɪrka] |
| Iers (bn) | irský | [ɪrski:] |

IJsland (het)	Island (m)	[ɪslant]
IJslander (de)	Islanďan (m)	[ɪslandʲan]
IJslandse (de)	Islanďanka (ž)	[ɪslandʲaŋka]
IJslands (bn)	islandský	[ɪslantski:]

Spanje (het)	Španělsko (s)	[ʃpanelsko]
Spanjaard (de)	Španěl (m)	[ʃpanel]
Spaanse (de)	Španělka (ž)	[ʃpanelka]
Spaans (bn)	španělský	[ʃpanelski:]

Italië (het)	Itálie (ž)	[ɪta:lɪe]
Italiaan (de)	Ital (m)	[ɪtal]
Italiaanse (de)	Italka (ž)	[ɪtalka]
Italiaans (bn)	italský	[ɪtalski:]

Cyprus (het)	Kypr (m)	[kɪpr]
Cyprioot (de)	Kypřan (m)	[kɪprʃan]
Cypriotische (de)	Kypřanka (ž)	[kɪprʃaŋka]
Cypriotisch (bn)	kyperský	[kɪpɛrski:]

Malta (het)	Malta (ž)	[malta]
Maltees (de)	Malťan (m)	[maltʲan]
Maltese (de)	Malťanka (ž)	[maltʲaŋka]
Maltees (bn)	maltský	[maltski:]

Noorwegen (het)	Norsko (s)	[norsko]
Noor (de)	Nor (m)	[nor]
Noorse (de)	Norka (ž)	[norka]
Noors (bn)	norský	[norski:]

Portugal (het)	Portugalsko (s)	[portugalsko]
Portugees (de)	Portugalec (m)	[portugalɛts]
Portugese (de)	Portugalka (ž)	[portugalka]
Portugees (bn)	portugalský	[portugalski:]

Finland (het)	Finsko (s)	[fɪnsko]
Fin (de)	Fin (m)	[fɪn]
Finse (de)	Finka (ž)	[fɪŋka]
Finse (bn)	finský	[fɪnski:]

Frankrijk (het)	Francie (ž)	[frantsɪe]
Fransman (de)	Francouz (m)	[frantsous]
Française (de)	Francouzka (ž)	[frantsouska]
Frans (bn)	francouzský	[frantsouski:]

Zweden (het)	Švédsko (s)	[ʃvɛ:tsko]
Zweed (de)	Švéd (m)	[ʃvɛ:t]
Zweedse (de)	Švédka (ž)	[ʃvɛ:tka]
Zweeds (bn)	švédský	[ʃvɛ:dski:]

Zwitserland (het)	Švýcarsko (s)	[ʃvi:tsarsko]
Zwitser (de)	Švýcar (m)	[ʃvi:tsar]
Zwitserse (de)	Švýcarka (ž)	[ʃvi:tsarka]

Zwitsers (bn)	švýcarský	[ʃviːtsarski:]
Schotland (het)	Skotsko (s)	[skotsko]
Schot (de)	Skot (m)	[skot]
Schotse (de)	Skotka (ž)	[skotka]
Schots (bn)	skotský	[skotski:]

Vaticaanstad (de)	Vatikán (m)	[vatɪkaːn]
Liechtenstein (het)	Lichtenštejnsko (s)	[lɪxtɛnʃtɛjnsko]
Luxemburg (het)	Lucembursko (s)	[lutsɛmbursko]
Monaco (het)	Monako (s)	[monako]

235. Centraal- en Oost-Europa

Albanië (het)	Albánie (ž)	[alba:nɪe]
Albanees (de)	Albánec (m)	[alba:nɛts]
Albanese (de)	Albánka (ž)	[alba:ŋka]
Albanees (bn)	albánský	[alba:nski:]

Bulgarije (het)	Bulharsko (s)	[bulharsko]
Bulgaar (de)	Bulhar (m)	[bulhar]
Bulgaarse (de)	Bulharka (ž)	[bulharka]
Bulgaars (bn)	bulharský	[bulharski:]

Hongarije (het)	Maďarsko (s)	[madʲarsko]
Hongaar (de)	Maďar (m)	[madʲar]
Hongaarse (de)	Maďarka (ž)	[madʲarka]
Hongaars (bn)	maďarský	[madʲarski:]

Letland (het)	Lotyšsko (s)	[lotɪʃsko]
Let (de)	Lotyš (m)	[lotɪʃ]
Letse (de)	Lotyška (ž)	[lotɪʃka]
Lets (bn)	lotyšský	[lotɪʃski:]

Litouwen (het)	Litva (ž)	[lɪtva]
Litouwer (de)	Litevec (m)	[lɪtɛvɛts]
Litouwse (de)	Litevka (ž)	[lɪtɛfka]
Litouws (bn)	litevský	[lɪtɛvski:]

Polen (het)	Polsko (s)	[polsko]
Pool (de)	Polák (m)	[pola:k]
Poolse (de)	Polka (ž)	[polka]
Pools (bn)	polský	[polski:]

Roemenië (het)	Rumunsko (s)	[rumunsko]
Roemeen (de)	Rumun (m)	[rumun]
Roemeense (de)	Rumunka (ž)	[rumuŋka]
Roemeens (bn)	rumunský	[rumunski:]

Servië (het)	Srbsko (s)	[srpsko]
Serviër (de)	Srb (m)	[srp]
Servische (de)	Srbka (ž)	[srpka]
Servisch (bn)	srbský	[srpski:]
Slowakije (het)	Slovensko (s)	[slovɛnsko]
Slowaak (de)	Slovák (m)	[slova:k]

| Slowaakse (de) | Slovenka (ž) | [slovɛŋka] |
| Slowaakse (bn) | slovenský | [slovɛnski:] |

Kroatië (het)	Chorvatsko (s)	[xorvatsko]
Kroaat (de)	Chorvat (m)	[xorvat]
Kroatische (de)	Chorvatka (ž)	[xorvatka]
Kroatisch (bn)	chorvatský	[xorvatski:]

Tsjechië (het)	Česko (s)	[ʧɛsko]
Tsjech (de)	Čech (m)	[ʧɛx]
Tsjechische (de)	Češka (ž)	[ʧɛʃka]
Tsjechisch (bn)	český	[ʧɛski:]

Estland (het)	Estonsko (s)	[ɛstonsko]
Est (de)	Estonec (m)	[ɛstonɛʦ]
Estse (de)	Estonka (ž)	[ɛstoŋka]
Ests (bn)	estonský	[ɛstonski:]

Bosnië en Herzegovina (het)	Bosna a Hercegovina (ž)	[bosna a hɛrʦɛgovɪna]
Macedonië (het)	Makedonie (ž)	[makɛdonɪe]
Slovenië (het)	Slovinsko (s)	[slovɪnsko]
Montenegro (het)	Černá Hora (ž)	[ʧɛrna: hora]

236. Voormalige USSR landen

Azerbeidzjan (het)	Ázerbájdžán (m)	[a:zɛrba:jʤa:n]
Azerbeidzjaan (de)	Ázerbájdžánec (m)	[a:zɛrba:jʤa:nɛʦ]
Azerbeidjaanse (de)	Ázerbájdžánka (ž)	[a:zɛrba:jʤa:ŋka]
Azerbeidjaans (bn)	ázerbájdžánský	[a:zɛrba:jʤa:nski:]

Armenië (het)	Arménie (ž)	[armɛ:nɪe]
Armeen (de)	Armén (m)	[armɛ:n]
Armeense (de)	Arménka (ž)	[armɛ:ŋka]
Armeens (bn)	arménský	[armɛ:nski:]

Wit-Rusland (het)	Bělorusko (s)	[belorusko]
Wit-Rus (de)	Bělorus (m)	[belorus]
Wit-Russische (de)	Běloruska (ž)	[beloruska]
Wit-Russisch (bn)	běloruský	[beloruski:]

Georgië (het)	Gruzie (ž)	[gruzɪe]
Georgiër (de)	Gruzín (m)	[gruzi:n]
Georgische (de)	Gruzínka (ž)	[gruzi:ŋka]
Georgisch (bn)	gruzínský	[gruzi:nski:]

Kazakstan (het)	Kazachstán (m)	[kazaxsta:n]
Kazak (de)	Kazach (m)	[kazax]
Kazakse (de)	Kazaška (ž)	[kazaʃka]
Kazakse (bn)	kazašský	[kazaʃski:]

Kirgizië (het)	Kyrgyzstán (m)	[kɪrgɪsta:n]
Kirgiziër (de)	Kyrgyz (m)	[kɪrgɪs]
Kirgizische (de)	Kyrgyzka (ž)	[kɪrgɪska]
Kirgizische (bn)	kyrgyzský	[kɪrgɪski:]

Moldavië (het)	Moldavsko (s)	[moldavsko]
Moldaviër (de)	Moldavan (m)	[moldavan]
Moldavische (de)	Moldavanka (ž)	[moldavaŋka]
Moldavisch (bn)	moldavský	[moldavski:]

Rusland (het)	Rusko (s)	[rusko]
Rus (de)	Rus (m)	[rʊs]
Russin (de)	Ruska (ž)	[ruska]
Russisch (bn)	ruský	[ruski:]

Tadzjikistan (het)	Tádžikistán (m)	[taːdʒɪkɪstaːn]
Tadzjiek (de)	Tádžik (m)	[taːdʒɪk]
Tadzjiekse (de)	Tádžička (ž)	[taːdʒɪtʃka]
Tadzjieks (bn)	tádžický	[taːdʒɪtski:]

Turkmenistan (het)	Turkmenistán (m)	[turkmɛnɪstaːn]
Turkmeen (de)	Turkmen (m)	[turkmɛn]
Turkmeense (de)	Turkmenka (ž)	[turkmɛŋka]
Turkmeens (bn)	turkmenský	[turkmɛnski:]

Oezbekistan (het)	Uzbekistán (m)	[uzbɛkɪstaːn]
Oezbeek (de)	Uzbek (m)	[uzbɛk]
Oezbeekse (de)	Uzbečka (ž)	[uzbɛtʃka]
Oezbeeks (bn)	uzbecký	[uzbɛtski:]

Oekraïne (het)	Ukrajina (ž)	[ukrajɪna]
Oekraïner (de)	Ukrajinec (m)	[ukrajɪnɛts]
Oekraïense (de)	Ukrajinka (ž)	[ukrajɪŋka]
Oekraïens (bn)	ukrajinský	[ukrajɪnski:]

237. Azië

Azië (het)	Asie (ž)	[azɪe]
Aziatisch (bn)	asijský	[azɪjski:]

Vietnam (het)	Vietnam (m)	[vjɛtnam]
Vietnamees (de)	Vietnamec (m)	[vjɛtnamɛts]
Vietnamese (de)	Vietnamka (ž)	[vjɛtnamka]
Vietnamees (bn)	vietnamský	[vjɛtnamski:]

India (het)	Indie (ž)	[ɪndɪe]
Indiër (de)	Ind (m)	[ɪnd]
Indische (de)	Indka (ž)	[ɪntka]
Indisch (bn)	indický	[ɪndɪtski:]

Israël (het)	Izrael (m)	[ɪzraɛl]
Israëliër (de)	Izraelec (m)	[ɪzraɛlɛts]
Israëlische (de)	Izraelka (ž)	[ɪzraɛlka]
Israëlisch (bn)	izraelský	[ɪzraɛlski:]

Jood (etniciteit)	Žid (m)	[ʒɪt]
Jodin (de)	Židovka (ž)	[ʒɪdofka]
Joods (bn)	židovský	[ʒɪdovski:]
China (het)	Čína (ž)	[tʃi:na]

Chinees (de)	Číňan (m)	[ʧi:nʲan]
Chinese (de)	Číňanka (ž)	[ʧi:nʲaŋka]
Chinees (bn)	čínský	[ʧi:nski:]

Koreaan (de)	Korejec (m)	[korɛjɛʦ]
Koreaanse (de)	Korejka (ž)	[korɛjka]
Koreaans (bn)	korejský	[korɛjski:]

Libanon (het)	Libanon (m)	[lɪbanon]
Libanees (de)	Libanonec (m)	[lɪbanonɛʦ]
Libanese (de)	Libanonka (ž)	[lɪbanoŋka]
Libanees (bn)	libanonský	[lɪbanonski:]

Mongolië (het)	Mongolsko (s)	[mongolsko]
Mongool (de)	Mongol (m)	[mongol]
Mongoolse (de)	Mongolka (ž)	[mongolka]
Mongools (bn)	mongolský	[mongolski:]

Maleisië (het)	Malajsie (ž)	[malajzɪe]
Maleisiër (de)	Malajec (m)	[malajɛʦ]
Maleisische (de)	Malajka (ž)	[malajka]
Maleisisch (bn)	malajský	[malajski:]

Pakistan (het)	Pákistán (m)	[pa:kɪsta:n]
Pakistaan (de)	Pákistánec (m)	[pa:kɪsta:nɛʦ]
Pakistaanse (de)	Pákistánka (ž)	[pa:kɪsta:ŋka]
Pakistaans (bn)	pákistánský	[pa:kɪsta:nski:]

Saoedi-Arabië (het)	Saúdská Arábie (ž)	[sau:dska: ara:bɪe]
Arabier (de)	Arab (m)	[arap]
Arabische (de)	Arabka (ž)	[arapka]
Arabisch (bn)	arabský	[arapski:]

Thailand (het)	Thajsko (s)	[tajsko]
Thai (de)	Thajec (m)	[tajɛʦ]
Thaise (de)	Thajka (ž)	[tajka]
Thai (bn)	thajský	[tajski:]

Taiwan (het)	Tchaj-wan (m)	[tajvan]
Taiwanees (de)	Tchajwanec (m)	[tajvanɛʦ]
Taiwanese (de)	Tchajwanka (ž)	[tajvaŋka]
Talwanees (bn)	tchajwanský	[tajvanski:]

Turkije (het)	Turecko (s)	[turɛʦko]
Turk (de)	Turek (m)	[turɛk]
Turkse (de)	Turkyně (ž)	[turkɪne]
Turks (bn)	turecký	[turɛʦki:]

Japan (het)	Japonsko (s)	[japonsko]
Japanner (de)	Japonec (m)	[japonɛʦ]
Japanse (de)	Japonka (ž)	[japoŋka]
Japans (bn)	japonský	[japonski:]

Afghanistan (het)	Afghánistán (m)	[afga:nɪsta:n]
Bangladesh (het)	Bangladéš (m)	[bangladɛ:ʃ]
Indonesië (het)	Indonésie (ž)	[ɪndonɛ:zɪe]

213

Jordanië (het)	**Jordánsko** (s)	[jorda:nsko]
Irak (het)	**Irák** (m)	[ıra:k]
Iran (het)	**Írán** (m)	[i:ra:n]
Cambodja (het)	**Kambodža** (ž)	[kambodʒa]
Koeweit (het)	**Kuvajt** (m)	[kuvajt]

Laos (het)	**Laos** (m)	[laos]
Myanmar (het)	**Barma** (ž)	[barma]
Nepal (het)	**Nepál** (m)	[nɛpa:l]
Verenigde Arabische	**Spojené**	[spojɛnɛ:
Emiraten	**arabské emiráty** (m mn)	arapskɛ: ɛmıra:tı]

Syrië (het)	**Sýrie** (ž)	[si:rıe]
Palestijnse autonomie (de)	**Palestinská autonomie** (ž)	[palɛstınska: autonomıe]
Zuid-Korea (het)	**Jižní Korea** (ž)	[jıʒni: korɛa]
Noord-Korea (het)	**Severní Korea** (ž)	[severni: korɛa]

238. Noord-Amerika

Verenigde Staten	**Spojené státy** (m mn)	[spojɛnɛ: sta:tı
van Amerika	**americké**	amɛrıtskɛ:]
Amerikaan (de)	**Američan** (m)	[amɛrıtʃan]
Amerikaanse (de)	**Američanka** (ž)	[amɛrıtʃaŋka]
Amerikaans (bn)	**americký**	[amɛrıtski:]

Canada (het)	**Kanada** (ž)	[kanada]
Canadees (de)	**Kanaďan** (m)	[kanadʲan]
Canadese (de)	**Kanaďanka** (ž)	[kanadʲaŋka]
Canadees (bn)	**kanadský**	[kanadski:]

Mexico (het)	**Mexiko** (s)	[mɛksıko]
Mexicaan (de)	**Mexičan** (m)	[mɛksıtʃan]
Mexicaanse (de)	**Mexičanka** (ž)	[mɛksıtʃaŋka]
Mexicaans (bn)	**mexický**	[mɛksıtski:]

239. Midden- en Zuid-Amerika

Argentinië (het)	**Argentina** (ž)	[argɛntına]
Argentijn (de)	**Argentinec** (m)	[argɛntınɛts]
Argentijnse (de)	**Argentinka** (ž)	[argɛntıŋka]
Argentijns (bn)	**argentinský**	[argɛntınski:]

Brazilië (het)	**Brazílie** (ž)	[brazi:lıe]
Braziliaan (de)	**Brazilec** (m)	[brazılɛts]
Braziliaanse (de)	**Brazilka** (ž)	[brazılka]
Braziliaans (bn)	**brazilský**	[brazılski:]

Colombia (het)	**Kolumbie** (ž)	[kolumbıe]
Colombiaan (de)	**Kolumbijec** (m)	[kolumbıjɛts]
Colombiaanse (de)	**Kolumbijka** (ž)	[kolumbıjka]
Colombiaans (bn)	**kolumbijský**	[kolumbıjski:]
Cuba (het)	**Kuba** (ž)	[kuba]

Cubaan (de)	Kubánec (m)	[kuba:nɛts]
Cubaanse (de)	Kubánka (ž)	[kuba:ŋka]
Cubaans (bn)	kubánský	[kuba:nski:]

Chili (het)	Chile (s)	[tʃɪlɛ]
Chileen (de)	Chilan (m)	[tʃɪlan]
Chileense (de)	Chilanka (ž)	[tʃɪlaŋka]
Chileens (bn)	chilský	[tʃɪlski:]

Bolívia (het)	Bolívie (ž)	[boli:vɪɛ]
Venezuela (het)	Venezuela (ž)	[vɛnɛzuɛla]
Paraguay (het)	Paraguay (ž)	[paragvaj]
Peru (het)	Peru (s)	[pɛru]
Suriname (het)	Surinam (m)	[surɪnam]
Uruguay (het)	Uruguay (ž)	[urugvaj]
Ecuador (het)	Ekvádor (m)	[ɛkva:dor]

Bahama's (mv.)	Bahamy (ž mn)	[bahamɪ]
Haïti (het)	Haiti (s)	[haɪtɪ]
Dominicaanse Republiek (de)	Dominikánská republika (ž)	[domɪnɪka:nska: rɛpublɪka]
Panama (het)	Panama (ž)	[panama]
Jamaica (het)	Jamajka (ž)	[jamajka]

240. Afrika

Egypte (het)	Egypt (m)	[ɛgɪpt]
Egyptenaar (de)	Egypťan (m)	[ɛgɪpťan]
Egyptische (de)	Egypťanka (ž)	[ɛgɪpťaŋka]
Egyptisch (bn)	egyptský	[ɛgɪptski:]

Marokko (het)	Maroko (s)	[maroko]
Marokkaan (de)	Maročan (m)	[marotʃan]
Marokkaanse (de)	Maročanka (ž)	[marotʃaŋka]
Marokkaans (bn)	marocký	[marotski:]

Tunesië (het)	Tunisko (s)	[tunɪsko]
Tunesiër (de)	Tunisan (m)	[tunɪsan]
Tunesische (de)	Tunisanka (ž)	[tunɪsaŋka]
Tunesisch (bn)	tuniský	[tunɪski:]

Ghana (het)	Ghana (ž)	[gana]
Zanzibar (het)	Zanzibar (m)	[zanzɪbar]
Kenia (het)	Keňa (ž)	[kɛnʲa]
Libië (het)	Libye (ž)	[lɪbɪɛ]
Madagaskar (het)	Madagaskar (m)	[madagaskar]

Namibië (het)	Namibie (ž)	[namɪbɪɛ]
Senegal (het)	Senegal (m)	[sɛnɛgal]
Tanzania (het)	Tanzanie (ž)	[tanzanɪɛ]
Zuid-Afrika (het)	Jihoafrická republika (ž)	[jɪhoafrɪtska: rɛpublɪka]

Afrikaan (de)	Afričan (m)	[afrɪtʃan]
Afrikaanse (de)	Afričanka (ž)	[afrɪtʃaŋka]
Afrikaans (bn)	africký	[afrɪtski:]

241. Australië. Oceanië

Australië (het)	Austrálie (ž)	[austra:lɪe]
Australiër (de)	Australan (m)	[australan]
Australische (de)	Australanka (ž)	[australaŋka]
Australisch (bn)	australský	[australski:]

Nieuw-Zeeland (het)	Nový Zéland (m)	[novi: zɛ:lant]
Nieuw-Zeelander (de)	Novozélanďan (m)	[novozɛ:landʲan]
Nieuw-Zeelandse (de)	Novozélanďanka (ž)	[novozɛ:landʲaŋka]
Nieuw-Zeelands (bn)	novozélandský	[novozɛ:landski:]

| Tasmanië (het) | Tasmánie (ž) | [tasma:nɪe] |
| Frans-Polynesië | Francouzská Polynésie (ž) | [frantsouska: polɪnɛ:zɪe] |

242. Steden

Amsterdam	Amsterodam (m)	[amstɛrodam]
Ankara	Ankara (ž)	[aŋkara]
Athene	Atény (ž mn)	[atɛ:nɪ]
Bagdad	Bagdád (m)	[bagda:t]
Bangkok	Bangkok (m)	[bangkok]

Barcelona	Barcelona (ž)	[barsɛlona]
Beiroet	Bejrút (m)	[bɛjru:t]
Berlijn	Berlín (m)	[bɛrli:n]
Boedapest	Budapešť (ž)	[budapɛʃtʲ]
Boekarest	Bukurešť (ž)	[bukurɛʃtʲ]

Bombay, Mumbai	Bombaj (ž)	[bombaj]
Bonn	Bonn (m)	[bonn]
Bordeaux	Bordeaux (s)	[bordo:]
Bratislava	Bratislava (ž)	[bratɪslava]
Brussel	Brusel (m)	[brusɛl]

Caïro	Káhira (ž)	[ka:hɪra]
Calcutta	Kalkata (ž)	[kalkata]
Chicago	Chicago (s)	[ʧɪka:go]
Dar Es Salaam	Dar es Salaam (m)	[dar ɛs sala:m]
Delhi	Dillí (s)	[dɪli:]

Den Haag	Haag (m)	[ha:g]
Dubai	Dubaj (m)	[dubaj]
Dublin	Dublin (m)	[dublɪn]
Düsseldorf	Düsseldorf (m)	[dɪsldorf]
Florence	Florencie (ž)	[florɛntsɪe]

Frankfort	Frankfurt (m)	[fraŋkfurt]
Genève	Ženeva (ž)	[ʒenɛva]
Hamburg	Hamburk (m)	[hamburk]
Hanoi	Hanoj (m)	[hanoj]
Havana	Havana (ž)	[havana]
Helsinki	Helsinky (ž mn)	[hɛlsɪŋkɪ]

Hiroshima	Hirošima (ž)	[hɪroʃɪma]
Hongkong	Hongkong (m)	[hoŋkong]
Istanbul	Istanbul (m)	[ɪstanbul]
Jeruzalem	Jeruzalém (m)	[jɛruzalɛ:m]
Kiev	Kyjev (m)	[kɪef]
Kopenhagen	Kodaň (ž)	[kodanʲ]
Kuala Lumpur	Kuala Lumpur (m)	[kuala lumpur]
Lissabon	Lisabon (m)	[lɪsabon]
Londen	Londýn (m)	[londi:n]
Los Angeles	Los Angeles (s)	[los ɛnʒɛlis]
Lyon	Lyon (m)	[lɪon]
Madrid	Madrid (m)	[madrɪt]
Marseille	Marseille (ž)	[marsɛj]
Mexico-Stad	Mexiko (s)	[mɛksɪko]
Miami	Miami (s)	[majamɪ]
Montreal	Montreal (m)	[monrɛal]
Moskou	Moskva (ž)	[moskva]
München	Mnichov (m)	[mnɪxof]
Nairobi	Nairobi (s)	[najrobɪ]
Napels	Neapol (m)	[nɛapol]
New York	New York (m)	[nju: jork]
Nice	Nizza (ž)	[nɪʦa]
Oslo	Oslo (s)	[oslo]
Ottawa	Otava (ž)	[otava]
Parijs	Paříž (ž)	[parʒi:ʃ]
Peking	Peking (m)	[pɛkɪŋk]
Praag	Praha (ž)	[praha]
Rio de Janeiro	Rio de Janeiro (s)	[rɪodɛʒanɛ:ro]
Rome	Řím (m)	[rʒi:m]
Seoel	Soul (m)	[soul]
Singapore	Singapur (m)	[sɪngapur]
Sint-Petersburg	Sankt-Petěrburg (m)	[saŋkt-pɛterburg]
Sjanghai	Šanghaj (ž)	[ʃangxaj]
Stockholm	Stockholm (m)	[stokholm]
Sydney	Sydney (s)	[sɪdnɛj]
Taipei	Tchaj-pej (s)	|taj-pɛj|
Tokio	Tokio (s)	[tokɪo]
Toronto	Toronto (s)	[toronto]
Venetië	Benátky (ž mn)	[bɛna:tkɪ]
Warschau	Varšava (ž)	[varʃava]
Washington	Washington (m)	[voʃɪnkton]
Wenen	Vídeň (ž)	[vi:dɛnʲ]

243. Politiek. Overheid. Deel 1

politiek (de)	politika (ž)	[polɪtɪka]
politiek (bn)	politický	[polɪtɪʦki:]

politicus (de)	politik (m)	[polɪtɪk]
staat (land)	stát (m)	[sta:t]
burger (de)	občan (m)	[obtʃan]
staatsburgerschap (het)	státní příslušnost (ž)	[sta:tni: prʃi:sluʃnost]
nationaal wapen (het)	státní znak (m)	[sta:tni: znak]
volkslied (het)	státní hymna (ž)	[sta:tni: hɪmna]
regering (de)	vláda (ž)	[vla:da]
staatshoofd (het)	hlava (m) státu	[hlava sta:tu]
parlement (het)	parlament (m)	[parlamɛnt]
partij (de)	strana (ž)	[strana]
kapitalisme (het)	kapitalismus (m)	[kapɪtalɪzmus]
kapitalistisch (bn)	kapitalistický	[kapɪtalɪstɪtski:]
socialisme (het)	socialismus (m)	[sotsɪalɪzmus]
socialistisch (bn)	socialistický	[sotsɪalɪstɪtski:]
communisme (het)	komunismus (m)	[komunɪzmus]
communistisch (bn)	komunistický	[komunɪstɪtski:]
communist (de)	komunista (m)	[komunɪsta]
democratie (de)	demokracie (ž)	[dɛmokratsɪe]
democraat (de)	demokrat (m)	[dɛmokrat]
democratisch (bn)	demokratický	[dɛmokratɪtski:]
democratische partij (de)	demokratická strana (ž)	[dɛmokratɪtska: strana]
liberaal (de)	liberál (m)	[lɪbɛra:l]
liberaal (bn)	liberální	[lɪbɛra:lni:]
conservator (de)	konzervativec (m)	[konzɛrvatɪvɛts]
conservatief (bn)	konzervativní	[konzɛrvatɪvni:]
republiek (de)	republika (ž)	[rɛpublɪka]
republikein (de)	republikán (m)	[rɛpublɪka:n]
Republikeinse Partij (de)	republikánská strana (ž)	[rɛpublɪka:nska: strana]
verkiezing (de)	volby (ž mn)	[volbɪ]
kiezen (ww)	volit	[volɪt]
kiezer (de)	volič (m)	[volɪtʃ]
verkiezingscampagne (de)	volební kampaň (ž)	[volɛbni: kampanʲ]
stemming (de)	hlasování (s)	[hlasova:ni:]
stemmen (ww)	hlasovat	[hlasovat]
stemrecht (het)	hlasovací právo (s)	[hlasovatsi: pra:vo]
kandidaat (de)	kandidát (m)	[kandɪda:t]
zich kandideren	kandidovat	[kandɪdovat]
campagne (de)	kampaň (ž)	[kampanʲ]
oppositie- (abn)	opoziční	[opozɪtʃni:]
oppositie (de)	opozice (ž)	[opozɪtse]
bezoek (het)	návštěva (ž)	[na:vʃteva]
officieel bezoek (het)	oficiální návštěva (ž)	[ofɪtsɪa:lni: na:fʃteva]

internationaal (bn)	mezinárodní	[mɛzɪnaːrodniː]
onderhandelingen (mv.)	jednání (s)	[jɛdnaːniː]
onderhandelen (ww)	jednat	[jɛdnat]

244. Politiek. Overheid. Deel 2

maatschappij (de)	společnost (ž)	[spolɛt͡ʃnost]
grondwet (de)	ústava (ž)	[uːstava]
macht (politieke ~)	moc (ž)	[mot͡s]
corruptie (de)	korupce (ž)	[korupt͡sɛ]

| wet (de) | zákon (m) | [zaːkon] |
| wettelijk (bn) | zákonný | [zaːkonniː] |

| rechtvaardigheid (de) | spravedlivost (ž) | [spravɛdlɪvost] |
| rechtvaardig (bn) | spravedlivý | [spravɛdlɪviː] |

comité (het)	výbor (m)	[viːbor]
wetsvoorstel (het)	návrh (m) zákona	[naːvrx zaːkona]
begroting (de)	rozpočet (m)	[rozpot͡ʃɛt]
beleid (het)	politika (ž)	[polɪtɪka]
hervorming (de)	reforma (ž)	[rɛforma]
radicaal (bn)	radikální	[radɪkaːlniː]

macht (vermogen)	síla (ž)	[siːla]
machtig (bn)	silný	[sɪlniː]
aanhanger (de)	stoupenec (m)	[stoupɛnɛt͡s]
invloed (de)	vliv (m)	[vlɪf]

regime (het)	režim (m)	[rɛʒɪm]
conflict (het)	konflikt (m)	[konflɪkt]
samenzwering (de)	spiknutí (s)	[spɪknutiː]
provocatie (de)	provokace (ž)	[provokat͡sɛ]

omverwerpen (ww)	svrhnout	[svrhnout]
omverwerping (de)	svržení (s)	[svrʒeniː]
revolutie (de)	revoluce (ž)	[rɛvolut͡sɛ]

| staatsgreep (de) | převrat (m) | [prʃɛvrat] |
| militaire coup (de) | vojenský převrat (m) | [vojɛnski: prʃɛvrat] |

crisis (de)	krize (ž)	[krɪzɛ]
economische recessie (de)	hospodářský pokles (m)	[hospoda:rʃski: poklɛs]
betoger (de)	demonstrant (m)	[dɛmonstrant]
betoging (de)	demonstrace (ž)	[dɛmonstrat͡sɛ]
krijgswet (de)	válečný stav (m)	[vaːlɛt͡ʃni: staf]
militaire basis (de)	základna (ž)	[zaːkladna]

| stabiliteit (de) | stabilita (ž) | [stabɪlɪta] |
| stabiel (bn) | stabilní | [stabɪlniː] |

uitbuiting (de)	vykořisťování (s)	[vɪkorʒɪsťovaːniː]
uitbuiten (ww)	vykořisťovat	[vɪkorʒɪsťovat]
racisme (het)	rasismus (m)	[rasɪzmus]

racist (de)	rasista (m)	[rasɪsta]
fascisme (het)	fašismus (m)	[faʃɪzmus]
fascist (de)	fašista (m)	[faʃɪsta]

245. Landen. Diversen

vreemdeling (de)	cizinec (m)	[ʦɪzɪnɛʦ]
buitenlands (bn)	cizí	[ʦɪzi:]
in het buitenland (bw)	v zahraničí	[v zahranɪʧi:]

emigrant (de)	emigrant (m)	[ɛmɪgrant]
emigratie (de)	emigrace (ž)	[ɛmɪgraʦɛ]
emigreren (ww)	emigrovat	[ɛmɪgrovat]

Westen (het)	Západ (m)	[za:pat]
Oosten (het)	Východ (m)	[vi:xot]
Verre Oosten (het)	Dálný východ (m)	[da:lni: vi:xot]
beschaving (de)	civilizace (ž)	[ʦɪvɪlɪzaʦɛ]
mensheid (de)	lidstvo (s)	[lɪdstvo]
wereld (de)	svět (m)	[svet]
vrede (de)	mír (m)	[mi:r]
wereld- (abn)	světový	[svetovi:]

vaderland (het)	vlast (ž)	[vlast]
volk (het)	lid (m)	[lɪt]
bevolking (de)	obyvatelstvo (s)	[obɪvatɛlstvo]
mensen (mv.)	lidé (m mn)	[lɪdɛ:]
natie (de)	národ (m)	[na:rot]
generatie (de)	generace (ž)	[gɛnɛraʦɛ]
gebied (bijv. bezette ~en)	území (s)	[u:zɛmi:]
regio, streek (de)	region (m)	[rɛgɪon]
deelstaat (de)	stát (m)	[sta:t]

traditie (de)	tradice (ž)	[tradɪʦɛ]
gewoonte (de)	zvyk (m)	[zvɪk]
ecologie (de)	ekologie (ž)	[ɛkologɪe]

Indiaan (de)	Indián (m)	[ɪndɪa:n]
zigeuner (de)	Rom (m)	[rom]
zigeunerin (de)	Romka (ž)	[romka]
zigeuner- (abn)	romský	[romski:]

rijk (het)	říše (ž)	[rʒi:ʃɛ]
kolonie (de)	kolonie (ž)	[kolonɪe]
slavernij (de)	otroctví (s)	[otroʦtvi:]
invasie (de)	vpád (m)	[vpa:t]
hongersnood (de)	hlad (m)	[hlat]

246. Grote religieuze groepen. Bekentenissen

| religie (de) | náboženství (s) | [na:boʒenstvi:] |
| religieus (bn) | náboženský | [na:boʒenski:] |

geloof (het)	víra (ž)	[vi:ra]
geloven (ww)	věřit	[verʒɪt]
gelovige (de)	věřící (m)	[verʒi:tsi:]
atheïsme (het)	ateizmus (m)	[atɛɪzmus]
atheïst (de)	ateista (m)	[atɛɪsta]
christendom (het)	křesťanství (s)	[krʃɛstʲanstvi:]
christen (de)	křesťan (m)	[krʃɛstʲan]
christelijk (bn)	křesťanský	[krʃɛstʲanski:]
katholicisme (het)	katolicismus (m)	[katolɪtsɪzmus]
katholiek (de)	katolík (m)	[katoli:k]
katholiek (bn)	katolický	[katolɪtski:]
protestantisme (het)	protestantismus (m)	[protɛstantɪzmus]
Protestante Kerk (de)	protestantská církev (ž)	[protɛstantska: tsi:rkɛf]
protestant (de)	protestant (m)	[protɛstant]
orthodoxie (de)	pravoslaví (s)	[pravoslavi:]
Orthodoxe Kerk (de)	pravoslavná církev (ž)	[pravoslavna: tsi:rkɛf]
orthodox	pravoslavný (m)	[pravoslavni:]
presbyterianisme (het)	presbyteriánství (s)	[prɛzbɪtɛrɪa:nstvi:]
Presbyteriaanse Kerk (de)	presbyteriánská církev (ž)	[prɛzbɪtɛrɪa:nska: tsi:rkɛf]
presbyteriaan (de)	presbyterián (m)	[prɛzbɪtɛrɪa:n]
lutheranisme (het)	luteránská církev (ž)	[lutɛra:nska: tsi:rkɛf]
lutheraan (de)	luterán (m)	[lutɛra:n]
baptisme (het)	baptismus (m)	[baptɪzmus]
baptist (de)	baptista (m)	[baptɪsta]
Anglicaanse Kerk (de)	anglikánská církev (ž)	[anglɪka:nska: tsi:rkɛf]
anglicaan (de)	anglikán (m)	[anglɪka:n]
mormonisme (het)	Mormonism (m)	[mormonɪzm]
mormoon (de)	mormon (m)	[mormon]
Jodendom (het)	judaismus (m)	[judaɪzmus]
jood (aanhanger van het Jodendom)	žid (m)	[ʒɪt]
boeddhisme (het)	buddhismus (m)	[budhɪzmus]
boeddhist (de)	buddhista (m)	[budhɪsta]
hindoeïsme (het)	hinduismus (m)	[hɪndujɪzmus]
hindoe (de)	Hinduista (m)	[hɪnduɪsta]
islam (de)	islám (m)	[ɪsla:m]
islamiet (de)	muslim (m)	[muslɪm]
islamitisch (bn)	muslimský	[muslɪmski:]
sjiisme (het)	šíitský islám (m)	[ʃi:ɪtski: ɪsla:m]
sjiiet (de)	šíita (ž)	[ʃi:ɪta]
soennisme (het)	Sunnitský islám (m)	[sunnɪtski: ɪsla:m]
soenniet (de)	Sunnita (m)	[sunnɪta]

247. Religies. Priesters

priester (de)	**kněz** (m)	[knez]
paus (de)	**Papež** (m)	[papɛʃ]
monnik (de)	**mnich** (m)	[mnɪx]
non (de)	**jeptiška** (ž)	[jɛptɪʃka]
pastoor (de)	**pastor** (m)	[pastor]
abt (de)	**opat** (m)	[opat]
vicaris (de)	**vikář** (m)	[vɪkaːrʃ]
bisschop (de)	**biskup** (m)	[bɪskup]
kardinaal (de)	**kardinál** (m)	[kardɪnaːl]
predikant (de)	**kazatel** (m)	[kazatɛl]
preek (de)	**kázání** (s)	[kaːzaːniː]
kerkgangers (mv.)	**farnost** (ž)	[farnost]
gelovige (de)	**věřící** (m)	[verʒiːʦiː]
atheïst (de)	**ateista** (m)	[atɛɪsta]

248. Geloof. Christendom. Islam

Adam	**Adam** (m)	[adam]
Eva	**Eva** (ž)	[ɛva]
God (de)	**Bůh** (m)	[buːx]
Heer (de)	**Pán** (m)	[paːn]
Almachtige (de)	**Všemohoucí** (m)	[vʃɛmohouʦiː]
zonde (de)	**hřích** (m)	[hrʒiːx]
zondigen (ww)	**hřešit**	[hrʒɛʃɪt]
zondaar (de)	**hříšník** (m)	[hrʒiʃniːk]
zondares (de)	**hříšnice** (ž)	[hrʒɪʃnɪʦɛ]
hel (de)	**peklo** (s)	[pɛklo]
paradijs (het)	**ráj** (m)	[raːj]
Jezus	**Ježíš** (m)	[jɛʒiːʃ]
Jezus Christus	**Ježíš Kristus** (m)	[jɛʒiːʃ krɪstus]
Heilige Geest (de)	**Duch** (m) **Svatý**	[dux svatiː]
Verlosser (de)	**Spasitel** (m)	[spasɪtɛl]
Maagd Maria (de)	**Bohorodička** (ž)	[bohorodɪʧka]
duivel (de)	**ďábel** (m)	[dʲaːbɛl]
duivels (bn)	**ďábelský**	[dʲaːbɛlskiː]
Satan	**satan** (m)	[satan]
satanisch (bn)	**satanský**	[satanski:]
engel (de)	**anděl** (m)	[andel]
beschermengel (de)	**anděl** (m) **strážný**	[andel straːʒni:]
engelachtig (bn)	**andělský**	[andelski:]

apostel (de)	apoštol (m)	[apoʃtol]
aartsengel (de)	archanděl (m)	[arxandel]
antichrist (de)	antikrist (m)	[antɪkrɪst]
Kerk (de)	Církev (ž)	[tsi:rkɛf]
bijbel (de)	Bible (ž)	[bɪblɛ]
bijbels (bn)	biblický	[bɪblɪtski:]
Oude Testament (het)	Starý zákon (m)	[stari: za:kon]
Nieuwe Testament (het)	Nový zákon (m)	[novi: za:kon]
evangelie (het)	Evangelium (s)	[ɛvangɛlɪum]
Heilige Schrift (de)	Písmo (s) svaté	[pi:smo svatɛ:]
Hemel, Hemelrijk (de)	nebeské království (s)	[nɛbɛskɛ: kra:lovstvi:]
gebod (het)	přikázání (s)	[prʃɪka:za:ni:]
profeet (de)	prorok (m)	[prorok]
profetie (de)	proroctví (s)	[prorotstvi:]
Allah	Alláh (m)	[ala:x]
Mohammed	Mohamed (m)	[mohamɛt]
Koran (de)	Korán (m)	[kora:n]
moskee (de)	mešita (ž)	[mɛʃɪta]
moellah (de)	Mullah (m)	[mulla]
gebed (het)	modlitba (ž)	[modlɪtba]
bidden (ww)	modlit se	[modlɪt sɛ]
pelgrimstocht (de)	pouť (ž)	[poutʲ]
pelgrim (de)	poutník (m)	[poutni:k]
Mekka	Mekka (ž)	[mɛka]
kerk (de)	kostel (m)	[kostɛl]
tempel (de)	chrám (m)	[xra:m]
kathedraal (de)	katedrála (ž)	[katɛdra:la]
gotisch (bn)	gotický	[gotɪtski:]
synagoge (de)	synagóga (ž)	[sinago:ga]
moskee (de)	mešita (ž)	[mɛʃɪta]
kapel (de)	kaple (ž)	[kaplɛ]
abdij (de)	opatství (s)	[opatstvi:]
nonnenklooster (het)	klášter (m)	[kla:ʃtɛr]
mannenklooster (het)	klášter (m)	|kla:ʃtɛr|
klok (de)	zvon (m)	[zvon]
klokkentoren (de)	zvonice (ž)	[zvonɪtsɛ]
luiden (klokken)	zvonit	[zvonɪt]
kruis (het)	kříž (m)	[krʃi:ʃ]
koepel (de)	kopule (ž)	[kopulɛ]
icoon (de)	ikona (ž)	[ɪkona]
ziel (de)	duše (ž)	[duʃɛ]
lot, noodlot (het)	osud (m)	[osut]
kwaad (het)	zlo (s)	[zlo]
goed (het)	dobro (s)	[dobro]
vampier (de)	upír (m)	[upi:r]

223

heks (de)	**čarodějnice** (ž)	[tʃarodejnɪtsɛ]
demoon (de)	**démon** (m)	[dɛ:mon]
geest (de)	**duch** (m)	[dux]
verzoeningsleer (de)	**vykoupení** (s)	[vɪkoupɛni:]
vrijkopen (ww)	**vykoupit**	[vɪkoupɪt]
mis (de)	**bohoslužba** (ž)	[bohosluʒba]
de mis opdragen	**sloužit**	[slouʒɪt]
biecht (de)	**zpověď** (ž)	[spovetʲ]
biechten (ww)	**zpovídat se**	[spovi:dat sɛ]
heilige (de)	**světec** (m)	[svetɛts]
heilig (bn)	**posvátný**	[posva:tni:]
wijwater (het)	**svěcená voda** (ž)	[svetsɛna: voda]
ritueel (het)	**ritus** (m)	[rɪtus]
ritueel (bn)	**rituální**	[rɪtua:lni:]
offerande (de)	**oběť** (ž)	[obetʲ]
bijgeloof (het)	**pověra** (ž)	[povera]
bijgelovig (bn)	**pověrčivý**	[povertʃɪvi:]
hiernamaals (het)	**posmrtný život** (m)	[posmrtni: ʒɪvot]
eeuwige leven (het)	**věčný život** (m)	[vetʃni: ʒɪvot]

DIVERSEN

249. Diverse nuttige woorden

achtergrond (de)	pozadí (s)	[pozadi:]
balans (de)	rovnováha (ž)	[rovnova:ha]
basis (de)	základna (ž)	[za:kladna]
begin (het)	začátek (m)	[zatʃa:tɛk]
beurt (wie is aan de ~?)	pořadí (s)	[porʒadi:]
categorie (de)	kategorie (ž)	[katɛgorɪe]
comfortabel (~ bed, enz.)	pohodlný	[pohodlni:]
compensatie (de)	kompenzace (ž)	[kompɛnzatsɛ]
deel (gedeelte)	část (ž)	[tʃa:st]
deeltje (het)	částice (ž)	[tʃa:stɪtsɛ]
ding (object, voorwerp)	věc (ž)	[vets]
dringend (bn, urgent)	neodkladný	[nɛotkladni:]
dringend (bw, met spoed)	neodkladně	[nɛotkladne]
effect (het)	efekt (m)	[ɛfɛkt]
eigenschap (kwaliteit)	vlastnost (ž)	[vlastnost]
einde (het)	skončení (s)	[skontʃɛni:]
element (het)	prvek (m)	[prvɛk]
feit (het)	fakt (m)	[fakt]
fout (de)	chyba (ž)	[xɪba]
geheim (het)	tajemství (s)	[tajɛmstvi:]
graad (mate)	stupeň (m)	[stupɛnʲ]
groei (ontwikkeling)	růst (m)	[ru:st]
hindernis (de)	zábrana (ž)	[za:brana]
hinderpaal (de)	překážka (ž)	[prʃɛka:ʃka]
hulp (de)	pomoc (ž)	[pomots]
ideaal (het)	ideál (m)	[ɪdɛa:l]
inspanning (de)	úsilí (s)	[u:sɪli:]
keuze (een grote ~)	volba (ž)	[volba]
labyrint (het)	labyrint (m)	[labɪrɪnt]
manier (de)	způsob (m)	[spu:sop]
moment (het)	moment (m)	[momɛnt]
nut (bruikbaarheid)	užitek (m)	[uʒɪtɛk]
onderscheid (het)	rozdíl (m)	[rozdi:l]
ontwikkeling (de)	rozvoj (m)	[rozvoj]
oplossing (de)	řešení (s)	[rʒɛʃɛni:]
origineel (het)	originál (m)	[orɪgɪna:l]
pauze (de)	pauza (ž)	[pauza]
positie (de)	pozice (ž)	[pozɪtsɛ]
principe (het)	princip (m)	[prɪntsɪp]

probleem (het)	problém (m)	[problɛ:m]
proces (het)	proces (m)	[protsɛs]
reactie (de)	reakce (ž)	[rɛaktsɛ]

reden (om ~ van)	důvod (m)	[du:vot]
risico (het)	riziko (s)	[rɪzɪko]
samenvallen (het)	shoda (ž)	[sxoda]
serie (de)	řada (ž)	[rʒada]

situatie (de)	situace (ž)	[sɪtuatsɛ]
soort (bijv. ~ sport)	druh (m)	[drux]
standaard (bn)	standardní	[standardni:]
standaard (de)	standard (m)	[standart]
stijl (de)	sloh (m)	[slox]

stop (korte onderbreking)	přestávka (ž)	[prʃɛsta:fka]
systeem (het)	systém (m)	[sɪstɛ:m]
tabel (bijv. ~ van Mendelejev)	tabulka (ž)	[tabulka]
tempo (langzaam ~)	tempo (s)	[tɛmpo]
term (medische ~en)	termín (m)	[tɛrmi:n]

type (soort)	typ (m)	[tɪp]
variant (de)	varianta (ž)	[varɪanta]
veelvuldig (bn)	častý	[tʃasti:]
vergelijking (de)	srovnání (s)	[srovna:ni:]
voorbeeld (het goede ~)	příklad (m)	[prʃi:klat]

voortgang (de)	pokrok (m)	[pokrok]
voorwerp (ding)	předmět (m)	[prʃɛdmnet]
vorm (uiterlijke ~)	tvar (m)	[tvar]
waarheid (de)	pravda (ž)	[pravda]
zone (de)	pásmo (s)	[pa:smo]

250. Beperkende bijwoorden. Bijvoeglijke naamwoorden. Deel 1

accuraat (uurwerk, enz.)	pečlivý	[pɛtʃlɪvi:]
achter- (abn)	zadní	[zadni:]
additioneel (bn)	dodatečný	[dodatɛtʃni:]
anders (bn)	různý	[ru:zni:]

arm (bijv. ~e landen)	chudý	[xudi:]
begrijpelijk (bn)	srozumitelný	[srozumɪtɛlni:]
belangrijk (bn)	důležitý	[du:lɛʒɪti:]
belangrijkst (bn)	nejdůležitější	[nɛjdu:lɛʒɪtejʃi:]

beleefd (bn)	zdvořilý	[zdvorʒɪli:]
beperkt (bn)	omezený	[omɛzɛni:]
betekenisvol (bn)	významný	[vi:znamni:]
bijziend (bn)	krátkozraký	[kra:tkozraki:]
binnen- (abn)	vnitřní	[vnɪtrʃni:]

bitter (bn)	hořký	[horʃki:]
blind (bn)	slepý	[slɛpi:]
breed (een ~e straat)	široký	[ʃɪroki:]

breekbaar (porselein, glas)	křehký	[krʃɛxki:]
buiten- (abn)	vnější	[vnejʃi:]

buitenlands (bn)	cizí	[tsɪzi:]
burgerlijk (bn)	občanský	[obtʃanski:]
centraal (bn)	ústřední	[u:strʃɛdni:]
dankbaar (bn)	vděčný	[vdetʃni:]
dicht (~e mist)	hustý	[husti:]

dicht (bijv. ~e mist)	hustý	[husti:]
dicht (in de ruimte)	blízký	[bli:ski:]
dicht (bn)	blízký	[bli:ski:]
dichtstbijzijnd (bn)	nejbližší	[nɛjblɪʒʃi:]

diepvries (~product)	zmražený	[zmraʒeni:]
dik (bijv. muur)	tlustý	[tlusti:]
dof (~ licht)	mdlý	[mdli:]
dom (dwaas)	hloupý	[hloupi:]

donker (bijv. ~e kamer)	temný	[tɛmni:]
dood (bn)	mrtvý	[mrtvi:]
doorzichtig (bn)	průhledný	[pru:hlɛdni:]
droevig (~ blik)	smutný	[smutni:]
droog (bn)	suchý	[suxi:]

dun (persoon)	hubený	[hubɛni:]
duur (bn)	drahý	[drahi:]
eender (bn)	stejný	[stɛjni:]
eenvoudig (bn)	snadný	[snadni:]
eenvoudig (bn)	jednoduchý	[jɛdnoduxi:]

eeuwenoude (~ beschaving)	starobylý	[starobɪli:]
enorm (bn)	obrovský	[obrovski:]
geboorte- (stad, land)	rodný	[rodni:]
gebruind (bn)	opálený	[opa:lɛni:]

gelijkend (bn)	podobný	[podobni:]
gelukkig (bn)	šťastný	[ʃtʲastni:]
gesloten (bn)	zavřený	[zavrʒɛni:]
getaand (bn)	snědý	[snedi:]

gevaarlijk (bn)	nebezpečný	[nɛbɛzpɛtʃni:]
gewoon (bn)	obvyklý	[obvɪkli:]
gezamenlijk (~ besluit)	společný	[spolɛtʃni:]
glad (~ oppervlak)	hladký	[hlatki:]
glad (~ oppervlak)	rovný	[rovni:]

goed (bn)	dobrý	[dobri:]
goedkoop (bn)	levný	[lɛvni:]
gratis (bn)	bezplatný	[bɛzplatni:]
groot (bn)	velký	[vɛlki:]

hard (niet zacht)	tvrdý	[tvrdi:]
heel (volledig)	celý	[tsɛli:]
heet (bn)	teplý	[tɛpli:]
hongerig (bn)	hladový	[hladovi:]

hoofd- (abn)	hlavní	[hlavni:]
hoogste (bn)	nejvyšší	[nɛjvɪʃi:]
huidig (courant)	přítomný	[prʃi:tomni:]
jong (bn)	mladý	[mladi:]
juist, correct (bn)	správný	[spra:vni:]
kalm (bn)	klidný	[klɪdni:]
kinder- (abn)	dětský	[detski:]
klein (bn)	malý	[mali:]
koel (~ weer)	chladný	[xladni:]
kort (kortstondig)	krátkodobý	[kra:tkodobi:]
kort (niet lang)	krátký	[kra:tki:]
koud (~ water, weer)	studený	[studɛni:]
kunstmatig (bn)	umělý	[umneli:]
laatst (bn)	poslední	[poslɛdni:]
lang (een ~ verhaal)	dlouhý	[dlouhi:]
langdurig (bn)	dlouhý	[dlouhi:]
lastig (~ probleem)	složitý	[sloʒɪti:]
leeg (glas, kamer)	prázdný	[pra:zdni:]
lekker (bn)	chutný	[xutni:]
licht (kleur)	světlý	[svetli:]
licht (niet veel weegt)	lehký	[lɛhki:]
linker (bn)	levý	[lɛvi:]
luid (bijv. ~e stem)	hlasitý	[hlasɪti:]
mager (bn)	vychrtlý	[vɪxrtli:]
mat (bijv. ~ verf)	matový	[matovi:]
moe (bn)	unavený	[unavɛni:]
moeilijk (~ besluit)	těžký	[teʃki:]
mogelijk (bn)	možný	[moʒni:]
mooi (bn)	pěkný	[pekni:]
mysterieus (bn)	záhadný	[za:hadni:]
naburig (bn)	sousední	[sousɛdni:]
nalatig (bn)	nedbalý	[nɛdbali:]
nat (~te kleding)	mokrý	[mokri:]
nerveus (bn)	nervózní	[nɛrvo:zni:]
niet groot (bn)	nevelký	[nɛvɛlki:]
niet moeilijk (bn)	snadný	[snadni:]
nieuw (bn)	nový	[novi:]
nodig (bn)	potřebný	[potrʃɛbni:]
normaal (bn)	normální	[norma:lni:]

251. Beperkende bijwoorden. Bijvoeglijke naamwoorden. Deel 2

onbegrijpelijk (bn)	nesrozumitelný	[nɛsrozumɪtɛlni:]
onbelangrijk (bn)	bezvýznamný	[bɛzvi:znamni:]
onbeweeglijk (bn)	nehybný	[nɛhɪbni:]
onbewolkt (bn)	bezmračný	[bɛzmratʃni:]

ondergronds (geheim)	podzemní	[podzɛmni:]
ondiep (bn)	mělký	[mnelki:]
onduidelijk (bn)	nejasný	[nɛjasni:]
onervaren (bn)	nezkušený	[nɛskuʃɛni:]
onmogelijk (bn)	nemožný	[nɛmoʒni:]
onontbeerlijk (bn)	nutný	[nutni:]

onophoudelijk (bn)	nepřetržitý	[nɛprʃɛtrʒɪti:]
ontkennend (bn)	záporný	[za:porni:]
open (bn)	otevřený	[otɛvrʒɛni:]
openbaar (bn)	veřejný	[vɛrʒɛjni:]
origineel (ongewoon)	originální	[orɪgɪna:lni:]

oud (~ huis)	starý	[stari:]
overdreven (bn)	nadměrný	[nadmnerni:]
passend (bn)	vhodný	[vhodni:]
permanent (bn)	trvalý	[trvali:]
persoonlijk (bn)	osobní	[osobni:]

plat (bijv. ~ scherm)	plochý	[ploxi:]
prachtig (~ paleis, enz.)	překrásný	[prʃɛkra:sni:]
precies (bn)	přesný	[prʃɛsni:]
prettig (bn)	příjemný	[prʃi:jɛmni:]
privé (bn)	soukromý	[soukromi:]

punctueel (bn)	přesný	[prʃɛsni:]
rauw (niet gekookt)	syrový	[sɪrovi:]
recht (weg, straat)	přímý	[prʃi:mi:]
rechter (bn)	pravý	[pravi:]
rijp (fruit)	zralý	[zrali:]

riskant (bn)	nebezpečný	[nɛbɛzpɛtʃni:]
ruim (een ~ huis)	prostorný	[prostorni:]
rustig (bn)	tichý	[tɪxi:]
scherp (bijv. ~ mes)	ostrý	[ostri:]
schoon (niet vies)	čistý	[tʃɪsti:]

slecht (bn)	špatný	[ʃpatni:]
slim (verstandig)	moudrý	[moudri:]
smal (~le weg)	úzký	[u:ski:]
snel (vlug)	rychlý	[rɪxli:]
somber (bn)	pochmurný	[puxmurni:|
speciaal (bn)	speciální	[spɛtsɪa:lni:]

sterk (bn)	silný	[sɪlni:]
stevig (bn)	pevný	[pɛvni:]
straatarm (bn)	chudobný	[xudobni:]
teder (liefderijk)	něžný	[neʒni:]

tegenovergesteld (bn)	protilehlý	[protɪlɛhli:]
tevreden (bn)	spokojený	[spokojɛni:]
tevreden (klant, enz.)	spokojený	[spokojɛni:]
treurig (bn)	smutný	[smutni:]
tweedehands (bn)	použitý	[pouʒɪti:]
uitstekend (bn)	výborný	[vi:borni:]
uitstekend (bn)	vynikající	[vɪnɪkaji:tsi:]

uniek (bn)	jedinečný	[jɛdɪnɛtʃni:]
veilig (niet gevaarlijk)	bezpečný	[bɛzpɛtʃni:]
ver (in de ruimte)	daleký	[dalɛki:]
verenigbaar (bn)	slučitelný	[slutʃɪtɛlni:]
vermoeiend (bn)	únavný	[u:navni:]
verplicht (bn)	povinný	[povɪnni:]
vers (~ brood)	čerstvý	[tʃɛrstvi:]
verschillende (bn)	nejrůznější	[nɛjru:znejʃi:]
verst (meest afgelegen)	vzdálený	[vzda:lɛni:]
vettig (voedsel)	tučný	[tutʃni:]
vijandig (bn)	nepřátelský	[nɛprʃa:tɛlski:]
vloeibaar (bn)	tekutý	[tɛkuti:]
vochtig (bn)	vlhký	[vlxki:]
vol (helemaal gevuld)	plný	[plni:]
volgend (~ jaar)	příští	[prʃi:ʃti:]
vorig (bn)	minulý	[mɪnuli:]
voornaamste (bn)	základní	[za:kladni:]
vorig (~ jaar)	minulý	[mɪnuli:]
vorig (bijv. ~e baas)	předešlý	[prʃɛdɛʃli:]
vriendelijk (aardig)	milý	[mɪli:]
vriendelijk (goedhartig)	dobrý	[dobri:]
vrij (bn)	volný	[volni:]
vrolijk (bn)	veselý	[vɛsɛli:]
vruchtbaar (~ land)	úrodný	[u:rodni:]
vuil (niet schoon)	špinavý	[ʃpɪnavi:]
waarschijnlijk (bn)	pravděpodobný	[pravdepodobni:]
warm (bn)	teplý	[tɛpli:]
wettelijk (bn)	zákonný	[za:konni:]
zacht (bijv. ~ kussen)	měkký	[mneki:]
zacht (bn)	tichý	[tɪxi:]
zeldzaam (bn)	vzácný	[vza:tsni:]
ziek (bn)	nemocný	[nɛmotsni:]
zoet (~ water)	sladký	[slatki:]
zoet (bn)	sladký	[slatki:]
zonnig (~e dag)	sluneční	[slunɛtʃni:]
zorgzaam (bn)	starostlivý	[starostlɪvi:]
zout (de soep is ~)	slaný	[slani:]
zuur (smaak)	kyselý	[kɪsɛli:]
zwaar (~ voorwerp)	těžký	[teʃki:]

DE 500 BELANGRIJKSTE WERKWOORDEN

252. Werkwoorden A-C

aaien (bijv. een konijn ~)	hladit	[hladɪt]
aanbevelen (ww)	doporučovat	[doporutʃovat]
aandringen (ww)	trvat	[trvat]
aankomen (ov. de treinen)	přijíždět	[prʃɪji:ʒdet]
aanleggen (bijv. bij de pier)	přistávat	[prʃɪsta:vat]
aanraken (met de hand)	dotýkat se	[doti:kat sɛ]
aansteken (kampvuur, enz.)	zapálit	[zapa:lɪt]
aanstellen (in functie plaatsen)	jmenovat	[jmɛnovat]
aanvallen (mil.)	útočit	[u:totʃɪt]
aanvoelen (gevaar ~)	cítit	[tsi:tɪt]
aanvoeren (leiden)	řídit	[rʒi:dɪt]
aanwijzen (de weg ~)	ukázat	[uka:zat]
aanzetten (computer, enz.)	zapínat	[zapi:nat]
ademen (ww)	dýchat	[di:xat]
adverteren (ww)	dělat reklamu	[delat rɛklamu]
adviseren (ww)	radit	[radɪt]
afdalen (on.ww.)	jít dolů	[ji:t dolu:]
afgunstig zijn (ww)	závidět	[za:vɪdet]
afhakken (ww)	useknout	[usɛknout]
afhangen van ...	záviset	[za:vɪsɛt]
afluisteren (ww)	doslechnout se	[doslɛxnout sɛ]
afnemen (verwijderen)	sundávat	[sunda:vat]
afrukken (ww)	odtrhnout	[odtrhnout]
afslaan (naar rechts ~)	zatáčet	[zata:tʃɛt]
afsnijden (ww)	odřezat	[odrʒɛzat]
afzeggen (ww)	zrušit	[zruʃɪt]
amputeren (ww)	amputovat	[amputovat]
amuseren (ww)	bavit	[bavɪt]
antwoorden (ww)	odpovídat	[otpovi:dat]
applaudisseren (ww)	tleskat	[tlɛskat]
aspireren (iets willen worden)	toužit	[touʒɪt]
assisteren (ww)	asistovat	[asɪstovat]
bang zijn (ww)	bát se	[ba:t sɛ]
barsten (plafond, enz.)	praskat	[praskat]
bedienen (in restaurant)	obsluhovat	[opsluhovat]
bedreigen (bijv. met een pistool)	vyhrožovat	[vɪhroʒovat]

bedriegen (ww)	podvádět	[podva:det]
beduiden (betekenen)	znamenat	[znamɛnat]
bedwingen (ww)	zabraňovat	[zabranʲovat]
beëindigen (ww)	končit	[kontʃɪt]
begeleiden (vergezellen)	doprovázet	[doprova:zɛt]
begieten (water geven)	zalévat	[zalɛ:vat]
beginnen (ww)	začínat	[zatʃi:nat]
begrijpen (ww)	rozumět	[rozumnet]
behandelen (patiënt, ziekte)	léčit	[lɛ:tʃɪt]
beheren (managen)	řídit	[rʒi:dɪt]
beïnvloeden (ww)	působit	[pu:sobɪt]
bekennen (misdadiger)	přiznávat se	[prʃɪzna:vat sɛ]
beledigen	urážet	[ura:ʒet]
(met scheldwoorden)		
beledigen (ww)	urážet	[ura:ʒet]
beloven (ww)	slibovat	[slɪbovat]
beperken (de uitgaven ~)	omezovat	[omɛzovat]
bereiken (doel ~, enz.)	dosahovat	[dosahovat]
bereiken	dosahovat	[dosahovat]
(plaats van bestemming ~)		
beschermen	chránit	[xra:nɪt]
(bijv. de natuur ~)		
beschuldigen (ww)	obviňovat	[obvɪnʲovat]
beslissen (~ iets te doen)	řešit	[rʒɛʃɪt]
besmet worden (met …)	nakazit se	[nakazɪt sɛ]
besmetten	infikovat	[ɪnfɪkovat]
(ziekte overbrengen)		
bespreken (spreken over)	projednávat	[projɛdna:vat]
bestaan (een ~ voeren)	žít	[ʒi:t]
bestellen (eten ~)	objednávat	[objɛdna:vat]
bestraffen (een stout kind ~)	trestat	[trɛstat]
betalen (ww)	platit	[platɪt]
betekenen (beduiden)	znamenat	[znamɛnat]
betreuren (ww)	litovat	[lɪtovat]
bevallen (prettig vinden)	líbit se	[li:bɪt sɛ]
bevelen (mil.)	rozkazovat	[roskazovat]
bevredigen (ww)	uspokojovat	[uspokojovat]
bevrijden (stad, enz.)	osvobozovat	[osvobozovat]
bewaren (oude brieven, enz.)	uchovávat	[uxova:vat]
bewaren (vrede, leven)	zachovávat	[zaxova:vat]
bewijzen (ww)	dokazovat	[dokazovat]
bewonderen (ww)	obdivovat	[obdɪvovat]
bezitten (ww)	vlastnit	[vlastnɪt]
bezorgd zijn (ww)	znepokojovat se	[znɛpokojovat sɛ]
bezorgd zijn (ww)	znepokojovat se	[znɛpokojovat sɛ]
bidden (praten met God)	modlit se	[modlɪt sɛ]
bijvoegen (ww)	dodávat	[doda:vat]

| binden (ww) | svazovat | [svazovat] |
| binnengaan (een kamer ~) | vstoupit | [vstoupɪt] |

blazen (ww)	foukat	[foukat]
blozen (zich schamen)	červenat se	[tʃɛrvɛnat sɛ]
blussen (brand ~)	hasit	[hasɪt]
boos maken (ww)	zlobit	[zlobɪt]

boos zijn (ww)	zlobit se	[zlobɪt sɛ]
breken (on.ww., van een touw)	roztrhat se	[roztrhat sɛ]
breken (speelgoed, enz.)	lámat	[la:mat]
brengen (iets ergens ~)	přivážet	[prʃɪva:ʒet]

charmeren (ww)	okouzlovat	[okouzlovat]
citeren (ww)	citovat	[tsɪtovat]
compenseren (ww)	hradit	[hradɪt]
compliceren (ww)	zkomplikovat	[skomplɪkovat]

componeren (muziek ~)	složit	[sloʒɪt]
compromitteren (ww)	kompromitovat se	[kompromɪtovat sɛ]
concurreren (ww)	konkurovat	[koŋkurovat]
controleren (ww)	kontrolovat	[kontrolovat]

coöpereren (samenwerken)	spolupracovat	[spolupratsovat]
coördineren (ww)	koordinovat	[koordɪnovat]
corrigeren (fouten ~)	opravovat	[opravovat]
creëren (ww)	vytvořit	[vɪtvorʒɪt]

253. Werkwoorden D-K

danken (ww)	děkovat	[dekovat]
de was doen	prát	[pra:t]
de weg wijzen	zaměřovat	[zamnerʒovat]
deelnemen (ww)	zúčastnit se	[zu:tʃastnɪt sɛ]
delen (wisk.)	dělit	[delɪt]

denken (ww)	myslit	[mɪslɪt]
doden (ww)	zabíjet	[zabi:jɛt]
doen (ww)	dělat	[delat]
dresseren (ww)	ovičit	[tsvɪtʃɪt]

drinken (ww)	pít	[pi:t]
drogen (klederen, haar)	sušit	[suʃɪt]
dromen (in de slaap)	snít	[sni:t]
dromen (over vakantie ~)	snít	[sni:t]
duiken (ww)	potápět se	[pota:pet sɛ]

durven (ww)	troufat si	[troufat sɪ]
duwen (ww)	strkat	[strkat]
een auto besturen	řídit	[rʒi:dɪt]
een bad geven	koupat	[koupat]
een bad nemen	mýt se	[mi:t sɛ]
een conclusie trekken	dělat závěr	[delat za:ver]

233

foto's maken	fotografovat	[fotografovat]
eisen (met klem vragen)	žádat	[ʒaːdat]
erkennen (schuld)	přiznávat	[prʃɪznaːvat]
erven (ww)	dědit	[dɛdɪt]

eten (ww)	jíst	[jiːst]
excuseren (vergeven)	omlouvat	[omlouvat]
existeren (bestaan)	existovat	[ɛgzɪstovat]
feliciteren (ww)	blahopřát	[blahoprʃaːt]
gaan (te voet)	jít	[jiːt]

gaan slapen	jít spát	[jiːt spaːt]
gaan zitten (ww)	sednout si	[sɛdnout sɪ]
gaan zwemmen	koupat se	[koupat sɛ]
garanderen (garantie geven)	zaručovat	[zarutʃovat]

gebruiken (bijv. een potlood ~)	používat	[pouʒiːvat]
gebruiken (woord, uitdrukking)	použít	[pouʒiːt]
geconserveerd zijn (ww)	zachovat se	[zaxovat sɛ]
gedateerd zijn (ww)	datovat se	[datovat sɛ]
gehoorzamen (ww)	podřizovat se	[podrʒɪzovat sɛ]

gelijken (op elkaar lijken)	být podobný	[biːt podobniː]
geloven (vinden)	věřit	[verʒɪt]
genoeg zijn (ww)	stačit	[statʃɪt]
geven (ww)	dávat	[daːvat]
gieten (in een beker ~)	nalévat	[nalɛːvat]

glimlachen (ww)	usmívat se	[usmiːvat sɛ]
glimmen (glanzen)	zářit	[zaːrʒɪt]
gluren (ww)	nahlížet	[nahliːʒet]
goed raden (ww)	rozluštit	[rozluʃtɪt]
gooien (een steen, enz.)	házet	[haːzɛt]

grappen maken (ww)	žertovat	[ʒertovat]
graven (tunnel, enz.)	rýt	[riːt]
haasten (iemand ~)	popohánět	[popohaːnet]
hebben (ww)	mít	[miːt]
helpen (hulp geven)	pomáhat	[pomaːhat]

herhalen (opnieuw zeggen)	opakovat	[opakovat]
herinneren (ww)	pamatovat	[pamatovat]
herinneren aan ... (afspraak, opdracht)	připomínat	[prʃɪpomiːnat]
herkennen (identificeren)	poznávat	[poznaːvat]
herstellen (repareren)	opravovat	[opravovat]

het haar kammen	česat se	[tʃɛsat sɛ]
hopen (ww)	doufat	[doufat]
horen (waarnemen met het oor)	slyšet	[slɪʃɛt]
houden van (muziek, enz.)	mít rád	[miːt raːt]
huilen (wenen)	plakat	[plakat]
huiveren (ww)	zachvívat se	[zaxviːvat sɛ]

huren (een boot ~)	najímat	[naji:mat]
huren (huis, kamer)	pronajímat si	[pronaji:mat sɪ]
huren (personeel)	zaměstnávat	[zamnestna:vat]
imiteren (ww)	napodobovat	[napodobovat]

importeren (ww)	dovážet	[dova:ʒet]
inenten (vaccineren)	dělat očkování	[delat otʃkova:ni:]
informeren (informatie geven)	informovat	[ɪnformovat]
informeren naar ...	informovat se	[ɪnformovat sɛ]
(navraag doen)		
inlassen (invoegen)	zasazovat	[zasazovat]

inpakken (in papier)	zabalovat	[zabalovat]
inspireren (ww)	podněcovat	[podnetsovat]
instemmen (akkoord gaan)	souhlasit	[souhlasɪt]
interesseren (ww)	zajímat	[zaji:mat]

irriteren (ww)	rozčilovat	[roztʃɪlovat]
isoleren (ww)	izolovat	[ɪzolovat]
jagen (ww)	lovit	[lovɪt]
kalmeren (kalm maken)	uklidňovat	[uklɪdnʲovat]

kennen (kennis	znát	[zna:t]
hebben van iemand)		
kennismaken (met ...)	seznamovat se	[sɛznamovat sɛ]
kiezen (ww)	vybírat	[vɪbi:rat]
kijken (ww)	dívat se	[di:vat sɛ]

klaarmaken (een plan ~)	připravit	[prʃɪpravɪt]
klaarmaken (het eten ~)	vařit	[varʒɪt]
klagen (ww)	stěžovat si	[stɛʒovat sɪ]
kloppen (aan een deur)	klepat	[klɛpat]

kopen (ww)	kupovat	[kupovat]
kopieën maken	rozmnožit	[rozmnoʒɪt]
kosten (ww)	stát	[sta:t]
kunnen (ww)	moci	[motsɪ]
kweken (planten ~)	pěstovat	[pestovat]

254. Werkwoorden L-R

lachen (ww)	smát se	[sma:t sɛ]
laden (geweer, kanon)	nabíjet	[nabi:jɛt]
laden (vrachtwagen)	nakládat	[nakla:dat]
laten vallen (ww)	pouštět	[pouʃtet]

lenen (geld ~)	půjčovat si	[pu:jtʃovat sɪ]
leren (lesgeven)	vyučovat	[vɪutʃovat]
leven (bijv. in Frankrijk ~)	bydlet	[bɪdlɛt]
lezen (een boek ~)	číst	[tʃi:st]

lid worden (ww)	připojovat se	[prʃɪpojovat sɛ]
liefhebben (ww)	milovat	[mɪlovat]
liegen (ww)	lhát	[lha:t]

liggen (op de tafel ~)	ležet	[lɛʒet]
liggen (persoon)	ležet	[lɛʒet]
lijden (pijn voelen)	trápit se	[tra:pɪt sɛ]
losbinden (ww)	odvazovat	[odvazovat]
luisteren (ww)	poslouchat	[poslouxat]
lunchen (ww)	obědvat	[obedvat]
markeren (op de kaart, enz.)	označit	[oznatʃɪt]
melden (nieuws ~)	sdělovat	[zdelovat]
memoriseren (ww)	zapamatovat si	[zapamatovat sɪ]
mengen (ww)	směšovat	[smneʃovat]
mikken op (ww)	mířit	[mi:rʒɪt]
minachten (ww)	pohrdat	[pohrdat]
moeten (ww)	musit	[musɪt]
morsen (koffie, enz.)	rozlévat	[rozlɛ:vat]
naderen (dichterbij komen)	přistupovat	[prʃɪstupovat]
neerlaten (ww)	spouštět	[spouʃtet]
nemen (ww)	brát	[bra:t]
nodig zijn (ww)	být potřebný	[bi:t potrʃɛbni:]
noemen (ww)	nazývat	[nazi:vat]
noteren (opschrijven)	poznamenat si	[poznamenat sɪ]
omhelzen (ww)	objímat	[obji:mat]
omkeren (steen, voorwerp)	převrátit	[prʃɛvra:tɪt]
onderhandelen (ww)	jednat	[jɛdnat]
ondernemen (ww)	podnikat	[podnɪkat]
onderschatten (ww)	podceňovat	[podtsɛnʲovat]
onderscheiden (een ereteken geven)	vyznamenat	[vɪznamɛnat]
onderstrepen (ww)	podtrhnout	[podtrhnout]
ondertekenen (ww)	podepisovat	[podɛpɪsovat]
onderwijzen (ww)	instruovat	[ɪnstruovat]
onderzoeken (alle feiten, enz.)	projednat	[projɛdnat]
bezorgd maken	znepokojovat	[znɛpokojovat]
onmisbaar zijn (ww)	být potřebný	[bi:t potrʃɛbni:]
ontbijten (ww)	snídat	[sni:dat]
ontdekken (bijv. nieuw land)	objevovat	[objɛvovat]
ontkennen (ww)	popírat	[popi:rat]
ontlopen (gevaar, taak)	stranit se	[stranɪt sɛ]
ontnemen (ww)	zbavovat	[zbavovat]
ontwerpen (machine, enz.)	projektovat	[projɛktovat]
oorlog voeren (ww)	válčit	[va:ltʃɪt]
op orde brengen	dávat do pořádku	[da:vat do porʒa:tku]
opbergen (in de kast, enz.)	skladovat	[skladovat]
opduiken (ov. een duikboot)	vyplouvat	[vɪplouvat]
openen (ww)	otvírat	[otvi:rat]
ophangen (bijv. gordijnen ~)	věšet	[veʃet]

ophouden (ww)	zastavovat	[zastavovat]
oplossen (een probleem ~)	vyřešit	[vɪrʒɛʃɪt]
opmerken (zien)	všímat si	[vʃiːmat sɪ]

opmerken (zien)	uvidět	[uvɪdet]
opscheppen (ww)	vychloubat se	[vɪxloubat sɛ]
opschrijven (op een lijst)	vpisovat	[vpɪsovat]
opschrijven (ww)	zapisovat si	[zapɪsovat sɪ]

opstaan (uit je bed)	vstávat	[vstaːvat]
opstarten (project, enz.)	spouštět	[spouʃtet]
opstijgen (vliegtuig)	vzlétat	[vzlɛːtat]
optreden (resoluut ~)	jednat	[jɛdnat]

organiseren (concert, feest)	pořádat	[porʒaːdat]
overdoen (ww)	předělávat	[prʃɛdelaːvat]
overheersen (dominant zijn)	převládat	[prʃɛvlaːdat]
overschatten (ww)	přeceňovat	[prʃɛtsɛnʲovat]

overtuigd worden (ww)	přesvědčovat se	[prʃɛsvedtʃovat sɛ]
overtuigen (ww)	přesvědčovat	[prʃɛsvedtʃovat]
passen (jurk, broek)	hodit se	[hodɪt sɛ]
passeren	míjet	[miːjɛt]
(~ mooie dorpjes, enz.)		

peinzen (lang nadenken)	zamyslit se	[zamɪslɪt sɛ]
penetreren (ww)	pronikat	[pronɪkat]
plaatsen (ww)	klást	[klaːst]
plaatsen (zetten)	rozmisťovat	[rozmɪsťovat]

plannen (ww)	plánovat	[plaːnovat]
plezier hebben (ww)	bavit se	[bavɪt sɛ]
plukken (bloemen ~)	trhat	[trhat]
prefereren (verkiezen)	dávat přednost	[daːvat prʃɛdnost]

proberen (trachten)	pokoušet se	[pokouʃɛt sɛ]
proberen (trachten)	pokusit se	[pokusɪt sɛ]
protesteren (ww)	protestovat	[protɛstovat]
provoceren (uitdagen)	provokovat	[provokovat]

raadplegen (dokter, enz.)	konzultovat s ...	[konzultovat s]
rapporteren (ww)	podávat zprávu	[podaːvat spraːvu]
redden (ww)	zachraňovat	[zaxranʲovat]
regelen (conflict)	urovnávat	[urovnaːvat]

reinigen (schoonmaken)	očišťovat	[otʃɪʃťovat]
rekenen op ...	spoléhat na ...	[spolɛːhat na]
rennen (ww)	běžet	[beʒet]
reserveren	rezervovat	[rɛzɛrvovat]
(een hotelkamer ~)		

rijden (per auto, enz.)	jet	[jɛt]
rillen (ov. de kou)	chvět se	[xvet sɛ]
riskeren (ww)	riskovat	[rɪskovat]
roepen (met je stem)	zavolat	[zavolat]
roepen (om hulp)	volat	[volat]

ruiken (bepaalde geur verspreiden)	voňět	[vonet]
ruiken (rozen)	čichat	[ʧɪxat]
rusten (verpozen)	odpočívat	[otpoʧiːvat]

255. Verbs S-V

samenstellen, maken (een lijst ~)	sestavovat	[sɛstavovat]
schieten (ww)	střílet	[strʃiːlɛt]
schoonmaken (bijv. schoenen ~)	čistit	[ʧɪstɪt]
schoonmaken (ww)	uklízet	[ukliːzɛt]

schrammen (ww)	škrábat	[ʃkraːbat]
schreeuwen (ww)	křičet	[krʃɪʧɛt]
schrijven (ww)	psát	[psaːt]
schudden (ww)	třást	[trʃaːst]

selecteren (ww)	vyhledat si	[vɪhlɛdat sɪ]
simplificeren (ww)	zjednodušovat	[zjɛdnoduʃovat]
slaan (een hond ~)	bít	[biːt]
sluiten (ww)	zavírat	[zaviːrat]

smeken (bijv. om hulp ~)	snažně prosit	[snaʒne prosɪt]
souperen (ww)	večeřet	[vɛʧɛrʒɛt]
spelen (bijv. filmacteur)	hrát	[hraːt]
spelen (kinderen, enz.)	hrát	[hraːt]

spreken met ...	mluvit s ...	[mluvɪt s]
spuwen (ww)	plivat	[plɪvat]
stelen (ww)	krást	[kraːst]
stemmen (verkiezing)	hlasovat	[hlasovat]
steunen (een goed doel, enz.)	podpořit	[potporʒɪt]

stoppen (pauzeren)	zastavovat se	[zastavovat sɛ]
storen (lastigvallen)	rušit	[ruʃɪt]
strijden (tegen een vijand)	bojovat	[bojovat]
strijden (ww)	zápasit	[zaːpasɪt]

strijken (met een strijkbout)	žehlit	[ʒehlɪt]
studeren (bijv. wiskunde ~)	studovat	[studovat]
sturen (zenden)	odesílat	[odɛsiːlat]
tellen (bijv. geld ~)	počítat	[poʧiːtat]

terugkeren (ww)	vracet se	[vratsɛtsɛ]
terugsturen (ww)	odeslat zpět	[odɛslat spet]
toebehoren aan ...	patřit	[patrʃɪt]
toegeven (zwichten)	ustupovat	[ustupovat]

toenemen (on. ww)	zvětšovat se	[zvetʃovat sɛ]
toespreken (zich tot iemand richten)	obracet se	[obratsɛt sɛ]

toestaan (goedkeuren)	dovolovat	[dovolovat]
toestaan (ww)	dovolovat	[dovolovat]
toewijden (boek, enz.)	věnovat	[venovat]
tonen (uitstallen, laten zien)	ukazovat	[ukazovat]
trainen (ww)	trénovat	[trɛ:novat]
transformeren (ww)	transformovat	[transformovat]
trekken (touw)	táhnout	[ta:hnout]
trouwen (ww)	ženit se	[ʒenɪt sɛ]
tussenbeide komen (ww)	vměšovat se	[vmneʃovat sɛ]
twijfelen (onzeker zijn)	pochybovat	[poxɪbovat]
uitdelen (pamfletten ~)	rozdat	[rozdat]
uitdoen (licht)	zhasínat	[zhasi:nat]
uitdrukken (opinie, gevoel)	vyslovit	[vɪslovɪt]
uitgaan (om te dineren, enz.)	vyjít	[vɪji:t]
uitlachen (bespotten)	vysmívat se	[vɪsmi:vat sɛ]
uitnodigen (ww)	zvát	[zva:t]
uitrusten (ww)	zařizovat	[zarʒɪzovat]
uitsluiten (wegsturen)	vylučovat	[vɪlutʃovat]
uitspreken (ww)	vyslovovat	[vɪslovovat]
uittorenen (boven …)	vypínat se	[vɪpi:nat sɛ]
uitvaren tegen (ww)	nadávat	[nada:vat]
uitvinden (machine, enz.)	vynalézat	[vɪnalɛ:zat]
uitwissen (ww)	setřít	[sɛtrʃi:t]
vangen (ww)	chytat	[xɪtat]
vastbinden aan …	uvazovat	[uvazovat]
vechten (ww)	prát se	[pra:t sɛ]
veranderen (bijv. mening ~)	změnit	[zmnenɪt]
verbaasd zijn (ww)	divit se	[dɪvɪt sɛ]
verbazen (verwonderen)	udivovat	[udɪvovat]
verbergen (ww)	schovávat	[sxova:vat]
verbieden (ww)	zakazovat	[zakazovat]
verblinden (andere chauffeurs)	oslepovat	[oslɛpovat]
verbouwereerd zijn (ww)	být v rozpacích	[bi:t v rozpatsi:x]
verbranden (bljv. papieren ~)	pálit	[pa:lɪt]
verdedigen (je land ~)	bránit	[bra:nɪt]
verdenken (ww)	podezírat	[podɛzi:rat]
verdienen (een complimentje, enz.)	zasluhovat	[zasluhovat]
verdragen (tandpijn, enz.)	trpět	[trpet]
verdrinken (in het water omkomen)	topit se	[topɪt sɛ]
verdubbelen (ww)	zdvojnásobovat	[zdvojna:sobovat]
verdwijnen (ww)	zmizet	[zmɪzɛt]
verenigen (ww)	sjednocovat	[sjɛdnotsovat]
vergelijken (ww)	porovnávat	[porovna:vat]

vergeten (achterlaten)	zapomínat	[zapomi:nat]
vergeten (ww)	zapomínat	[zapomi:nat]
vergeven (ww)	odpouštět	[otpouʃtet]
vergroten (groter maken)	zvětšovat	[zvetʃovat]
verklaren (uitleggen)	vysvětlovat	[vɪsvetlovat]

verklaren (volhouden)	tvrdit	[tvrdɪt]
verklikken (ww)	donášet	[dona:ʃɛt]
verkopen (per stuk ~)	prodávat	[proda:vat]
verlaten (echtgenoot, enz.)	opouštět	[opouʃtet]
verlichten (gebouw, straat)	osvětlovat	[osvetlovat]

verlichten (gemakkelijker maken)	usnadnit	[usnadnɪt]
verliefd worden (ww)	zamilovat se	[zamɪlovat sɛ]
verliezen (bagage, enz.)	ztrácet	[stra:tsɛt]
vermelden (praten over)	zmiňovat se	[zmɪnʲovat sɛ]

vermenigvuldigen (wisk.)	násobit	[na:sobɪt]
verminderen (ww)	zmenšovat	[zmɛnʃovat]
vermoeid raken (ww)	unavovat se	[unavovat sɛ]
vermoeien (ww)	unavovat	[unavovat]

256. Verbs V-Z

vernietigen (documenten, enz.)	ničit	[nɪtʃɪt]
veronderstellen (ww)	předpokládat	[prʃɛtpokla:dat]
verontwaardigd zijn (ww)	rozhořčovat se	[rozhorʃtʃovat sɛ]
veroordelen (in een rechtszaak)	odsuzovat	[otsuzovat]

veroorzaken ... (oorzaak zijn van ...)	způsobovat	[spu:sobovat]
verplaatsen (ww)	přemisťovat	[prʃɛmɪstʲovat]
verpletteren (een insect, enz.)	rozšlápnout	[rozʃla:pnout]
verplichten (ww)	nutit	[nutɪt]
verschijnen (bijv. boek)	vyjít	[vɪji:t]

verschijnen (in zicht komen)	objevovat se	[objɛvovat sɛ]
verschillen (~ van iets anders)	lišit se	[lɪʃɪt sɛ]
versieren (decoreren)	zdobit	[zdobɪt]
verspreiden (pamfletten, enz.)	šířit	[ʃi:rʒɪt]

verspreiden (reuk, enz.)	šířit	[ʃi:rʒɪt]
versterken (positie ~)	upevňovat	[upɛvnʲovat]
verstommen (ww)	zmlknout	[zmlknout]
vertalen (ww)	překládat	[prʃɛkla:dat]
vertellen (verhaal ~)	povídat	[povi:dat]
vertrekken (bijv. naar Mexico ~)	odjíždět	[odji:ʒdet]

vertrouwen (ww)	důvěřovat	[du:verʒovat]
vervolgen (ww)	pokračovat	[pokratʃovat]
verwachten (ww)	očekávat	[otʃɛka:vat]

verwarmen (ww)	zahřívat	[zahrʒi:vat]
verwarren (met elkaar ~)	plést	[plɛ:st]
verwelkomen (ww)	zdravit	[zdravɪt]
verwezenlijken (ww)	uskutečňovat	[uskutɛtʃnʲovat]

verwijderen (een obstakel)	odstraňovat	[otstranʲovat]
verwijderen (een vlek ~)	odstraňovat	[otstranʲovat]
verwijten (ww)	vyčítat	[vɪtʃi:tat]
verwisselen (ww)	měnit	[mnenɪt]
verzoeken (ww)	prosit	[prosɪt]

verzuimen (school, enz.)	zameškávat	[zameʃka:vat]
vies worden (ww)	ušpinit se	[uʃpɪnɪt sɛ]
vinden (denken)	mít za to	[mi:t za to]
vinden (ww)	nacházet	[naxa:zɛt]

vissen (ww)	lovit ryby	[lovɪt rɪbɪ]
vleien (ww)	lichotit	[lɪxotɪt]
vliegen (vogel, vliegtuig)	létat	[lɛ:tat]
voederen	krmit	[krmɪt]
(een dier voer geven)		

volgen (ww)	následovat	[na:slɛdovat]
voorstellen (introduceren)	představovat	[prʃɛtstavovat]
voorstellen (Mag ik jullie ~)	seznamovat	[sɛznamovat]
voorstellen (ww)	nabízet	[nabi:zɛt]

voorzien (verwachten)	předvídat	[prʃɛdvi:dat]
vorderen (vooruitgaan)	postupovat	[postupovat]
vormen (samenstellen)	tvořit	[tvorʒɪt]
vullen (glas, fles)	plnit	[plnɪt]

waarnemen (ww)	pozorovat	[pozorovat]
waarschuwen (ww)	upozorňovat	[upozornʲovat]
wachten (ww)	čekat	[tʃɛkat]
wassen (ww)	mýt	[mi:t]

weerspreken (ww)	namítat	[nami:tat]
wegdraaien (ww)	odvracet se	[odvratsɛt sɛ]
wegdragen (ww)	odnášet	[odna:ʃɛt]
wegen (gewicht hebben)	vážit	[va:ʒɪt]

wegjagen (ww)	vyhnat	[vɪhnat]
weglaten (woord, zin)	vynechávat	[vɪnɛxa:vat]
wegvaren	vyplouvat	[vɪplouvat]
(uit de haven vertrekken)		
weigeren (iemand ~)	odmítat	[odmi:tat]

wekken (ww)	budit	[budɪt]
wensen (ww)	přát	[prʃa:t]
werken (ww)	pracovat	[pratsovat]
weten (ww)	vědět	[vedet]

willen (verlangen)	chtít	[xti:t]
wisselen (omruilen, iets ~)	vyměňovat si	[vɪmnenʲovat sɪ]
worden (bijv. oud ~)	stávat se	[sta:vat sɛ]
worstelen (sport)	zápasit	[za:pasɪt]
wreken (ww)	mstít se	[msti:t sɛ]

zaaien (zaad strooien)	sít	[si:t]
zeggen (ww)	říci	[rʒi:ʦɪ]
zich baseerd op	zakládat se	[zakla:dat sɛ]
zich bevrijden van ... (afhelpen)	zbavovat se	[zbavovat sɛ]

zich concentreren (ww)	soustřeďovat se	[soustrʃɛdʲovat sɛ]
zich ergeren (ww)	rozčilovat se	[roztʃɪlovat sɛ]
zich gedragen (ww)	chovat se	[xovat sɛ]
zich haasten (ww)	spěchat	[spexat]
zich herinneren (ww)	vzpomínat	[vspomi:nat]

zich herstellen (ww)	uzdravovat se	[uzdravovat sɛ]
zich indenken (ww)	představovat si	[prʃɛtstavovat sɪ]
zich interesseren voor ...	zajímat se	[zaji:mat sɛ]
zich scheren (ww)	holit se	[holɪt sɛ]

zich trainen (ww)	trénovat	[trɛ:novat]
zich verdedigen (ww)	bránit se	[bra:nɪt sɛ]
zich vergissen (ww)	mýlit se	[mi:lɪt sɛ]
zich verontschuldigen	omlouvat se	[omlouvat sɛ]

| zich vervelen (ww) | nudit se | [nudɪt sɛ] |
| zijn (ww) | být | [bi:t] |

zinspelen (ww)	narážet	[nara:ʒet]
zitten (ww)	sedět	[sɛdet]
zoeken (ww)	hledat	[hlɛdat]
zondigen (ww)	hřešit	[hrʒɛʃɪt]

zuchten (ww)	vzdechnout	[vzdɛxnout]
zwaaien (met de hand)	mávat	[ma:vat]
zwemmen (ww)	plavat	[plavat]
zwijgen (ww)	mlčet	[mlʧɛt]

www.ingramcontent.com/pod-product-compliance
Lightning Source LLC
Chambersburg PA
CBHW071325090426

42738CB00012B/2793